GANSU MINZU DIQU
KEXUE FAZHAN YU HEXIE SHEHUI
JIANSHE WENTI YANJIU

西北民族大学学科建设资助项目

甘肃民族地区科学发展与和谐社会建设问题研究

张积良　著

民族出版社

序

30年的改革开放历程，让我们每一个人都真真切切地目睹并深切地感受到了我国经济社会的发展和人民生活的巨变。改革开放是决定当代中国命运的关键抉择，是发展中国特色社会主义、实现中华民族伟大复兴的必由之路。改革开放的30年，我国的社会生产力和综合国力大幅度跃升，人民生活显著改善，社会全面进步，国际地位日益提高和民族凝聚力极大增强。改革开放30年来，中国人民的面貌、社会主义中国的面貌发生了历史性变化。从城市的景色面貌到普通人的着装饮食，从居民收入的增加到全国各项事业的蓬勃发展，我国人民的生活水平，国家的面貌发生了翻天覆地的变化，农民收入快速增长，农村居民生活质量显著提高，我们的衣、食、住、行、用等都实现了由贫困到温饱，再由温饱到小康的历史性跨越，居民的消费档次升级换代，消费水平和消费质量明显改变。

回顾30年的改革历程，马克思主义与中国实际相结合，产生了三大理论成果，我们的指导思想也经历了三个阶段：第一个阶段，解决了什么是社会主义，怎样建设社会主义的问题，形成了邓小平理论。第二个阶段，解决了建设什么样的党、怎样建设党的问题，体现为“三个代表”重要思想。第三个阶段，要解决实现什么样的发展、怎样发展的问题，提出了科学发展观。其中主线始终是发展生产力，社会主义的原则，一是生产发展，二是共同富裕。我们党围绕我国现代化的目标提出了“三步走”

的发展战略，经过30年的发展，我们正从小康向更加宽裕的全面小康迈进。

党的十六届三中全会确立了构建社会主义和谐社会的重要指导思想，即提出要牢固树立和全面落实科学发展观。全会突出强调，深化经济体制改革，必须以邓小平理论和“三个代表”重要思想为指导，全面落实十六大精神，解放思想、实事求是、与时俱进，坚持社会主义市场经济的改革方向，坚持尊重群众的首创精神，坚持正确处理改革发展稳定的关系，坚持统筹兼顾，坚持以人为本，树立全面、协调、可持续的发展观，促进经济社会和人的全面发展。中共中央十六届六中全会通过了《中共中央关于构建社会主义和谐社会若干重大问题的决定》，胡锦涛总书记指出：“根据新世纪新阶段中国经济社会发展的新要求和社会出现的新趋势和新特点，我们所要建设的社会主义和谐社会应该是民主、法制、公平、正义、诚信、友爱、充满活力、安定有序、人与自然和谐相处的社会。”

科学发展观和和谐社会理论，是立足社会主义初级阶段基本国情，总结我国发展实践，借鉴国外发展经验，适应新的发展要求提出来的。当前，我国改革发展正处在一个关键时期，在当前和今后相当长一段时间内，我国经济社会发展面临的矛盾和问题可能更加复杂和突出，出现了一些必须认真把握的新趋势新特点：资源能源紧缺压力加大，对经济社会发展的瓶颈制约日益突出；城乡发展不平衡、地区发展不平衡、经济社会发展不平衡的矛盾更加突出，缩小发展差距和促进经济社会协调发展任务艰巨；人民群众的物质文化需要不断提高并更趋多样化，社会利益关系更趋复杂，统筹兼顾各方面利益的难度加大；体制创新触及深层次矛盾和问题，人员流动促进就业结构和方式的不断变化，使社会组织和管理面临新问题；人民群众对发展社会主义民主政治和落实依法治国方略提出了新要求；各种思想文化相互激荡对人们的思想观念和思想活动影响明显增强；社会上存在的消极腐败现象以及各类严重的犯罪活动等矛盾和问题，给社会稳定与和谐带来了严重影响。我们要实现全面建设小康社会的宏伟目标，党和政府就必须正确应对这些矛盾和问题，花大气力妥善协调各方面的利益关系，正确处理各种社会矛盾，大力促进社会和谐，同时，我们还必须清醒地看到，当今世界仍很不安宁，各种矛盾错综复杂，影响和平与发展的不稳定因素依然存在，地区和国际安全形势不容乐观。在复杂多变的国际形势下，我们要有力应对来自外部的各种挑战和风险，就必须处理好国内的矛盾和问题，努力构建和谐社会，始终保持国家统一、民族团结和社会稳定的局面。

甘肃民族地区底子薄、基础差、居住分散、交通不便、环境封闭，加上自然条件恶劣，使民族地区长期得不到较好的发展。改革开放后，全国进入了一个大发展的新时期，但由于民族地区财政收入过低，国家投入不足，基础设施建设落后，特别是教育的落后，导致很多少数民族受教育程度甚低，文盲半文盲比较普遍。这不仅严重影响了民族地区以往的发展，也给民族地区今后的发展造成困难。科学发展观和构建社会主义和谐社会给甘肃民族地区的发展带来了前所未有的机遇，抓住这次机遇，对加快甘肃民族地区的经济社会发展，推动民族地区的小康社会建设，具有十分重要的意义。加强民族地区如何贯彻科学发展观、构建和谐社会方面的研究，对民族地区的发展来说，是十分必要的。

我多次作为甘肃省委宣讲团成员到甘肃各地宣讲十七大精神、科学发展观与和谐社会理论，深知要全面准确地理解中央的精神，是要下大工夫的。而在民族地区贯彻科学发展观、构建和谐社会，面临的困难更大。民族地区经济社会发展落后，制约因素很多，有它的特殊性。由于专门针对甘肃民族地区和谐社会建设方面的研究较少，所以从理论的借鉴、资料的搜集和实际调查研究都是要付出大量劳动。西北民族大学的青年教师张积良，我曾经是他的老师，现在又成为同行，在该书准备出版之际请我给他作序，我感到非常高兴。一方面是因为他勤奋学习和刻苦钻研的工作态度，他能长期围绕甘肃民族地区的经济社会发展进行研究，既有这方面的论文，又承担了很多项这方面的校级和省级科研项目；另一方面，我从书中欣喜地看到，他不仅对科学发展观和和谐社会建设做了基础理论方面的研究，又能从甘肃民族地区的实际出发，分析了甘肃民族地区构建和谐社会的难点和重点，提出了切实可行的具体措施，并研究了民族地区农民增收和新农村建设问题。我相信，张积良同志的努力，会对甘肃民族地区构建和谐社会产生积极作用的，并希望他以此为基础，在今后的工作中进行更深入的研究，取得更多成果。

许经明

2009.5

前言

甘肃是个多民族聚居的省份。2007 年底，甘肃总人口为 2617.16 万人，其中民族地区总人口达 328.22 万，占甘肃全省总人口的 15% 左右，民族地区的少数民族人口 188.98 万，占民族地区总人口的 57.6%。在少数民族中，人口在千人以上的有回、藏、东乡、土、裕固、保安、蒙古、撒拉、哈萨克、满等 16 个民族，此外还有 29 个少数民族成分。东乡、裕固、保安为 3 个特有少数民族。从分布情况来看，回族主要聚居在临夏回族自治州和张家川回族自治县，散居在兰州、平凉、定西等地市；藏族主要聚居在甘南藏族自治州和河西走廊祁连山的东、中段地区；东乡、保安、撒拉族主要分布在临夏回族自治州境内；裕固、蒙古、哈萨克族主要分布在河西走廊祁连山的中、西段地区。作为一个多民族的省份，甘肃省有 45 个民族成分，行政区别上有两个民族自治州——甘南藏族自治州（辖合作市、夏河县、玛曲县、碌曲县、卓尼县、临潭县、舟曲县、迭部县）、临夏回族自治州（辖临夏市、临夏县、永靖县、和政县、康乐县、广河县、东乡族自治县、积石山保安族东乡族撒拉族自治县）和 5 个民族自治县（即阿克塞哈萨克族自治县、肃北蒙古族自治县、肃南格裕族自治县、天祝藏族自治县、张家川回族自治县）。本书中涉及的甘肃民族地区，指的是甘肃省管辖的两个民族自治州和另外5个民族自治县。①

甘肃民族地区总面积18万平方公里，约占全省总面积的39%。由于自然和历史等原因，甘肃民族地区大多处于偏远和高寒阴湿缺氧地区，例如，甘南玛曲县海拔在3300～4806米之间，长冬无夏，气候严寒，氧气稀薄，自然灾害频繁，其年均气温1.1℃，年相对无霜期仅19天。恶劣的自然环境导致当地农牧民生产生活条件差，加上频繁的自然灾害，贫困人口多，贫困面大。甘肃民族地区大多人口稀少，交通不便，自然环境普遍比较差，生存条件恶劣，多为牧业和半农业半牧业地区。在甘肃，牧业占有很重要的地位，工业比较落后，经济、科技、文化教育、卫生体育以及其他社会事业的总体发展水平等都比较落后。另一方面，甘肃民族地区往往又是人文独特、生态资源、矿产资源富集的地方，但长期以来由于受资金、技术、专业人才、交通等因素的制约，整个民族地区的经济社会发展受到影响，严重滞后于其他地区。党的十六届三中全会，明确提出了“以人为本，全面、协调、可持续”的科学发展观，党的十六届四中全会又进一步提出“构建社会主义和谐社会”的要求。科学发展观和“构建社会主义和谐社会”的理念，是我们党从新世纪新阶段党和国家事业发展全局出发提出的重大战略思想。顺应时代和形势发展的需要，民族地区的经济社会发展必须贯彻落实科学发展观，构建和谐社会。

科学发展观，就是用科学的世界观和理论来看待和解决为什么要发展、为谁发展和怎样发展的问题。科学发展观的基本内涵就是要按照统筹城乡发展、统筹区域发展、统筹经济社会发展、统筹人与自然和谐发展，统筹国内发展和对外开放的要求，进一步促进改革和发展。科学发展观的实质，就是要抓住和用好战略

① 本书以下各章对民族自治地方均使用简称。

机遇期，实现经济社会更快更好发展，而构建社会主义和谐社会是对科学发展观的具体体现和深化，要求在整个社会充分落实科学、协调、全面发展的前提下，还要不断注重解决发展中的利益矛盾，实现社会公正、平等，特别是要充分注重人的合法权利的最大限度的享有和个性最大化的发展，得到人与社会、人与自然、人与人的和谐相处和相互促进。科学发展观和“构建社会主义和谐社会”的思想为民族地区的经济社会发展指明了一条阳光大道。

甘肃民族地区应怎样结合本地区实际落实科学发展观、构建和谐社会呢？近几年，对这个问题我从不同的角度进行了思考和研究，主持了甘肃省社科规划项目“甘肃民族地区稳定与发展面临的主要问题和对策研究”、“甘肃民族地区和谐社会建设的难点分析与对策研究”，完成了国家民委项目“甘肃民族地区农民增收的机制障碍与对策研究”，通过这些项目的研究，我认为民族地区的和谐社会建设问题可以归结为三个方面：一是工业化程度低、现代化进程缓慢导致的社会化程度低，市场发育不成熟；二是经济增长方式不合理、经济发展长期落后造成的历史欠账较多，这是民族地区不稳定、不和谐的主要原因，也是制约民族地区发展的长期因素；三是农村人口比重过大、农民收入水平偏低使得民族地区小康进程缓慢，构建和谐社会难度加大。

基于以上分析，本书着重从以下三个方面进行了论述：

从理论层面看，民族地区和谐社会建设应从注重制度建设和提高领导干部水平入手。民族地区落实科学发展观，切入点应放在培育市场机制上，要高度重视竞争、重视教育和科技进步，加快社会化、现代化步伐。同时，民族地区的发展，内因是根本，要转变长期以来养成的依赖观念。民族地区的领导干部要从本地实际出发，转变作风，带领人民走出一条赶超其他地区的新路子。

大力发展经济是民族地区建设和谐社会的重点。民族地区的许多问题，说到底是经济发展没搞上去，这些问题要从根本上解决，还是要靠经济发展。没有产业作支撑的经济是无源之水、无本之木。民族地区要想尽快赶上经济发达地区，必须做好产业文章。通过发挥比较优势，不断培育主导产业，形成自己的优势产业。

民族地区建设和谐社会的难点是“三农”问题。民族地区的社会和谐最终取决于“三农”问题的解决程度，所以本书中用两章内容研究了农民增收问题和新农村建设问题。我们党历来重视“三农”问题和民族问题，改革开放以来，在城乡关系、工农关系两方面都进行过重大调整。第一次是实行家庭联产承包责任制，第二次是进行农村税费改革。十六届五中全会提出建设社会主义新农村，属于第三次重大调整，其实质是统筹城乡发展，实行工业反哺农业、城市支持农村，让广大农民和少数民族共享改革发展成果，逐步建立以工补农、城乡互动、协调发展的新型城乡关系，在经费和政策上大力向贫困地区和民族地区倾斜，这对民族地区来讲是一次千载难逢的机遇。

目　录

第一章　甘肃民族地区稳定与发展面临的主要问题和对策

加快民族地区发展，是党和政府的一项基本政策。深入贯彻落实科学发展观和党的十七大精神，采取有效措施，促进民族地区经济社会更好更快发展，努力维持民族地区的社会稳定，是甘肃省民族工作的主要任务。民族地区的稳定与发展是甘肃省全面建设小康社会的关键，关系到甘肃省总体小康建设的成败，是甘肃省构建和谐社会的重要内容。民族地区正面临达赖集团加紧藏独民族分裂活动、各种宗教势力扩张和民族意识高涨等新形势，以及自然灾害、金融危机等不确定因素的冲击，迫切需要我们加强这方面的研究。本章主要论述了民族地区民族团结、稳定与发展的关系，分析了甘肃省民族地区民族团结、稳定与发展面临的新形势并提出了相应的对策。

（1）民族地区的团结、稳定和发展。正确认识民族地区的团结、稳定和发展的实质及其相互之间的关系，通过正确的方法维护民族地区团结，保持民族地区稳定，促进民族地区发展，使民族地区和全国的发展状态保持一致，是当前民族地区工作的重点，也是新形势下建设中国特色社会主义和全面建设小康社会的重要任务。甘肃省是多民族聚居的省份，应该抓住有利机遇，维护民族团结，保持民族地区稳定，促进民族地区发展。

（2）加快发展是民族地区解决一切问题的根本途径。加快甘肃民族地区经济社会的发展，既是各少数民族群众的迫切需要，也关系到甘肃省全面建设小康社会的宏伟目标能否顺利实现。民族地区要加快发展，必须立足自己的实际，找出经济发展中存在的问题，分析面临的形势，抓住机遇，在科学发展观的统领下，统筹规划，扎实推进。民族地区要迎头赶上，必须改变以往的经济发展模式，制定切实可行的短期和长期规划，增强发展的后劲，努力增加人民收入，积极培育有特色的优势产业，走市场化、社会化发展道路。

(3) 保持社会稳定，是顺利实现经济社会发展目标的必要前提，也是确保人民群众安居乐业的基本条件。甘肃省民族地区的社会稳定与发展工作虽然取得了很大的成绩，但仍存在许多问题：经济发展较为落后、领导队伍建设存在诸多问题、各项社会事业发展不健全等。面对国际金融危机、民族分裂活动、各种宗教势力扩展和民族意识高涨等新形势，保持民族地区社会稳定显得十分紧迫。新形势下应大力加强经济建设，搞好民族地区领导队伍的建设，同时加强各项社会事业的发展，坚持用发展解决前进中的问题来保持民族地区的社会稳定。

(4) 甘肃是我国主要的多民族省份之一，和谐稳定的民族关系对甘肃省社会经济发展及和谐社会的构建有着十分重要的意义。本章第四节通过分析甘肃民族关系的现状，以及民族关系对甘肃和谐、稳定、健康发展的影响，提出了调整和改进甘肃民族关系、促进甘肃和谐、健康发展的基本对策。

(5) 进一步深化改革和扩大开放，促进民族地区经济的快速健康发展。改革开放是时代最鲜明的特征，不深化改革，不扩大开放，解决民族地区的许多问题就没有出路。甘肃省民族地区改革步伐缓慢，市场化、社会化程度低，加快民族地区经济发展，必须深化改革开放。

第一节 民族地区民族团结、稳定与发展的关系

加快民族地区经济社会的发展，既是各少数民族群众的迫切需要，也是社会主义民族政策的本质要求，既关系到民族团结和边疆稳定，也关系到全面建设小康社会的宏伟目标能否顺利实现。新的历史条件下，正确认识民族地区的团结、稳定和发展的实质及其相互之间的关系，始终坚持通过开展各项活动维护民族团结，保持民族地区的社会稳定，促进民族地区的经济社会发展，使民族地区和全国的发展状态保持一致，已是当前民族地区工作的重中之重。面对民族工作的新形势、新任务，必须牢牢把握各民族"共同团结奋斗、共同繁荣发展"这个主题，坚持以经济建设为中心，统筹协调，采取特殊的政策措施，促进少数民族和民族地区的团结稳定与经济社会的全面发展。

一、民族团结是保持民族地区稳定和发展的基础

1. 民族团结是民族地区保持稳定的前提

民族团结的基础是平等，团结的前提是根本利益的一致性，即通过共同团结奋斗实现共同繁荣发展。随着我国经济、政治、文化和社会的发展，各民族相互学习、相互影响、相互帮助，取得了共同发展。但是，一方面，民族特色和民族差异、各民族在经济文化发展上的差距将长期存在，必然在一定程度上影响各民族的公平与正义；另一方面，我国还处于社会主义初级阶段，由于各种因素的影响，民族问题还将长期存在。民族问题和宗教问题往往交织在一起，而国内外的敌对势力总是利用民族宗教问题企图对我国实行"西化"和"分化"，并煽动极少数分裂主义分

子从事分裂活动。这两方面的因素，成为影响我国民族地区社会稳定的重要原因。

因此，要充分认识维护民族团结的重要性，增强做好民族工作的责任感、使命感，不断巩固和发展社会主义民族关系，维护各民族的根本利益，实现社会的公平与正义。在民族地区大力加强马克思主义民族观、党的民族政策和爱国主义教育，坚持“汉族离不开少数民族、少数民族离不开汉族、各少数民族之间也互相离不开”的“三个离不开”原则，积极开展反对分裂主义的斗争，以增强国内各民族的团结，维护祖国的统一，实现社会的和谐稳定。

2. 民族团结是民族地区实现发展的重要条件

没有各民族的共同团结奋斗和共同繁荣发展，就没有全国的小康，就不可能全面建设小康社会。少数民族和民族地区的经济社会发展，直接关系到我国整个现代化建设目标的实现。目前，民族地区经济社会发展仍然面临着一些突出的困难和问题，同沿海发达地区相比存在着相当大的差距。而这种差距，不仅严重影响了民族地区的经济社会发展，更重要的是，影响了整个中国经济的协调发展。因此，我们必须以民族团结为前提条件，增强民族团结意识，加快少数民族和民族地区经济社会发展，逐步缩小发展差距，实现区域协调发展，最终实现全国各族人民共同富裕的和谐社会。

“把加快西部经济社会发展同保持政治社会稳定、加强民族团结结合起来。”① 多年来，甘肃省在维护民族团结的实践探索过程中，坚持不懈在全省范围内组织开展民族团结进步创建活动。通过广泛宣传党的民族政策法规，开展民族团结进步表彰活动，及时妥善调处影响民族关系的矛盾纠纷和问题，开展对口支

① 《江泽民文选》，第二卷，345页，北京，人民出版社，2006。

援和帮扶等活动，倡导各民族共同团结进步、繁荣发展的理念。各地普遍把宣传月活动纳入创建活动长效机制，确定主题活动内容，深入开展宣传月活动，取得了很好的效果。实践证明，只有始终把握民族团结这一永恒主题，坚持不懈地开展民族团结进步创建活动，牢固树立“三个离不开思想”，努力协调好各民族关系，不断加强各民族团结，才能促进社会和谐，才能为发展提供良好的社会环境。

二、民族地区的稳定是实现民族团结和民族发展的保障

稳定的社会环境与政治局面是社会经济发展的可靠保证。没有稳定就无法谈发展。一个民族、一个国家和地区的稳定，对该民族、该地区的各项事业的发展与进步，起着至关重要的作用。动荡以及战争造成的破坏与灾难是众所周知及有目共睹的。邓小平同志曾经指出：“我们不能容忍动乱……目的就是要稳定，稳定才能搞建设。道理很简单：中国人这么多，底子这么薄，没有安定团结的政治环境，没有稳定的社会秩序，什么事也干不成。稳定压倒一切。”① 没有稳定做后盾，我们就不可能全力以赴搞建设，也不可能实现发展的目的。所以维护稳定的社会环境及政治局面是我国社会主义建设事业是否能够顺利进行，是否能够取得最终胜利的重要条件。

稳定发展是我国各民族人民的根本利益所在。民族地区的稳定是民族团结的重要体现，是民族工作的目标所在，是民族地区经济社会发展的有力保障。全国发展需要稳定，民族地区的稳定更加重要。由于种种历史原因，民族地区经济发展的基础差、底子薄，贫困面相对大，经济社会发展的难度更大。因此，更需要有稳定的社会环境去保障生产力更快的发展。

---

① 《邓小平文选》，第三卷，331页，北京，人民出版社，1993。

在社会转型时期，民族地区在经济快速增长的同时，新旧体制的冲突、新旧观念的冲突、利益冲突等矛盾已成为影响西部乃至整个国家社会稳定的重要因素。因此，维护民族地区的社会稳定是一项长期而艰巨的任务。

首先，维护民族地区社会稳定需要妥善处理宗教问题。宗教问题是一个敏感性的问题，能否妥善处理宗教问题对西部民族地区社会稳定是非常重要的。“随着西部大开发的不断推进，宗教与社会稳定的互动关系必将显现出来，正确认识宗教对社会稳定的作用，对于我们搞好宗教工作，维护民族地区的社会稳定，加强民族团结和加快西部地区的社会经济发展，都具有极为重要的现实意义。”① 妥善处理宗教问题，必须认真全面贯彻党的宗教政策，依法保护宗教团体和寺观教堂的合法权益，保护信教群众正常的宗教活动；必须依法加强对宗教事务进行科学的管理；必须积极引导宗教与社会主义社会相适应，从而通过宗教发展的稳定来实现民族地区的稳定。

其次，维护民族地区社会稳定需要尊重民族风俗习惯、加强民族团结。风俗习惯是民族文化的一部分，在一定条件下会构成民族问题的重要内容。正确对待少数民族的风俗习惯也就成了维护民族团结、社会稳定的一个重要的方面。我国对待少数民族风俗习惯的基本政策是：各民族都有保持或者改革本民族风俗习惯的自由。对少数民族风俗习惯的尊重，就是对少数民族平等权利的尊重和保障。一个民族的风俗习惯受到侵犯，必然会使民族感情受到伤害。因此，必须尊重民族地区的各民族的风俗习惯，为积极向上的民族风俗习惯的发展提供支持，促进各民族间的和谐共处和共同发展。

最后，维护民族地区社会稳定需要积极改善民族地区的民生

① 谢俊春等：《西部人文环境优化》，287页，兰州，甘肃人民出版社，2002。

状况。定期深入民族地区基层调查了解民族地区的民生状况，分析解决民族地区的不稳定因素；宣传最新的民族政策，和民族地区群众保持畅通的交流渠道；积极开展民族扶贫工作，真心实意地解决民族地区群众在生产、生活中面对的问题和困难，努力促进民族地区的经济社会发展，改善民族地区群众的生活水平，从而有力维护民族地区的社会稳定。

从本省民族地区发展的实际出发，甘肃通过多种措施，积极保持民族地区的稳定。如及时有效地处理了 2008 年 3 月甘南藏族自治州部分地区的骚乱事件，加强民族地区的社会管理，维护了民族地区的稳定；如“5. 12”大地震后，不仅及时部署和有效开展了受灾地区的抗震救灾工作，而且灾后积极开展灾区重建和灾后安置等工作，均取得明显实效，有力地维护了灾区社会的稳定。

三、民族地区的发展是维护民族团结和民族稳定的手段

加快民族地区经济发展，不仅成为一个重大的经济问题，而且也是一个重大的政治问题。没有民族地区的经济社会发展，就没有民族地区的社会稳定，也不会有全国的稳定和发展。江泽民同志曾经指出：“我国的民族问题，比较集中的表现在少数民族和民族地区迫切要求加快经济文化的发展……在新的历史时期，搞好民族工作，增强民族团结的核心问题，就是要积极创造条件，加快发展少数民族和民族地区经济文化等各项事业，促进各民族的共同繁荣。这既是少数民族人民的迫切要求，也是我们社会主义民族政策的根本原则。”[1] 因此，只有加快民族地区的经济发展，才能妥善地处理好民族问题，进而才能促进社会的稳定。

---

① 《江泽民文选》，第一卷，183 页，北京，人民出版社，2006。

民族地区大都远离交通枢纽和中心城市，交通不便，财力有限，发展缓慢。长期以传统的农牧业为主，经济发展与其他地区存在着一定的差距，这种差距表现出进一步拉大的趋势，必定会引起民族地区的不稳定。“十一五”期间，甘肃省民族地区经济社会发展取得了显著的成绩，经济总量进一步增加，发展速度不断加快。但由于受历史、自然、文化等因素的影响，甘肃民族地区在经济社会发展中依然存在经济总量小，基础薄弱，农牧民收入增长缓慢，地方财政困难，收支极不平衡，公共服务业发展滞后，总体发展仍落后全省水平，与省其他地区发展的差距呈继续扩大趋势等亟待解决的困难和问题。因此，在新的历史时期，必须坚持以经济建设为中心，加快甘肃少数民族和民族地区的经济社会发展，要紧紧抓住实施西部大开发战略、建设社会主义新农村和支持民族地区加快发展的重大战略机遇，创新发展思路，推动民族地区经济社会更快更好的发展。要立足于民族地区独具特色的优势，发展特色经济和优势产业，加快经济结构调整和经济增长方式转变，力争使甘肃民族地区的经济发展实现“两个高于”（即国内生产总值增长速度高于甘肃省平均水平，农牧民人均纯收入增长速度高于甘肃省平均水平）的奋斗目标。

四、维护民族地区团结，保持民族地区稳定，促进民族地区发展

1. 突出重点，坚持创新，积极推动民族地区的民族团结

加强民族团结，巩固和发展新型民族关系。巩固和发展平等、团结、互助、和谐的社会主义民族关系，是新形势下做好民族工作的一条重要指导原则，也是构建社会主义和谐社会的重要内容。推动民族地区的发展，必须始终坚持把维护民族团结作为宣传民族政策的出发点，把维护民族团结与民族工作结合起来，与促进少数民族和民族地区的经济社会发展结合起

来，与加强民族团结、维护社会稳定结合起来，不断创新思路，创新形式，创新内容，在维护民族团结的基础上保持民族地区的稳定和发展。

在维护民族团结的过程中，一要继续开展民族团结进步宣传月活动。要通过开展民族团结进步创建活动，使“三个离不开”思想日益深入人心，平等、团结、互助、和谐的新型民族关系得到巩固和发展，使广大干部群众的意志凝聚到民族团结进步伟大事业上来。二要认真开展宣传教育。采取多种形式广泛深入地开展以马克思主义民族观和党的民族政策、民族理论、民族法规，以及爱国主义、社会主义、民族团结为主要内容的教育活动。三要努力为少数民族和民族地区解决实际问题。动员各方力量集中为少数民族群众和民族地区办实事、办好事。

2. 认真贯彻落实党的民族政策，保持民族地区稳定

近年来，民族地区在贯彻民族政策方面取得了巨大的进步，但依然存在一些问题：社会管理方面，一些县和部门对民族政策了解不够，认识不深，存在着不敢管、不愿管、不会管的现象；民族经济发展方面，一些县还没有落实贯彻民族政策的目标和任务，致使部分民族村（社）特别是藏族村（社）缺乏经济增长点；社会事业方面，民族乡村办学条件差，管理水平较低，民族村文化、卫生等基础设施投入不足；保障少数民族权益方面，部分县（区）仍有不尊重少数民族风俗习惯和宗教信仰的事件发生。这些问题虽然发生在部分县（区），但影响大，如不及时妥善处理，将会影响民族团结，危害社会稳定，极易被敌对势力利用。

新形势下，各级政府和有关部门要站在战略和全局的高度，深刻认识严格执行民族政策的极端重要性，进一步增强政治责任感和紧迫感，把贯彻执行党和国家的民族政策作为一项重大的政治任务来抓。一是出台实施办法，及时传达中央有关民族政策的

落实方针，提高各地区、各部门对于贯彻民族政策的重视程度；二是充分利用各种新闻媒体，大力宣传党和国家的民族政策，以及严格执行党和国家民族政策的重大意义，在全省范围内营造学习贯彻党和国家民族政策的浓厚舆论氛围；同时迅速开展严格执行党和国家民族政策的自查活动，切实保障少数民族群众的合法权益；三是及时协调处理损害少数民族权益的纠纷，积极维护进城少数民族务工人员的合法权益。四是抓好经常性、不定期地对全省各市州、省直有关部门贯彻执行党的民族政策情况的督促检查工作，增强各地区、各部门执行民族政策的自觉性。以此提高全社会对保障少数民族合法权益的认识，努力维护民族地区的稳定和发展。

3. 发挥政府职能，创新发展思路，推动民族地区经济发展

加快发展是做好民族工作的根本任务。民族地区要缩小发展差距、摆脱贫困，最根本的一条，就是加快民族地区的发展。只有加快发展，才能增强民族地区的经济实力，夯实民族团结的物质基础；只有加快发展，才能提高各族人民的生活水平，增强各民族的凝聚力和向心力；只有加快发展，才能解决好民族地区发展中存在的困难和突出问题，也才能巩固和发展各民族大团结的良好局面。

促进民族地区的经济社会发展，首先，要发挥各级政府的管理职能，出台发展政策，制订发展计划，指导发展工作，引导甘肃民族地区保持全面、协调、可持续的发展。其次，必须创新思路，积极探索民族地区发展的路子，积极主动坚持宏观参与民族地区发展规划、民族地区发展思路、民族地区发展政策的制定。切实抓好扶持少数民族和民族地区发展政策的落实，用足、用好、用活各项政策，实现经济社会的平稳发展。

第二节　甘肃民族地区经济发展存在的问题与对策

一、甘肃民族地区经济发展的现状和存在的问题

近年来，随着国家一系列促进民族地区经济社会发展的政策措施，甘肃省不断加大扶持力度，使民族地区经济和社会各项事业得到长足的进步，但我们要清醒地认识到，甘肃省的民族地区还存在很多困难和问题，主要表现在以下几个方面：

（1）民族地区经济社会发展与全国、全省其他地区相比仍然差距较大，工业化水平低，城镇化进程缓慢。（见表1－1）

表1－1　民族地区与全省、全国的主要指标对照表

单位：元

	人均产值	城镇居民人均可支配收入	农民人均纯收入	第二产业占总产值比重%	城镇人口占总人口比重%
全国	18934	13786	4140	48.6	44.94
甘肃省	10346	10012	2329	47.34	31.59
临夏州	3712	5873	1595	28.6	11.82
甘南州	5209	6877	1711	24.2	17.68

数据来源：《甘肃年鉴（2008）》，北京，中国统计出版社，2008；《中国统计年鉴（2008）》，北京，中国统计出版社，2008。

从上表可以看出，民族地区经济发展与全省、全国其他地区相比仍然差距较大。民族地区经济发展基础薄弱，产业结构不合

理，制约经济发展的因素较多，而且在短期内难以改变。

（2）甘肃省各少数民族地区之间经济发展具有不平衡性，城乡发展也不平衡。经济发展较快的是河西地区的少数民族自治县，而临夏、甘南地区发展缓慢。2007年，河西少数民族地区人均产值普遍很高，其中肃北县已达到58001元，阿克塞县39641元，肃南县19711元，这个水平较全国任何地方都不逊色，而临夏州人均产值为3712元，东乡县人均产值只有1972元，差距之大是显而易见的。两州的城乡发展也不平衡，临夏州农民人均纯收入占城镇居民人均可支配收入的比重为27.16%，甘南州为24.88%，全国的平均水平达到30.03%。①

（3）贫困人口所占比重较大，扶贫任务艰巨。主要民族聚居地临夏和甘南两州16个县（市）中，有12个属国家扶贫重点县。贫困人口多、贫困程度深、返贫率高是民族地区明显特征。在临夏州，除临夏市外，7个县都是国家扶贫开发工作重点县。农村人口中人均纯收入不足1300元的贫困人口尚有140万人左右，贫困面高达79.56%。因病因灾返贫人口多，返贫率高，正常年景返贫率在10%以上，灾害年景最高可达30%，高于全国3.1%和592个国家扶贫开发工作重点县8.8%的返贫率。②

（4）民族地区经济发展后劲不足。少数民族地区经济增长虽然很快，但制约民族地区经济发展的不利因素很多：一是基础设施建设滞后，影响经济发展。从交通来看，甘肃省少数民族地区没有一条航线；甘南州、临夏州几乎没有铁路；公路方面，表现为“三低”：路网密度低、公路等级低、通达深度低。二是地

① 甘肃年鉴编委会编：《甘肃年鉴（2008）》，北京，中国统计出版社，2008。

② 高勇：《把各族群众的呼声带到全国人代会上去——全国人大代表甘肃民族工作组视察临夏纪行》，《人民之声报》2009年第9期四版。

方财政困难，自我发展能力弱。2007 年民族地区财政自给率仅为 8.28%，[1] 吃饭和发展矛盾十分突出，财政赤字状况造成其他专项建设资金被占用，影响经济建设，形成了恶性循环。甘肃民族地区多数地方至今尚未建立起以工业为主导的国民经济体系，国有企业对整个少数民族地区经济的带动作用和贡献不突出。现有工业企业规模小，设备和技术水平落后，产品成本高、档次低，竞争力不强，经济效益差。工业的落后，严重制约着地方财政收入的增加。三是社会事业发展滞后，经济社会发展动力不足。民族地区收入水平低导致教育事业的落后，科技、管理人才的缺乏，这在一定程度上制约了民族地区的进一步发展。另外，信息化和市场化的建设、新科技的开发引进推广使用等发展滞后，使我省少数民族地区经济发展后劲不足。

二、甘肃民族地区经济发展面临的新形势

1. 民族问题和宗教矛盾是民族地区稳定和发展的一大障碍

建设平等、团结、互助、和谐的社会主义民族关系是我们民族工作的目标，但由于国际国内形势的变化，因经济利益、风俗习惯、宗教信仰等因素引发的矛盾和冲突有所增加，对维护民族团结带来了新课题。从国际形势看，民族问题和宗教矛盾的上升，又是导致地区冲突和世界动荡的一个主要因素。西方反华势力和境外敌对分子利用民族、宗教和发展差距等问题，企图在我国制造混乱局面。从国内形势看，随着我国改革开放的不断深入，民族地区民族问题与当今社会生活中的一些问题相互交织，比过去更加复杂，民族与宗教问题、国际与国内问题、历史与现实问题、经济滞后与要求加快发展矛盾等相互交织在一起，构成了民族地区民族工作的特殊性和复杂性。

---

① 甘肃年鉴编委会编：《甘肃年鉴（2008）》，北京，中国统计出版社，2008。

特别是达赖集团的分裂活动严重影响了民族地区的稳定与发展，继拉萨“3·14”打砸抢烧严重暴力犯罪事件以后，不法分子蛊惑煽动一些不明真相的人在甘南州夏河、合作、碌曲、玛曲、卓尼、迭部6个县（市）进行了打砸抢烧活动，破坏重要的生产生活设施，冲击政府机关，试图焚烧清真寺制造民族矛盾等。这些事件严重干扰了正常的社会秩序，成为民族地区稳定和发展的一大难题。

2. 自然灾害和金融危机

2008年，甘南、临夏遭受了历史上罕见的低温冰冻、“汶川”特大地震波及甘南州，造成了有史以来经济损失最大、人员伤亡最多的严重自然灾害。据初步统计，截至2008年5月18日，甘南州因地震造成384人伤亡；93个乡镇541个行政村受灾，受损民房543546间；牲畜死亡9177头（只、匹）；农作物受灾达3236公顷，绝收191亩，毁坏耕地面积213亩；400所学校校舍、围墙、大门、房屋不同程度受损，部分学校停课；11个医院的墙体出现裂缝或塌陷；共6大类124项基础设施严重受损，受损道路22条575.4公里，桥梁27座，饮水供水管网4条62464米；25个党政机关的2371间办公用房出现裂缝或成为危房，受灾人数达52万多人。① 从经济形势来看，由美国次贷危机引发的国际金融海啸，使中国的宏观调控政策，从“防止过热”到“力保增长”，从“压制通胀”到“严防紧缩”。经济的大幅震荡，使原本脆弱的民族地区经济不堪重负。民族地区经济增长对国内市场存在较大的依赖性，金融危机的来临，使国内市场对民族地区产品的需求下降，势必会导致民族地区初级产品的价格下跌，民族地区增收更加困难。由于民族地区城乡居民收入水平相对较低，消费对经济增长的推动作用历来较小，所以经济

① 摘自《甘肃日报》，2008年5月20日。

增长更多地依赖于投资推动，但经济形势的恶化，民族地区争取投资将更加困难。另外，民族地区地域大，人口相对分散，经济要素的集聚程度较低，经济组织成本较高，不容易形成规模经济，也使得民族地区的产业竞争力相对较弱。在同类产品供过于求和价格下行的残酷竞争中，民族地区的产业处在劣势地位，抵御风险的能力差。

3. 经济发展过程中的深层矛盾

随着改革开放的不断深入，民族地区的发展面临新的挑战，一些发展中的深层矛盾日益显现出来。十七大报告指出："科学发展观，是立足社会主义初级阶段基本国情，总结我国发展实践，借鉴国外发展经验，适应新的发展要求提出来的。进入新世纪新阶段，我国发展呈现一系列新的阶段性特征，主要是：经济实力显著增强，同时生产力水平总体上还不高，自主创新能力还不强，长期形成的结构性矛盾和粗放型增长方式尚未根本改变；社会主义市场经济体制初步建立，同时影响发展的体制机制障碍依然存在，改革攻坚面临深层次矛盾和问题……"①这些矛盾和问题，在民族地区尤为突出：民族地区面临解决贫困人口温饱问题和全面建设小康社会的双重任务，面临加快经济社会发展和保护生态环境的矛盾，面临如何促进民族地区经济社会快速协调发展，缩小城乡、区域发展差距等问题。

三、以科学发展观统领民族地区经济发展全局

十七大报告强调："科学发展观，第一要义是发展，核心是以人为本，基本要求是全面协调可持续，根本方法是统筹兼

---

① 胡锦涛：《高举中国特色社会主义伟大旗帜 为夺取全面建设小康社会新胜利而奋斗》，北京，人民出版社，2007。

顾。”科学发展观是我们党对长期发展实践的经验总结和理论升华，是全面建设小康社会和推进现代化建设始终要坚持的重要指导思想，民族地区的发展必须用科学发展观统领全局。民族地区的稳定与和谐是以充分发展为前提的，没有经济的充分发展是不可能保持长远的稳定与和谐的。民族地区发展缓慢、与全国其他地区差距拉大是民族地区不稳定的最大因素。从根本上解决民族地区一切问题的关键在发展，而发展必须要有新思路，在科学发展观的指导下，要改变以往重数量轻效益的粗放式经济增长方式，兼顾“质”和“量”、“好”与“快”。

民族地区社会发展总体水平较低，基本公共服务比较缺乏，部分群众上学难、看病难、就业难等社会问题还比较突出。坚持科学发展观“以人为本”的理念，民族地区的经济发展要从人民群众的根本利益和实际需要出发，强调发展为了人民、发展依靠人民、发展成果由人民共享，切实保障民族地区人民群众的经济、政治和文化权益，着力解决民族地区的特殊困难和实际问题，通过经济发展使民族地区教育、医疗、住房、交通和文化体育事业得到全面发展。

加快发展与保护环境的矛盾，加快建设与构建和谐的矛盾，加快改革与确保稳定的矛盾，强化效率与注重公平的矛盾，这几对矛盾在民族地区显得尤为突出。处理好这些矛盾要统筹兼顾。加快发展，迅速改变民族地区的落后面貌，是解决这些矛盾的根本途径，但发展要有新思路，我们应积极探索民族地区经济发展的新模式，绝不能再走先发展后治理的老路，在稳定前提下通过有序改革求发展。

四、民族地区经济发展的新模式

1. 高度重视民族地区的经济发展，制定切实可行的发展计划邓小平早在1950年《关于西南少数民族问题的讲话》中就曾指出："民族地区的经济问题如果不解决，就会动摇政治的基础。实行民族区域自治，不把经济搞好，那个自治就是空的……政治要以经济做基础，基础不坚固还行吗？"① 要扭转民族地区的落后局面，领导干部是关键。少数民族干部和人才队伍不断发展壮大，已经成为促进民族地区改革发展和安定团结的重要力量。与此同时，面对改革发展的新形势，培养一支数量更多、素质更高、结构更合理的少数民族干部和人才队伍，任务仍很艰巨。民族区域自治不等于放任自流，为加快民族地区发展，要有省领导专人负责，形成人才交流机制，派一批有经验有才干的干部去民族地区任职，同时选拔一批民族地区干部到发达地区挂职锻炼。让这些干部转变观念、解放思想，增强民族地区经济发展的主动性和自觉性，彻底改变以往的"等、靠、要"观念，结合实际制定民族地区发展的长远规划的具体措施，指标要切实可行，要量化，要责任到人。改变以往的"假、大、空"作风，真抓实干，逐步缩小与其他地区的差距。

2. 改善民族地区经济环境，增强经济发展的后劲

一要加快基础设施建设。抓住国家振兴经济的机遇，争取一批建设项目，重要交通路网、区际通讯、大中型能源基地建设向民族地区倾斜。各地方政府应采取地方财政投资、银行融资、社会集资、大企业出资和以工代赈等方式，搞好相关基础设施建设。二要培育和完善市场经济机制，营造公平竞争的市场秩序和提供优质高效的公共服务，重视法制，依法行政，将政府、企业、个人的行为尽可能地规范到法制轨道上来。三要制定民族地区优惠措施，加大招商引资的力度。民族地区的发

① 《邓小平文选》，第一卷，167页，北京，人民出版社，1994。

展，最缺的是资金和技术，全靠政府的投资是不现实的，必须靠市场的力量。我们应抓住产业结构调整的机遇，对发达地区开放，创造良好的投资环境，以更加优惠的政策鼓励社会资本、民营资本、外资到民族地区投资创业。四要树立与市场经济相适应的新观念。如开放观念、平等竞争观念、效率观念、开拓创新观念等。

3. 实施“民生工程”，努力增加民族地区人民收入

这是迅速改变民族地区面貌的短期举措，实现这一目标要把调动广大人民的积极性和政府引导结合起来。实践中最有效的途径就是实行以城带乡，以工促农的政策，加快新农村建设。如阿克塞县以县城的搬迁为契机，大力推进城镇化战略，实施牧民定居。与此同时，阿克塞树立工业强县的思想，依托丰富的石棉资源优势，做大做强石棉支柱产业，并通过石棉产业带动农机修理、矿山设备制造、石材加工、炸药等相关行业的发展。对作为基础产业的畜牧业，大力推进牧业产业化进程，使全县的畜牧业开始由自给自足的小农经济向商品经济、由数量型向质量型、由靠天养畜向科学养畜转变。2007 年，阿克塞县的农牧民人均纯收入达 6288 元，位居全省 22 个少数民族自治县第一位。[①] 民族地区可以通过多渠道的资金筹集，加大农村投入，加快新农村建设。通过劳务输出、移民和退耕还林等措施，增加农民收入，改善农民生产生活条件；在条件具备的情况下，通过加快城镇建设步伐，促进农民向二、三产业转移，提高城市化水平，缩小城乡差别。

4. 发挥“后发优势”，实施“赶超战略”

民族地区作为现代化进程的后来者，其“后发优势”在于可以借鉴发达地区的成功经验，跃过先行者在现代化进程的一

① 甘肃年鉴编委会编：《甘肃年鉴（2008）》，北京，中国统计出版社，2008。

些早期阶段，以缩短现代化的历程，并能在现代化进程中得到发达地区技术、资金等各方面的帮助与支持。要实现赶超其他地区的长远目标，需坚持以下几点：第一，坚持推进新型工业化与发挥资源优势相结合，走具有特色的新型工业化道路。甘肃民族地区基于自然资源优势和独特的历史文化资源，形成了许多特色产业。通过发展特色优势产业，进而带动其他产业的发展。应选择水电、矿产和旅游等关联度高、综合带动能力强、有比较优势、处于上升期的产业作为特色支柱产业，给予重点扶持。资源的综合开发利用要与高新技术、信息化相结合，用高新技术和信息化来推动工业化，采用先进技术和工艺，防止资源浪费和环境污染。第二，优化产业结构，实施“品牌战略”。民族地区的农业具有一定的基础和比较优势，发展特色农业、畜牧业和绿色生态农业，实现民族地区农业产业化和现代化，是民族地区产业的优势所在。把这些优势真正发挥出来，就要培育扶持名优特产品，加快培育壮大畜产品加工业，延长畜牧业产业链，将甘南、临夏建成重要的畜牧业和畜产品生产加工基地。在市场经济活动中，只有不断地创造出物美价廉的商品，创造出人无我有，人有我精的产品，才能在竞争中取得优势。第三，完善所有制结构，加大对乡镇企业发展的政策扶持。乡镇企业市场竞争意识强，经营机制灵活，市场适应能力强，就业空间大，对地方税收的贡献大。民族地区要解放思想，针对乡镇企业发展中的实际困难，建立健全中小企业金融支持体系、技术创新支持体系、法律保障体系等，大力支持乡镇企业的发展。

第三节　甘肃民族地区新形势下保持社会稳定的主要对策

一、甘肃省民族地区社会稳定存在的主要问题

1. 经济发展落后是民族地区最大的不稳定因素

甘肃省少数民族地区经济较为落后，人民收入水平偏低。以临夏州为例，2007 年，全州国内生产总值 72.92 亿元，在全国 30 个少数民族自治州中位列第 30 位，在全省 14 个市州中位列第 13 位；全州地方财政收入 2.72 亿元，在全国 30 个少数民族自治州中位列第 29 位，在全省 14 个市州中位列第 13 位；全社会固定资产投资 31.93 亿元，在全国 30 个少数民族自治州中位列第 23 位，在全省 14 个市州中位列第 14 位；城镇居民人均可支配收入 5873 元，在全国 30 个少数民族自治州中位列第 30 位，在全省 14 个市州中位列第 14 位；农民人均纯收入 1595 元，在全国 30 个少数民族自治州中位列第 28 位，在全省 14 个市州中位列第 14 位。[①] 从上面的数据可以看出甘肃省民族地区经济发展与全省、全国相比仍然差距较大，除了自然、历史的原因外这和民族地区的产业结构滞后性不无关系。以甘南为例，“甘南州三大产业比重分别为 28.70%、24.15%、47.15%，全省三大产业比重分别为 14.3%、47.3%、38.4%”。[②] 由此不难看出民族

① 高勇：《把各族群众的呼声带到全国人代会上去——全国人大代表甘肃民族工作组视察临夏纪行》，载《人民之声报》2009 年第 9 期四版。

② 甘肃年鉴编委会编：《甘肃年鉴（2008）》，北京，中国统计出版社，2008。

地区第一产业比重过大，第二产业发展迟缓，第三产业尚未成熟。民族地区近几年虽然有较快发展，但民族地区经济规模小、档次低，总体效益比较差。

2. 领导队伍存在的一些问题，影响民族地区干群关系

民族地区领导干部队伍整体素质偏低。民族地区领导干部大都年龄较大，文化水平较低，使得他们的观念陈旧，思想不够解放，缺乏市场意识、竞争意识和风险意识，不同程度地存在着“等、靠、要”的思想；再者，传达型、维持型的干部较多，开拓型、创造型的干部较少，他们大多缺乏实践锻炼，实际操作能力差，对经济社会发展的适应能力相对较弱。在市场经济迅速发展的今天，农民增收困难，基层干部不能理出一条发展经济的好思路，在市场经济的负面效应下，大搞形式主义，有些甚至利用公共权力为自己和亲属牟取私利，贪污腐败现象不但直接侵害人民的切身利益，阻碍了经济的发展，而且严重损害了党和政府在人民心中的形象，从而造成了人民对现行政策、领导干部的不满，导致干群矛盾不断加深，容易引发群体事件。

3. 各项社会事业较为落后导致民族地区出现诸多不和谐现象

教育落后。甘肃省民族地区教师队伍数量不足、质量不高；适龄儿童入学率较低。以临夏州为例，临夏州教职工总数只占全州干部职工总数的30.4%，远远低于全省45%的平均水平。按国家教职工和学生比例标准，全州共缺教师4000人，尚有2800名代课教师顶编顶岗。而在专任教师中，非师范类毕业生占专任教师总数的37.5%，有相当一部分教师由民办转正，没有接受过正规的师范教育，影响了教育教学质量的提高。2007年全州还有5个县没有实现“两基”，占全省19个未实现“两基”目标县的26.3%，尤其是东乡、积石山两个民族自治县，适龄儿童入

学率仅为 34%。[①]

文化基础设施落后。农、牧民群众的思想观念仍十分保守、陈旧，宗教迷信活动在人们的精神生活中仍占有相当的地位，而公共文化投入的不足，基础设施的落后，致使人们精神文化生活更为贫乏，甘南“全州广播和电视人口综合覆盖率分别达到 80.16% 和 85.23%，而全省广播和电视人口综合覆盖率分别达到了 91.23% 和 91.5%”。[②] 再加上达赖集团及境外反动势力也加强了对农、牧区的文化渗透，更加剧了民族地区的不稳定。

医疗卫生条件差。与甘肃省平均水平相比，民族地区的医疗卫生条件还相当落后。临夏州“公立医疗机构现有卫生技术人员 3738 人，平均每千人拥有 1.91 人，低于全省每千人 3.13 人的水平；345 个村无卫生所，绝大多数村卫生所缺乏必需的医疗器械；地方病患者达 8.1 万人，占农村总人口的 4.7%”。[③] 以每千人口床位数（张）作比较，“甘南为 2.36、临夏为 1.96，全省为 2.69”；从整体水平即医院个数来讲，“甘南 19 所、临夏 18 所，全省则为 379 所”。[④] 可以看出，就甘肃省平均水平而言，民族地区无论是千人床位数，还是医院数都比较落后，这无疑限制了少数民族人口身体素质的提高。

二、甘肃省民族地区保持社会稳定面临的新形势

1. 自然灾害与金融危机

2008 年汶川特大地震，“甘肃省是受灾程度仅次于四川的灾区省份，全省受波及的有 10 个市州、52 个县市区。据 5 月 20

① 范云鹏：《推动少数民族地区教育事业》，载《甘肃教育》，2007（1）。

② 甘肃年鉴编委会编：《甘肃年鉴（2008）》，北京，中国统计出版社，2008。

③ 高勇：《把各族群众的呼声带到全国人代会上去——全国人大代表甘肃民族工作组视察临夏纪行》，载《人民之声报》2009 年第 9 期四版。

④ 甘肃年鉴编委会编：《甘肃年鉴（2008）》，北京，中国统计出版社，2008。

日甘肃省发布的资料显示，全省在地震中有365人遇难，7560人受伤；地震共造成倒塌房屋51182万间，受损房屋144113万间，其中危房84万间，需要紧急转移安置人口15614万人；同时有13万头（只）大小牲畜被压死；地震还使许多学校、医院严重受损，交通、通讯、水、电、耕地、梯田、灌溉渠系等基础设施和部分企业受到严重损害。据灾后评估，与四川相连就近的陇南市文县、康县、武都区、成县以及甘南藏族自治州的舟曲县、迭部县等地，又是甘肃省的地震重灾区，灾情极其严重。据灾后初步评估，6县区总人口为137万人，其中因地震受灾的人口就高达124185万人，造成农业直接经济损失5185亿元”。[①] 从全球范围来看，经济全球化趋势深入发展，综合国力竞争日趋激烈。只有加快经济发展才能确保实现全面建设小康社会的宏伟目标，才能更好地解决前进道路上的矛盾和问题，才能有效应对各种风险和挑战。当前在全球金融危机下，中国的经济增长受到抑制，增长率放缓是必然的，但在连续10年的高速增长下的突然放缓会使一大批企业倒闭和就业困难。对于民族地区来说，在全球金融危机的影响下势必导致人民收入水平降低，在加上民族地区产业结构不够合理，竞争力相对较弱难以抵御风险。因此，民族地区应当树立和落实科学发展观，始终把经济建设放在中心位置，大力解放和发展社会生产力，努力应对全球金融危机。

2. 民族宗教问题

从国际形势来看，一些西方资本主义国家不仅企图在世界范围内实现政治霸权、军事霸权和经济霸权，还企图运用西方的思想、理论、观点和方法渗透，左右我们的思想，企图通过鼓吹反动的“民族自决”、“民族分离”分裂和瓦解社会主义国家，来

① 王东阳：《甘肃省地震重灾区灾后恢复重建面临的问题及建议》，载《农业经济问题》，2008（7）。

实现思想霸权、文化霸权和话语霸权。从国内来看，民族宗教问题产生的原因，除了历史上的各种原因之外，地区经济、文化发展的不平衡也是产生民族宗教问题的重要原因。东西差距进一步扩大，使本来就因经济条件落后而存在的民族间的生活习惯、思想观念差别进一步加大，影响了民族间的相互了解和沟通，加之一些经济政治领域的消极丑陋现象，使许多人产生了信仰、信念和信任危机。面对社会急剧变迁中的社会现象束手无策而祈求于宗教。特别是达赖集团的分裂活动，由于受西藏拉萨“3.14”事件的影响，从3月14日以来，极少数不法分子纠集一批不明真相的人，在甘南州夏河、合作、碌曲、玛曲、卓尼、迭部六县市的城区和部分乡镇制造了一系列打砸抢烧事件，给国家和群众造成了严重损失，给甘南藏区社会稳定构成严重威胁。据统计，这次打砸抢烧事件给甘南造成直接经济损失23031.23万元。[①]民族地区能否经受住各种困难和风险的考验，保证社会的稳定，关键在于党和各级民族领导干部的正确领导，加强民族团结。

3. 贫富差距扩大

随着社会经济结构的变化，特别是所有制结构和分配制度的变化导致利益结构向多元化发展。市场经济是一个优胜劣汰的机制，利益多元化必然要造成利益竞争，拉开人们的收入档次，形成贫富差距，而且这种趋势有进一扩大的可能。“2007年，东乡族农民人均纯收入仅为1209元，比全州农民人均纯收入少386元，低于国家扶贫新标准1067元的农民达24.45万人，占70%，是典型的扶贫人群。2007年，东乡县人均国内生产总值仅占全省平均水平的20%、全国平均水平的10%，人均财政收入是全省平均水平的4.63%、全国平均水平的1.79%，经济和社会发

① http://www.gscn.com.cn/Get/gsnews/084710495482377_24.htm

展在全国民族自治县中排在末位。”① 社会利益之间的这种分配不均引起和强化了各种利益群体之间的矛盾。利益受损的社会群体如果不能及时得到利益补偿和社会尊重，势必导致行为失范给社会稳定带来不利影响。

三、保持民族地区社会稳定的主要对策

1. 解放思想，大力发展经济

发展特色农业。一是，加快畜牧业发展，建立农畜产品种植、养殖、加工、销售一条龙企业，加强农、畜产品生产基地建设，推动农业专业化、集约化、产业化经营，提高农业附加值，如甘南州、天祝县、肃南县可以牦牛、白牦牛为主打畜牧产品开发系列产品。二是，大力发展草业。“我省民族地区拥有 1.5 亿亩天然草场，有丰富的畜种资源。2003 年全省仅人工种草留床面积达 1540 万亩。”② 应根据气候、土质、光热以及降水等条件，种植适宜的饲草品类如紫花苜蓿、红豆草、加拿大燕麦、酸膜菠菜等。

发挥区域优势，构建特色工业。对于民族地区一些在全省有一定影响，在本地区工业经济中占相当分量的产业，如临夏州的皮毛加工、运销，阿克塞县的饲草加工，甘南州的系列藏药生产、黄金生产与加工等，应当加以重点巩固、培育、发展，使其成为民族地区的支柱产业。甘肃民族地区传统畜牧业较为发达，甘南州、肃南县、阿克塞县的养羊业，天祝县、肃北县的养牛业总体上都有一定规模，但目前仍停留在草场放牧、饲草天然生长、肉食品分散经营阶段，应借鉴目前发达国家畜牧业发展的经

① 高勇：《把各族群众的呼声带到全国人代会上去——全国人大代表甘肃民族工作组视察临夏纪行》，载《人民之声报》2009 年第 9 期四版。

② 李正元、潘晓梅、闵文义：《提升甘肃民族地区生产力的对策研究》，载《西北民族大学学报》（哲学社会科学版），2005（1）。

验，以饲草人工种植、肉食品集中加工经营等方式，组建牛羊肉加工、皮毛加工、地毯加工等产业集团，促使小规模分散经营的初级加工业向规模化、集约化、高技术含量的发展。

发展特色旅游业。民族地区民族众多，地理环境复杂多样，再加上历史悠久，受现代社会影响较小，孕育了极其丰富的自然旅游资源和人文旅游资源，与其他地区相比具有旅游资源的比较优势。如甘南民俗风情草原风光观光旅游、临夏康乐莲花山花儿会等等。少数民族地区应充分挖掘和利用这些特色旅游资源，开发满足现代旅游者需求的旅游产品。

2. 加强党的领导，促进民族团结

进行马克思主义民族观和宗教观的教育，是加强民族团结进步的重要前提。要在广大干部群众中深入开展马克思主义民族理论和党的民族政策的学习与教育，牢固树立汉族离不开少数民族，少数民族离不开汉族，各少数民族之间也相互离不开的思想。促进少数民族和民族地区的繁荣和发展，充分调动民族地区主体民族干部群众的积极性，同时要充分调动其他民族干部群众的积极性。民族问题往往与宗教问题联系在一起。宗教作为一种社会现象，具有漫长的历史，在社会主义社会将长期存在。我们应进行党的宗教理论和宗教政策教育，全面贯彻党的宗教信仰自由政策，依法管理宗教事务，坚持独立自主自办原则，积极引导宗教与社会主义社会相适应，巩固和发展党同宗教界的统一战线，努力维护甘肃省宗教和谐的良好局面。

深入学习科学发展观，把民族宗教问题放到建设中国特色社会主义的全局中来解决，毫不动摇地把发展贯穿于民族宗教工作的始终。坚持把加快少数民族和民族地区经济社会发展作为解决民族问题的根本途径，采取更加有效的政策措施，使民族地区的面貌更快地得到改变。坚定不移地把以人为本作为民族宗教工作的核心，按照尊重、团结、帮助、引导的原则，落实和完善党员领导干部与宗教界代表人士的联系制度。要坚持不懈地推动民族宗教工作，致力于全面协调可持续发展，保持党的宗教政策、宗教工作的连续性和稳定性，推动宗教工作不断向前发展。要善于在民族宗教工作中运用统筹兼顾的方法，确保宗教活动正常、有序进行，努力把涉及宗教的矛盾化解在萌芽状态。

3. 加强各项社会事业的发展

大力发展民族地区的教育事业，加快人力资源开发。民族地区发展教育应做到以人为本，改善少数民族地区教育的办学条件，确保教育经费投入到位。政府财政支出中教育经费要做到专款专用，在教育经费中也要做到专项开支，防止教育经费的内部挪用。对在民族地区特别是在特困地区长期工作的民办教师、代课教师在民转公、考录中等师范进修转干等方面要给予大幅度倾斜照顾，对长朗教双语多语的民族教师要提高其补助标准，使其安心教育教学工作，同时采取定向委培和定向招考的办法，稳定少数民族地区的教师队伍。

加快文化事业和文化产业的发展，为各民族人民提供丰富的精神文化产品。第一，重点解决文化设施建设问题。有关部门要增加对民族地区文化设施的基本建设投资和文化事业经费，使那些具备条件的自然村通广播电视。要尽快把边远地区和贫困地区的图书馆、文化馆、影剧院、体育活动场地等基础设施建设完善起来，解决基层群众看书难、看戏难、看电影难、看电视难等问题。第二，牢牢把握先进文化的前进方向，不断发展民族先进文化，倡导科学、文明、健康的生活方式。加大对民族地区文物保护的投入，加强少数民族文化遗产的抢救保护。第三，大力发展民族地区文化产业。民族地区要利用独特的自然和人文优势，发展文化旅游以及艺术演出、美术品交易、民间工艺品生产等文化产业，建立一批有一定规模的文化产业集团，把民族文化资源优势变为发展文化和经济的优势。

加强公共卫生设施建设，建立健全医疗卫生服务体系。根据农、牧区医疗卫生资源需求和卫生事业发展需要，制定医疗卫生服务体系建设规划，合理确定各类型医疗卫生机构的数量、规模、职能和布局。对边远卫生院应在经费、医疗技术、设备、布局等方面给予支持，增强服务功能。对于卫生人员应充分利用现有的卫生人才资源，大力加强在岗人员临床进修及在职培训，培养一些长久型、实用型的卫生专业技术人员，对于达不到从业要求的人员进行进一步培训或淘汰。还要积极开展新型合作医疗制度。认真做好广泛的宣传教育工作，在具体操作中要坚持自愿原则，动员引导农、牧民积极筹资，对农、牧民大病救治自付部分费用超过一定数额的，要通过医疗救助制度进行补偿，解决农、牧民因患大病出现的因病致贫和因病返贫问题。

第四节　构建甘肃民族地区和谐民族关系的意义与途径

一、和谐的民族关系是甘肃民族地区稳定与发展的重要基础

甘肃省自古以来就是多民族聚居的地方，除汉族及其先民外，回、藏、东乡、裕固、保安、蒙古、哈萨克、撒拉、土、满等10个民族，是甘肃的主要少数民族，另外，东乡、裕固、保安3个民族在甘肃的分布占绝对多数，通常称他们为甘肃特有的少数民族。2007年底，甘肃全省常住人口中，各少数民族人口

为239.97万人，占甘肃总人口的9.26%。[①] 在这样一个重要的多民族居住的省份，正确处理民族问题，巩固和发展社会主义民族关系，对全省的稳定发展具有十分重大的意义。

所谓民族关系，是指以民族因素为特征的一种社会关系，是民族与民族之间在政治、经济、文化、思想上的交往联系状态。民族关系在现实生活中具有广泛性，所有的民族都在直接或间接地与其他民族发生各种关系。在多民族国家和社会中，民族关系是一种重要的社会关系形式。说它重要，主要是因为，民族关系的好坏，直接影响着一个国家、地区或社区的稳定。在中国进入和谐社会建设的新阶段后，中国共产党对社会主义民族关系的发展做了新的阐述，提出了新的要求。2005年5月，胡锦涛同志在中央民族工作会议暨国务院第四次全国民族团结进步表彰大会上的讲话中指出："正确处理民族问题，使各民族人民和睦相处，和衷共济、和谐发展，对于我们建设社会主义物质文明、政治文明、精神文明与和谐社会，具有十分重大的意义。"[②] 同时强调："坚持巩固和发展平等、团结、互助、和谐的社会主义民族关系。"民族和谐的论述是中国共产党从构建社会主义和谐社会的总目标出发，在我国社会主义民族关系中加入的新要素，成为我国社会主义民族关系的主要特征之一，是中国共产党对社会主义民族关系理论的新发展。所谓民族和谐，是指在各民族间特点的差异和文化的多样性的基础上，各民族的合法权益得到保障和实现，各民族的经济和社会事业得到协调发展，各民族特点和文化受到尊重，各民族和睦相处，关系融洽。

和谐的民族关系是一个社会稳定发展的重要基础，甘肃也不

---

① 甘肃年鉴编委会编：《甘肃年鉴（2008）》，北京，中国统计出版社，2008。

② 胡锦涛：《在中央民族工作会议暨国务院第四次全国民族团结进步表彰大会上的讲话》，6页，北京，人民出版社，2005。

例外。和谐民族关系是甘肃稳定发展的重要基础，因为：第一，民族关系与社会发展的关系十分密切，我们当前要建立的社会主义和谐社会，包括人与社会的关系、人与人之间的关系以及人与自然的关系三个方面，和谐的民族关系是和谐社会的重要基础和前提。因此，在当前构建社会主义和谐社会的进程中，应当高度重视民族关系，夯实社会稳定和谐发展的基础。第二，和谐的民族关系之所以是社会稳定发展的基础，是由民族关系在多民族国家发展中的重要作用决定的，民族关系的状况，和谐与否，会直接对国家的安全稳定产生影响。当代一些国家的分裂、动荡，并由此导致人民受苦难，民族关系恶化，民族冲突频繁是一个主要原因。可见，民族关系是社会稳定发展、国家安定统一的重要基础。第三，从民族的角度看，毗邻民族的关系状况，会给该民族的社会生活造成有利或不利的外部条件。毗邻民族友好相处，可以互相支援，互通有无，有利于各自的发展，反之，则会影响各自的发展。

二、甘肃民族关系的现状及其对甘肃民族地区发展的影响

一个国家或地区的民族关系的内容和特征是由民族关系的性质决定的，在不同的社会制度和不同的历史时代下，民族关系的性质、特征、表现形式和发展趋势各不相同。甘肃和全国一样，新中国成立以后，社会主义民族关系初步确立，改革开放以后，随着社会发展，民族关系又出现一些新的变化。综合分析甘肃民族关系的整体状况，归纳如下：

1. 平等、团结、互助、和谐的民族关系基本确立，这是甘肃民族关系的主流

（1）我国的社会主义制度确立后，由于消灭了私有制和剥削制度，剥削阶级作为阶级已不存在，各民族劳动人民成了国家

和社会的主人，各民族在社会主义条件下友好交往。平等、团结、互助、和谐的社会主义民族关系基本确立。正如马克思、恩格斯在《共产党宣言》中所指出："人对人的剥削一消灭，民族对民族的剥削就会随之消灭。""民族内部的阶级对立一消失，民族之间的敌对关系就会随之消失。"① 所以，民族关系从本质上说是各族劳动人民之间的关系。从这个意义上看，社会主义新型民族关系的确立，它的基础是生产资料公有制，这是我国新型民族关系的制度保障，必须长期坚持。

（2）国家通过立法促进新型民族关系的巩固和发展。有了公有制的制度保障，只是为社会主义民族关系的确立提供了制度上的可能性，新型民族关系的确立需要经过长期的努力才能实现，为此，国家通过立法促进新型民族关系的巩固和发展。1982年12月4日第五届全国人民代表大会通过的《中华人民共和国宪法》的序言中指出："中华人民共和国是全国各民族共同缔造的统一的多民族国家，平等、团结、互助的社会主义民族关系已经确立，并将继续加强。"以宪法的形式正式明确了我国已确立的社会主义民族关系，也明确了社会主义民族关系的基本内容与特征。为进一步巩固和发展我国新型民族关系提供了宪法的保障。另外，1984年全国人民代表大会通过的《中华人民共和国民族区域自治法》明确指出，要"维护和发展各民族平等、团结、互助的社会主义民族关系"。这些法律中关于民族关系的各项规定，对促进新型民族关系的巩固和发展，起到了十分重要的作用。

（3）解决了一些重要的民族矛盾和纠纷，改善了民族关系。对甘肃而言，主要有对流散的哈萨克族的安置，建立阿克塞自治县，在甘肃安置了一部分流散的哈萨克人；其次，党和政府

---

①《马克思恩格斯选集》，第一卷，270页，北京，人民出版社，1972。

出面调解，解决了历史上遗留下来的甘肃省甘南州玛曲县齐哈玛与四川省阿坝藏族羌族自治州阿坝县接壤地区的草山边界纠纷；另外，还实事求是地解决了肃南县皇城区裕固族和山丹军马场长期存在的草原纠纷。这些问题的解决，做到了有利于安定团结（民族之间、民族内部、军民之间）。

新型民族关系的确立和巩固，增强了各民族间的了解和理解，出现了各民族互相尊重、互相帮助、互相支持、互相学习的新风气。和谐的民族关系，对甘肃民族地区的快速发展提供了条件，甘肃民族地区日益繁荣兴旺，各族群众的物质文化生活大幅度提高。

2. 在社会主义时期，在各民族劳动人民之间的根本利益一致的基础上，仍然存在着一定的矛盾

尤其是改革开放以后，随着民族地区快速发展和民族成员素质的提高和交往增加，民族之间因为经济发展水平、政治权利、生活条件、语言文字、风俗习惯、宗教信仰的不同而产生的矛盾。具体可以归纳为影响民族关系的政治、经济和文化三大因素：

（1）政治上，由于国际政治格局的变化，苏东剧变，国际民族主义思潮的冲击，一些国际敌对势力，为了达到分裂和西化我国的战略目的，长期以来打出“人权牌”、“民族牌”、“宗教牌”等来牵制我国党和人民政府，对党和人民政府施加压力。同时他们也利用西藏问题、新疆问题和“东突”组织来进行破坏。加上叛逃国外的民族分裂势力和国内的民族分裂分子相互勾结，遥相呼应，利用各种手段挑起事端。这是影响我们民族关系和谐的具有敌我矛盾的主要因素，是引起当前民族矛盾和造成民族关系紧张的重要因素。甘肃是中国主要的民族走廊，民族构成复杂，在甘肃，藏独势力和疆独势力都有一定的市场，2008 年的“3·14”事件就是在这种国际大背景下发生的，甘肃藏区人

民群众的生产生活受到严重影响。影响着甘肃和谐民族关系的巩固和发展，威胁着国家的安全。

(2) 经济上，经济发展的不平衡、利益冲突和收入差距引起的心理失衡是影响民族关系的主要因素。总的来看，改革开放以后，甘肃民族地区的快速发展彻底地改变了各民族的生产、生活。但是，自然环境差、历史欠账多，甘肃与全国其他地区的发展差距不断拉大。迫切要求加快发展的愿望与落后的生产力现状和由此造成的自我发展能力不足的矛盾日渐突出。特别是在人与自然、资源关系紧张的情况下，人居环境、生产环境先天不足，资金、技术、人才等生产要素匮乏，远远不能适应实现跨越式发展、缩小与其他地区差距的需要。经济发展的不平衡以及由此造成的收入差距使少数民族群众的心理失衡和不满情绪已成为影响民族关系和谐的重要因素；另外，改革开放以后，随着分配方式的变化，民族间的经济利益冲突也逐渐明显，成为影响甘肃民族关系的另一个重要因素。

(3) 文化上，民族差别和文化冲突是民族问题、民族间摩擦不断的重要原因。由于语言文字、风俗习惯、宗教信仰、民族心理、文化背景等民族特征方面的差异，民族之间在交往过程中，往往会发生文化冲突。尽管在这些方面我们党有明确的政策，如尊重少数民族的语言文字、风俗习惯和宗教信仰自由等，但这方面的问题每年都会大量出现，甚至酿成群体性突发事件。另外，历史上形成的关于民族的一些错误思想观念及偏见、歧视与隔阂，不可能在短期内消除。毛泽东同志说：历史上反动统治者主要是汉族统治者，曾经在我们各民族中间制造种种隔阂欺负少数民族。这种情况造成的影响，就在劳动人民中间也不容易很快消除。在社会主义条件下，尽管我们极力倡导和促进民族平等、民族团结，但是民族问题上的错误思想观念依然存在，并且还在继续影响和腐蚀着人们。历史上曾出现的民族冲突、隔阂和矛盾，相关民族也并没有随着历史的发展而忘记，相反却像一种伤痛永远地留在民族意识之中，特定条件下可能被唤醒，造成民族间的冲突和问题。

三、调整民族关系，促进甘肃民族地区更好更快发展

影响民族关系的政治、经济、文化互相联系，互相制约。有时候可以互相转化，比如，民族地区的贫困问题主要是经济问题，如果长期得不到解决，就会演变成政治问题，如果一个民族的教育发展水平低，就会影响经济发展的速度，演变成经济问题。从当前影响甘肃民族关系的因素分析来看，要调整民族关系，主要从以下方面入手：

1. 构建和谐的民族关系，发展是关键

当前，甘肃的民族问题，突出表现为少数民族和民族地区迫切要求加快经济文化的发展上。因此，发展是解决民族地区困难和问题的关键。邓小平指出："社会主义最大的优越性就是共同富裕，这是体现社会主义本质的一个东西。如果搞两极分化，民族矛盾、区域间矛盾、阶级矛盾都会发展，相应地中央和地方的矛盾也会发展，就可能出乱子。"① 胡锦涛同志也曾指出："发展是党执政兴国的第一要务，是解决中国所有问题的关键，也是解决民族地区困难和问题的关键。""当前民族地区存在的困难和问题，归根结底要靠发展来解决"。② 因此，加快少数民族地区的发展，缩小差距，实现地区之间、民族之间的协调发展，实现各民族共同富裕、共同繁荣，是保持我国国民经济持续、快速、健康发展的重要保证，是社会主义制度的本质要求，也是实现中

① 《邓小平文选》，第三卷，364页，北京，人民出版社，1993。

② 胡锦涛：《在中央民族工作会议暨国务院第四次全国民族团结进步表彰大会上的讲话》，6页，北京，人民出版社，2005。

华民族伟大复兴的必然要求。发展社会主义的民族关系，就要把加快少数民族和民族地区的发展始终摆在民族工作的首位。当前国家对少数民族和民族地区必须要加大感情投入、政策投入、人才投入、资金投入和科技投入，促进每个民族全面而快速发展，实现各民族共同繁荣。

2. 贯彻落实党的民族区域自治政策

民族区域自治，是中国共产党解决国内民族问题的基本政治制度。坚持和完善民族区域自治制度，对于国家的统一和民族的团结、对于各民族共同发展繁荣、对于构建和谐的民族关系等起着重要的保证作用。胡锦涛指出："民族区域自治制度是我国的一项基本的政治制度，是发展社会主义民主、建设社会主义政治文明的重要内容，是党团结带领全国各族人民建设中国特色社会主义、实现中华民族伟大复兴的重要保证。"其重要性不言而喻，甘肃省目前的主要任务是加强民族法制建设。积极推进自治条例、单行条例和民族法规的修订和完善。要不断推进民主政治制度化、规范化、程序化，努力为各民族群众行使民主权利提供法律保障。促进民族工作依法进行。

3. 大力培养和使用少数民族干部

少数民族干部是党和国家干部队伍的重要组成部分，是推进民族团结进步事业的重要力量。毛泽东曾说过："政治路线确定之后，干部就是决定的因素。"培养少数民族干部，是民族地区贯彻执行党的路线、方针、政策，加快民族地区现代化建设和维护民族团结、构建社会主义和谐社会的重要保障，是解决民族问题的关键。巩固和发展社会主义民族关系，仅有党的民族政策和法律法规是远远不够的，必须要有大批政治坚定、业务精通、政策水平高、深受各族群众拥护的高素质的少数民族干部队伍。因为少数民族干部长期生活在本民族人民群众之中，熟悉本民族的历史与现状，懂得本民族的生活方式和风俗习惯，了解本民族的政治、经济、文化特点，善于理解本民族群众的意愿、要求，同本民族人民有着血肉联系和“天然”感情，同时，各民族群众往往把本民族的干部看做是本民族的代表，不仅愿意向他们倾诉心声，反映意见，而且愿意听取他们的意见，接受他们的领导、建议和劝告。这就为把党的路线方针政策落实到各民族群众之中，并变为各族群众的实际行动提供了可能。从而更好地维护民族团结，促进民族和谐。甘肃省历来重视少数民族干部的培养。培养选拔民族干部的制度也比较健全，不但制定了《培养选拔少数民族干部规划》，建立了少数民族后备干部制度，而且提出了增加数量、改善结构、提高素质、适应发展、逐步使全省少数民族干部比例与人口比例相适应的目标要求。这些政策的实施，必将改变少数民族干部队伍的结构，为甘肃民族地区的发展作出应有的贡献。

4. 在民族地区坚持不懈地开展党的民族理论、民族政策、法律法规以及民族基本常识的教育

文化冲突引起的民族问题，主要要通过坚持不懈地开展党的民族理论、民族政策、法律法规以及民族基本常识的教育为途径来解决，通过教育，让各民族群众牢固树立“三个离不开”（少数民族离不开汉族，汉族离不开少数民族，各少数民族之间也相互离不开）和“四个维护”（维护法律尊严、维护人民利益、维护民族团结、维护社会统一）的思想。推动各民族互相尊重、互相学习、互相帮助，促进各民族和睦相处、同舟共济、和谐发展。

总之，甘肃的民族关系总体是好的，但也有一些负面的因素。只要我们按照党的十六届六中全会和十七大提出的要求，始终保持清醒的头脑，居安思危，科学分析影响民族团结和社会和谐的矛盾、问题及产生的原因，妥善处理各种民族矛盾，最大限度地增加民族团结和社会和谐的因素，最大限度地减少不团结、

不和谐的因素，使民族关系不断巩固和发展，就一定会促进甘肃的和谐稳定发展。

第五节 促进甘肃民族地区经济快速健康发展的途径

甘肃民族地区要做到长期稳定和快速发展，必须进一步深化改革和扩大开放。改革开放以来甘肃民族地区经济社会发展的实践充分证明，进一步深化改革和扩大开放是解放和发展民族地区社会生产力，促进甘肃民族地区和谐社会构建的基本途径。

一、进一步深化改革和扩大开放

1. 进一步深化改革开放应坚持的指导思想

甘肃民族地区进一步深化改革和扩大开放，必须坚持以中国特色社会主义理论体系为指导，坚持党的基本路线，牢固树立科学发展的思想，充分尊重和发挥人民群众的首创精神，在讲求经济效益、加速经济发展的同时，还必须高度重视社会效益，进一步提高社会主义精神文明建设和民主法制建设水平。

2. 深化企业内部机制和外部体制改革，加快经营机制的转换

甘肃民族地区在深化企业内部机制和外部体制改革，加快经营机制的转换的过程中应该以转换经营机制为重点，通过企业内部和外部多层次、全方位的改革，把甘肃民族地区的企业推向市场，通过市场实现资源、技术、人力、资金等资源配置，使企业真正成为自主经营、自负盈亏、自我发展、自我约束的生产经营主体，确保国有资产的保值、增值，确保企业职工各种收入的增长。同时要使企业或企业之间能够实现兼并、联合、职能分离

等，逐步走向企业集团，不断增强其核心竞争力。

3. 大力推进融资体制改革，拓展民族地区融资渠道

民族地区在经济发展过程中，资金非常紧缺，要推动民族地区的进一步改革和发展，必须加强融资力度，需要进一步拓宽融资渠道。为此，国家可以向甘肃民族地区进行资金倾斜，还可以多设立一些非银行金融机构，也可设立一些外资银行、中外合资银行等，以增加甘肃民族地区融资的渠道。

4. 深化物资流通体制改革

甘肃民族地区处于西部中间地带，是西藏、青海、新疆等与内陆地区联系的桥梁和枢纽，贸易经济在甘肃民族地区经济发展中具有非常重要的地位和作用，因此，甘肃民族地区要采取各种措施建设大型物流中心，面向西藏、青海、新疆、内蒙古西部地区等进行物资流通。为分散和减轻甘肃民族地区农产品等鲜活商品流通的市场风险，可以建立流通风险基金。在临夏回族自治州等地建设一批农贸、百货等市场，以解决甘肃民族地区与西藏、青海、新疆、内蒙古西部与全国其他各地商品流通问题，在甘肃民族地区力争实现大商业、大市场、大流通的格局。

5. 实施奖励科技人员的政策，促进科研与民族地区生产相结合

全国以及甘肃有很多的科技成果，但这些科技成果很难转化为生产力，因此，甘肃民族地区应该实施科技人员奖励政策，促进全国以及甘肃的科技成果尽快与民族地区的社会生产力相结合，转化为促进民族地区经济社会发展的现实生产力。对有突出贡献的科技人员实行重奖。科技、人事部门应制定相关政策，以稳定民族地区现有技术人才，吸收国内外优秀技术人才到甘肃民族地区工作并将其科技成果转化为甘肃民族地区的现实生产力。

6. 进一步扩大对外开放

把临夏州作为甘肃民族地区进一步对外开放的“排头兵”，发挥扩大对外开放的示范作用，甘南州可作为进一步扩大对外开放的第二梯队，另外5个民族自治县作为进一步扩大对外开放的第三梯队，要利用民族地区现有的科技优势和工业基础，引进国内外人才和技术，发展新兴的高科技产业，促进高新技术成果商品化、产业化。要帮助民族地区县镇改善投资环境，搞好交通、通讯建设，增强外向能力。加快对农、林、矿产等自然资源的开发和利用，吸纳民族地区农村剩余劳动力，努力创造条件兴办技术档次较高、带动作用较强、规模较大的外商投资企业。

7. 甘肃民族地区需要积极实施“走出去”战略

要鼓励有条件的企业对外投资和跨国经营，大力开展技术合作，更加积极地引进国外先进技术和管理经验，注重消化吸收，促进民族地区产业结构尽快升级。积极扩大具有自主知识产权、自主品牌的商品和服务出口，提高传统出口商品的质量和档次。借鉴国外先进经验，鼓励清洁生产，大力发展循环经济，全面建设节约型社会，努力走资源消耗低、环境污染少的新型工业化道路。

二、促进民族地区经济的又好又快发展

促进经济的快速健康发展可以为甘肃民族地区构建和谐社会提供坚实的物质基础，也可以为实现社会公平和协调各种利益关系、加强民主法制建设和思想道德建设、构建完善的社会保障体系等创造前提条件。

促进甘肃民族地区经济又好又快发展，要在加快转变经济发展方式、完善社会主义市场经济体制方面取得重大进展。要大力推进经济结构战略性调整，更加注重提高自主创新能力、提高节能环保水平、提高经济整体素质和国内外竞争力。要深化对社会

主义市场经济规律的认识，从制度上更好发挥市场在资源配置中的基础性作用，形成有利于科学发展的制度和机制。

1. 大力发展高科技产业

甘肃民族地区要紧紧抓住西部大开发的重大历史机遇，超前谋划产业发展，积极引进一批高新科学技术，促进高科技产业的发展，以高科技产业的发展来带动民族地区经济的又好又快发展。要建立产业项目准入制度和低端产业退出机制，把土地投资强度、投入产出率和水耗、能耗、环境要求等指标作为项目审核和提供土地的重要依据，禁止引进“高污染、高能耗、高水耗”企业。要坚持以科学发展观统领经济发展，努力实现速度、质量、效益相协调，消费、投资、出口相协调，人口、资源、环境相协调，真正做到又好又快发展。

2. 大力创新和发展农村各种新型合作组织

推动甘肃民族地区经济健康快速发展，就应该大力创新并发展与生产力相适应、能应对市场挑战的新的运行机制即农村新型合作经济组织，以尽快解决分散经营与统一大市场的矛盾，迅速适应民族地区经济面临的新形势，提高农牧民进入市场的组织化程度，促进甘肃民族地区农牧业和农村经济结构战略性调整，加快农村经济全面发展，增加农牧民收入。

近年来，甘肃民族地区一些农牧民群众为适应农牧业市场化的客观需要，在政府的引导、扶持和有关部门的指导下，结合自己生产的专业特点，按照自愿联合、民主管理等原则，依据共同协商制定的章程，已建立起一批对外参与市场竞争、对内提供各种服务的各类新型合作组织，如农村专业合作社、专业联合社、股份合作经济组织以及带有合作经济性质的技术协会、专业协会、研究会等，这些新型合作经济组织，是在市场经济发展过程中应运而生的，是以农民为主体的，是为农业产前、产中、产后提供服务的。从目前的情况看，这些组织的产生和发展，对于解决甘肃民族地区农户分散经营与大市场的矛盾，使农户快速地与市场、企业、政府之间实现信息、服务、技术和管理支持等方面的沟通和交流，使社会主义公有制在甘肃民族地区有效实现，对稳定和完善民族地区农村基本经营制度，增强农民抵御市场风险的能力，增加农民收入，保证龙头企业原料的稳定供应，增强农业的市场竞争力，为农户获得更多的实惠，把乡村集体及其他各种利益主体的资金、技术、人才、劳动力等生产要素优化配置组合起来，形成新的经济增长点，及时了解农民发展市场经济的愿望和要求，增强政府指导农村经济的针对性和时效性，提高农民的组织化程度，加快农业产业化的进程，促进农村经济发展等，发挥了重要作用。

当前，甘肃民族地区创新和发展农村各种新型合作经济组织的重点：第一，重点创新和发展为农牧民生产提供各类技术服务的技术协会。创新和发展直接为甘肃民族地区农牧民生产提供技术服务的各类技术协会在目前极具紧迫性和重要性，是推动甘肃民族地区实施科教兴农兴牧、创建农牧业科技创新体系、加速有关农牧业科技成果转化为甘肃民族地区现实生产力的重要举措。要结合甘肃民族地区农牧业结构进行的战略性调整，与大专院校、科研机构等进行技术合作，引进、消化和推广新品种、新技术，加强对协会会员的培训工作，提高其科技素质，通过技术协会积极引进、试验、示范和推广优良品种和先进技术，提高农牧产品科技含量和产出效益。协会还应该大力开展科研攻关活动，有针对性地解决生产中的技术难题，促进生产发展。第二，大力创新和发展针对农牧产品产销的“公司+农户”合作经济组织。在甘肃民族地区，农牧产品“卖难”仍然是重要问题，在甘肃民族地区创新和发展各种新型合作经济组织的过程中，要紧紧围绕农牧产品的生产和流通来进行，借鉴发达地区的经验，可以创新和发展比较适合甘肃民族地区的“公司+农户”这种新型合作经济组织，既加强生产的协调和指导，又可以搞活农牧产品的流通。第三，创新和发展农牧产品加工方面的合作经济组织。围绕民族地区农牧产品加工增值问题，可以大力创新和发展农牧产品方面的合作经济组织，以提高农牧产品的加工程度和技术含量，增加附加值。在区域化发展比较明显，条件比较成熟的地方，可以引导农牧民出钱、出物、出技术，以劳动和资金股份合作为途径，直接投资兴办农牧产品加工龙头企业，实行分户生产、合作加工、销售，使农牧民从农牧产品的生产中得到更多的实惠。

3. 转变经济增长方式

近年来，甘肃民族地区经济发展迅速，呈现高增长、高效益的良好局面，但经济结构矛盾依然突出，如工业化水平滞后，工业经济结构不合理，工业企业资源性特征比较明显，总体上仍未摆脱依赖资源发展的格局，工业企业中缺少具有牵动能力强的龙头企业，缺少产业发展的中小企业群，科研投入不足，自主创新能力弱，工业企业的科技发展水平总体上偏低。

目前国内外经济的竞争日趋激烈，甘肃民族地区必须转变经济发展方式，大力推进新型工业化，以工业的大发展带动整个民族地区经济的后发赶超。

（1）推进农牧业产业化，带动农村工业化。农牧业产业化的核心是农牧产品加工，把农牧产品加工做深做精，不断延长产业链，提高农牧业产业化经营水平，促进新型工业化发展。一是要发展特色加工业，优先扶持优质肉类加工、木材加工、食品加工等。二是扶持牛羊肉等重点精深加工项目。要在牛羊肉产品加工上大做文章，抓好环保食品、绿色食品、民族特色食品、放心食品等，力争建立适应甘肃民族地区经济发展要求的现代食品加工生产体系。

（2）积极扶持生态循环经济，促进工业化与民族地区资源环境协调发展。发展生态循环经济，提高民族地区资源的综合利用率，延长产业链，这将能够大幅度地降低企业的生产成本，提高民族地区工业的整体竞争能力。积极引导企业开展资源和能源的综合利用，最大限度地回收利用企业生产过程中产生的废渣、废水、废气等各种废弃物，实现废物资源化和再生资源回收利用。

4. 加强能源资源节约和生态环境保护，增强可持续发展能力

推动甘肃民族地区经济发展必须坚持节约资源和保护环境的基本国策，必须把建设资源节约型、环境友好型社会放在工业化、信息化、现代化、城市化等发展战略的突出位置，落实到每个单位、每个家庭，要加强资源节约和环境保护的力度，以最大限度地增强甘肃民族地区经济社会可持续发展的能力。

5. 统筹人与自然的和谐发展，促进经济社会与资源环境的相互协调

统筹人与自然的和谐发展是实现甘肃民族地区经济社会可持续发展和各民族人民生生不息的根本保证。目前，甘肃民族地区生态环境恶化的趋势尚未从根本上得到扭转，民族地区仍然是比较粗放的经营方式和经济增长方式，这种情况严重危及着子孙后代的生存和发展。必须切实把经营方式和经济增长方式转到主要依靠科技进步和提高劳动者素质上来，必须充分考虑资源和生态环境的承载能力，要坚持把以人为本与尊重客观规律结合起来，要不断加强生态环境建设和保护，要采取切实措施巩固退耕还林、退牧还草、天然林保护等生态建设工程已经取得的成绩。同时要深化水资源、矿藏资源、土地资源、草场资源、林业资源等的管理体制和管理方式改革，促进资源的节约和永续利用。

6. 促进非公有制经济快速健康发展

个体、私营等非公有制经济是社会主义市场经济的重要组成

部分，促进甘肃民族地区个体、私营等非公有制经济的快速健康发展可以大力促进甘肃民族地区经济的快速健康发展，可以发挥构建社会主义和谐社会的重要作用。由于自然、历史、机制体制等原因，甘肃民族地区的个体经济、私营经济等非公有制经济还没有得到充分的发展，还有很大的发展空间和潜力，因此，要推动甘肃民族地区经济的快速健康发展，就应该大力促进个体经济、私营经济等非公有制经济的快速健康发展。要真正转变观念，切实落实能够促进个体、私营等非公有制经济发展的各项政策措施，各级政府和管理部门要在体制、机制、政策等方面对个体、私营等非公有制经济创造公平竞争的环境，在市场准入、金融支持、土地使用等方面也要一视同仁，放开领域，放宽条件，放手发展，支持个体、私营、民营等非公有制经济参与国企改革，鼓励支持个体私营、民营企业做大做强，发展企业集团，走现代企业发展的路子。要加大对中小企业支持力度，切实解决融资难的问题，引导和鼓励科技型、特色型、服务型中小企业加快发展。围绕优势产业和大型企业，积极发展民族加工类配套产业，拉长产业链，提高自我发展能力，形成“专、精、特、新、强”的中小企业群体，使个体、私营经济、民营企业、中小企业发展成为甘肃民族地区新的经济增长点。

甘肃民族地区市场经济发展的实践充分证明，私营、个体等非公有制经济已经成为推动当地社会生产力发展的重要力量，在扩大经济总量、增加有效供给、增强经济活力、拓展就业空间、增加农牧民收入等方面，日益发挥着重要作用，已经成为甘肃民族地区经济发展的新的增长点，但是与国内发达省市比较、与社会主义市场经济发展的要求比较，仍然存在较大差距。甘肃民族地区的各级领导干部和工作人员需要进一步解放思想，转变观念，针对目前个体、私营等非公有制经济发展中存在的需要迫切解决的实际问题，要采取切实有效措施，为个体、私营等非公有制经济排忧解难，提供政策、技术、资金等方面的大力支持，促进个体、私营等非公有制经济的快速健康发展，这是甘肃民族地区贯彻落实科学发展观，推进富民兴陇伟大事业的现实选择。

三、进一步培育和完善甘肃民族地区的市场经济体制

从甘肃民族地区目前的情况看，社会主义市场经济体制还不完善和成熟，为市场经济服务的体制和机制等还不完善，因此，要推动甘肃民族地区经济的快速健康发展，需要进一步建立和完善社会主义市场经济体制。

1. 建立比较完善的现代企业制度

建立现代企业制度是建立社会主义市场经济的必然要求。把社会主义同市场经济结合起来，采取现代企业制度是一个重要的途径。因此，建立现代企业制度，不仅是一个关系甘肃民族地区国有企业生存和发展的大问题，也是一个关系整个经济体制改革成败和国民经济持续健康发展的大问题。

选择市场经济，就必须遵循市场经济的基本规律，就要使企业真正成为市场的主体、竞争的主体。加入 WTO 以后，中国将与世界经济更趋一体化，国有企业面临着国际上企业和国内的民营企业双重竞争压力和竞争环境，使得国有企业必须与世界先进管理方式接轨，按照产权清晰、政企分开、权责明确、管理科学的原则，探索建立符合中国国情的现代企业制度，充分发挥企业的经营自主权，提高经济效益，增强竞争能力。

从世界上实行市场经济的各国的经验看，真正通过市场经济使经济繁荣的，都建立了一套规范有效的市场经济运行体制，所以，甘肃民族地区要通过市场经济来实现繁荣和发展经济的目标，就应该建立起比较完善的能够推动市场经济发展的体制和机制，特别是需要建立比较完善的现代企业制度。现代企业制度的基本特征是产权清晰、权责明确、政企分开、管理科学，这是一

个有机联系的整体，必须全面理解和贯彻。以公有制为主体的现代企业制度，是社会主义市场经济体制的基础。甘肃民族地区经济快速健康发展的重要保证就是建立比较完善的现代企业制度。建立现代企业制度就要使企业形成良性的发展机制，使企业成为注重经济效益、追求资产保值增值的独立法人实体和市场主体，成为对市场需求信号和国家调控政策反应灵敏的独立的生产主体和经营主体，成为具有活力的市场竞争者和能够独立承担风险者。企业要通过建立现代企业制度，建立和健全适应社会化大生产和市场要求的科学的企业领导体制与组织管理体制，形成一套促进企业提高劳动生产率和经济效益的经营机制。

明确和独立的产权不仅是市场交易得以顺利进行的基础，也是企业进行投资和贸易活动的动力源泉，是形成有效的企业治理结构的前提。如果产权不明确，或得不到有效保护，现代企业制度不可能真正确立。同样，企业拥有自主权和对其决策的后果负责是一个问题的两个方面，如果企业的决策常常受到外来干预，它就不可能也不应当对其决策的后果负责，反过来，如果企业不能对自己的行为后果真正负责，拥有决策自主权就是危险的。现代经济研究的成果充分说明，市场机制不仅是一种资源配置手段，更是一种激励和约束机制。确保决策者对其决策后果负责，对决策者既是约束，也是激励。政府和企业分开是政府和企业各负其责的重要前提。政府职能不转变，政企就难以分开，政府就会干预企业的生产经营活动，企业或者只能按政府行政意志办事，或者躺在政府身上，不承担责任，很难适应市场经济的要求。甘肃民族地区解决政企不分的问题，必须适应建立社会主义市场经济体制的需要，按照政府的社会经济管理职能和国有资产所有者的职能分开的原则，积极探索国有资产管理和经营的合理形式和途径，从制度上规范政府和企业的行为。企业的发展与科学管理密切相关，现代企业制度的一个重要特征就是管理比较科学，即实行科学化的管理，科学管理是生产力，科学管理是效益，科学管理是效率。

2. 进一步建立健全和维护规范有效的市场竞争秩序

进一步建立健全规范有效的市场竞争秩序是促进甘肃民族地区经济快速健康发展的重要举措。建立健全规范有效的市场竞争秩序直接关系到甘肃民族地区的市场在资源配置中的基础性作用。经过30年的改革开放，甘肃民族地区的市场在资源配置中的作用已经很大，但仅仅看到市场在资源配置中的作用大小是不够的，还必须看到市场竞争秩序是否规范有效的问题。

要充分发挥市场在资源配置中的基础性作用，就必须让市场是相对有效率的，而市场效率的基础就是有效的市场竞争秩序。竞争是市场经济有效性的最根本保证。市场机制正是通过优胜劣汰的竞争，迫使企业降低成本、提高质量、改善管理、积极创新，从而达到提高效率，优化资源配置的结果。但竞争必须有效，否则也很难取得良好的效果。从规范的市场经济体制来看，有效的市场竞争主要包括三个方面的内容：一是竞争必须公平；二是竞争必须相对充分；三是竞争必须有序。只有建立合理的市场竞争秩序，市场的优势才能得到充分发挥。甘肃民族地区市场竞争秩序的建设相对比较滞后，市场中的无序竞争现象仍比较严重。不良的市场竞争秩序，已经成为制约甘肃民族地区经济发展和民族产业竞争力提升的重要因素。能否建设一个符合现代市场体系要求的竞争秩序，关系到能否进一步消除甘肃民族地区深化改革的体制性障碍，从而促进经济社会的发展。

为促进甘肃民族地区经济的快速健康发展，应按照统筹城乡发展、统筹区域发展、统筹经济社会发展、统筹人与自然和谐发展、统筹国内发展和对外开放的要求，更大程度地发挥市场在资源配置中的基础性作用，增强民族地区企业的活力和竞争力，加强和完善政府社会管理和公共服务职能，为甘肃民族地区经济的快速健康发展提供强有力的体制保障。“五个统筹”也应是规范市场秩序、建立规范有效的市场竞争秩序的基本准则。

市场竞争的公平性要求法律、法规和政府有关政策平等对待不同的市场主体。在市场准入、生产要素获取、享受法律保护和政策支持等方面，为各类企业创造平等竞争的市场环境。同时，在人员流动、就业选择、职业培训、劳保福利等方面，为劳动者创造平等的竞争机会。公平的竞争环境意味着机会的公平，而只有机会的公平才是实现社会公正和经济效率相统一的有效途径。

保障竞争有效性的另一个条件是消除阻碍企业进入和退出市场的各种行政性和经济性障碍，保证竞争的相对充分。行政性障碍主要是指由于行政权力造成的市场垄断，比如行业垄断和地方保护。而经济性障碍则主要是由于某个或某些企业规模过大、市场集中度过高造成的市场垄断。两种垄断虽然性质不同，但都会损害竞争的有效性，都需要采取措施加以消除。另外，对于有效竞争而言，企业的自由退出与自由进入同样重要。如果竞争的失败者由于各种行政的或经济的障碍不能自由退出，也会严重损害竞争的公平性和有效性。

有效竞争必须是有序竞争。有序竞争首先要求有符合市场经济要求的“游戏规则”，这种规则既包括正式的法律、法规，也包括非正式的行业规范、国际惯例等。同时，市场主体必须严格遵守这样的规则，为此，必须严格制止欺诈、造假、低价倾销等不正当竞争行为。

3. 进一步转变和形成符合市场经济要求的政府职能

甘肃民族地区市场经济的正常运转离不开各级政府的宏观推动作用，但政府的作用不能过大，其行为必须受到法律的约束，否则，如果政府任意地对经济活动进行干预，会严重损害民间经济的活力和创造力。在规范的市场经济当中，政府的作用主要不在于替代市场的作用，而在于增进市场的作用，也就是主要通过制定和执行规则来维护市场秩序，保持公平竞争，为市场机制正常发挥作用创造条件。凡是通过市场机制能够很好解决的问题，政府就不必插手，而通过市场机制不能解决的问题，政府则必须负起责任。在需要由政府发挥作用的地方如果政府不能有效发挥作用，同样会损害市场机制的正常作用。政府职能的正确行使不仅要求政府只做该做的事情，而且要求决策正确，尽量减少失误，而正确的决策又依赖于正确的决策程序。随着甘肃民族地区市场经济的发展，决策所依赖的信息和专业知识越来越复杂，仅靠少数领导者的个人智慧很难保证作出正确的决策。政府重大决策不仅要充分听取专业人士的意见和建议，而且要充分听取社会各界特别是服务对象的意见。通过法律或法规形式规定的政府决策程序也可以起到监督政府行为，减少随意干预和减少腐败的作用。由于与其他市场主体相比政府具有天然的优势，因而必须通过法律对其干预经济的行为进行有效的约束，否则独立企业制度和自由交易就难以得到保证。法律法规必须对政府干预经济的内容、方式、权限等作出符合市场经济要求和尽可能详尽的规定。政府必须在法律规定的范围内行事，其行为也必须处于立法机关和社会舆论的监督之下。

4. 营造良好的社会信用环境

诚实守信在任何时期对于任何国度、任何民族、任何体制都具有普遍的价值，不诚实守信，不勤勉敬业，任何一种制度、体制等都难以正常运转。对于现代化的市场经济而言诚实守信尤其重要。这是因为，与传统市场经济的交易方式主要是现货交易即一手交钱一手交货不同，现代市场经济的交易方式主要是信用交易。信用交易的出现和发展克服了时间及空间的限制，大大扩展了市场交易的范围。但信用交易的基础是交易双方的诚实守信，否则不仅交易的成本会大大上升，而且交易的广度和深度也会受到很大影响。尤其值得重视的是，随着现代信息技术和网络技术的发展，低成本的电子商务将会得到越来越广泛的应用，但如果没有良好的信用作基础，电子商务的发展也会受到很大的制约。

在规范的市场经济体制下，诚信对于企业来讲不仅意味着较好的信誉，更意味着更高的竞争优势。通过严格履行合同，企业不仅能够赢得客户，而且能够树立良好的品牌。对供应商的诚信能够使企业赢得供应商的信任，从而获得较好的供货条件。而对债权人和投资者的诚信意味着能够以较低的价格获得更多融资的能力。特别值得指出的是，良好的信用基础和文化是现代企业制度赖以正常运作的基础。

与市场主体的诚实守信相比，政府的诚信更为重要。政府政策的透明和可预见，政府严格履行其对社会的承诺，不仅直接影响社会信用的状况，而且能够增强其他市场主体的信心，为良好社会信用的形成起到示范作用。

目前，甘肃民族地区的信用状况存在诸多问题，如缺斤短两、假冒伪劣、欺行霸市等，改善甘肃民族地区社会信用状况应当主要从以下三个方面努力：一是增强各类市场主体自我保护的意识和能力。为此，必须进一步加大宣传和教育的力度，大力弘扬诚实守信的文化传统，增强各类市场主体风险防御能力。二是要尽快建立社会化信用信息服务体系，努力改善信息不对称情况，同时政府要率先垂范，做诚信的榜样。三是要加大失信行为的成本。法律法规要加大对各类失信行为的处罚力度，包括经济处罚、行政处罚和刑事处罚，要使不守规矩的人不仅无便宜可占，而且要吃大亏。同时，要加大执法力度，真正做到有法必依、违法必究、执法必严。信用体系的形成和发展与经济发展的阶段有关，甘肃民族地区建立诚信需要有一个过程，但已经看到一些好的苗头，相信只要思想重视，措施得力，持之以恒，不久的将来必然会收到明显效果。

5. 建立健全保障市场经济正常运行的法制基础

市场经济是竞争经济，而竞争离不开法制。没有好的法制环境，市场主体的独立性、市场竞争的有效性、政府行为的规范性和市场秩序的有序性都将缺乏根本保证。因此，从根本上讲，社会主义市场经济是法制经济，只有建立在法制基础上的社会主义市场经济才是实现资源有效配置和富民强国的有效途径。建立健全保障市场经济正常运行的法制基础，应该做到以下方面：一是法的内容必须符合基本的或公认的正义，特别是符合市场经济的内在要求。法治环境的健全并不意味着法律越多越好，更为重要的是法律要发挥保障经济正常运行的应有作用。如果法律不是对产权和公平竞争进行有效保护，而是过多地限制经济主体的自由，那么这样的法律越多，对市场经济的危害反而会越大。二是坚持法律面前人人平等的基本原则。所有的公民个人、公民团体和政府机构，都必须遵守法律，都不能凌驾于法律之上。任何个人或机构，不论其地位和社会背景如何，其违法行为都必须依法受到制裁。三是要严格执行法律。要健全司法体系，要培养全社会良好的法制观念和守法意识，各民族群众良好的法律意识和守法观念需要经过长期的宣传、教育、培养以及实践才能建立起来。

第二章　甘肃民族地区构建和谐社会的难点与对策

由于自然、历史等原因，甘肃民族地区经济、社会发展的总体水平与甘肃全省和全国总体发展水平都有很大的差距，也与其他的民族地区有一定的差距，这使得在甘肃民族地区构建和谐社会成为甘肃乃至全国构建和谐社会的重要困难和障碍，所面临的任务比其他任何地区都要繁重而艰巨。甘肃民族地区和谐社会构建得成功与否，直接关系到民族地区社会的稳定和改革开放的深入发展，也关系到民族地区工业化、市场化、城市化等一系列重大问题，进一步关系到在全省和谐社会的建设乃至全国的团结稳定。对此问题的深入探讨，将有助于揭示在甘肃民族地区构建和谐社会应该把握的难点及其所要采取的对策等，以促进甘肃民族地区和谐社会的构建。甘肃民族地区如何构建和谐社会，是甘肃在全省范围内构建和谐社会的难点，本章从以下几个方面研究了甘肃民族地区构建和谐社会的难点和对策：

（1）人与人之间和谐关系的构建。构建和谐的人际关系是构建和谐社会的重要前提和基础。从甘肃民族地区现阶段的实际情况看，还存在着大量的人际关系方面的不和谐因素。这种情况，如果任其长期存在和发展下去，将严重影响到甘肃民族地区和谐社会的构建。

（2）民主法制的加强和思想道德水平的提高。在甘肃民族地区，由于经济发展、自然历史和传统习惯等因素，民主法制建设水平较低，同时由于基础教育落后，加上市场经济负面影响等对传统思想道德的冲击，人们的思想道德水平较低，且在社会转型时期，思想道德方面的认识还存在一定程度的混乱，这对甘肃民族地区构建和谐社会有着很大的影响，是甘肃 民族地区构建和谐过程中的又一难点问题。因此，在大力发展民族地区经济的同时，必须加强民主法制建设和提高思想道德水平。民主法制建设和思想道德水平的提高是和谐社会建设的重要内容，民主法制是社会和谐的关键，发展社会主义民主法制是构建和谐社会的政治保障，思想文化则是社会和谐的灵魂，提高思想道德水平是构建和谐社会的精神支撑。

（3）体制和机制的构建、社会保障体系的建立和完善。和谐社会是以人为主体的社会和谐发展状态，包括人与自然、人与人、社会结构之间的和谐。当前，处在转型期的甘肃民族地区正经历着深刻变化，各种社会矛盾凸显，在此情况下，构建和谐社会，其核心是要通过改革创新，加快建立促进社会和谐的体制和机制。通过完善各种体制和机制，来协调各种利益关系，促进社会和谐发展。

（4）社会公平问题的实现和各种利益关系的协调。经过近 30 年的改革开放，甘肃省的经济得到了持续快速发展，人们生活水平明显改善，但是区域发展不平衡的现象却仍然十分严重，其中民族地区与其他地区间的差距就比较明显，这种区域间的不平衡发展是一种客观存在的社会不公平现象；受自然条件和经济社会发展低水平等的影响，甘肃民族地区在人才、资源、资金、技术等的拥有与吸纳方面与其他地区相比较，仍然明显处于劣势，这也是一种社会不公平现象。甘肃民族地区已经建立了市场经济体制，必然触动原有的利益格局，有些政策也有可能进一步损及弱势群体的利益，这就需要协调各种利益关系，而且这种利益关系协调的难度越来越大。这种不公平问题的出现及对各种利益关系协调难度的增加是甘肃民族地区进一步发展的障碍，也成为甘肃民族地区和谐社会构建的重要困难和障碍。

（5）民族地区党的建设。搞好党的建设，不断增强党的创造力、凝聚力、战斗力，是民族地区做好各项事业的保证。民族地区党的建设，应以加强党的执政能力建设为重点，全面推进党的各项建设。但是，对于民族地区来说，它的特殊的社会条件，使党的建设与其他地区相比较，既有其共同性，又有其特殊性。我们必须正确处理共同性和特殊性的关系，切实把握民族地区党的建设的特点、规律，明确工作的着力点，以搞好民族地区党的建设，提高各级党组织领导水平和执政能力。

第一节　民主法制建设的加强和思想道德水平的提高

甘肃是一个多民族聚居的欠发达省份，有45个少数民族、两个民族自治州、21个民族县，少数民族人口320多万，占甘肃省总人口的15%左右。[①] 由于自然、历史等原因，甘肃省少数民族地区经济、社会发展与全省总体发展水平有很大的差距，民族地区如何建设和谐社会，是甘肃省构建和谐社会的难点。我们在坚持以经济建设为中心的同时，也要注重民族地区的民主法制建设和思想道德水平的提高，采取相应的政策措施，促进民族地区全面发展。

① 甘肃年鉴编委会编：《甘肃年鉴（2006）》，北京，中国统计年鉴，2006。

一、民主法制建设和思想道德水平提高是构建和谐社会的重要内容

1. 和谐社会的要求

胡锦涛总书记指出："根据新世纪新阶段中国经济社会发展的新要求和社会出现的新趋势新特点，我们所要建设的社会主义和谐社会应该是民主、法制、公平、正义、诚信、友爱、充满活力、安定有序、人与自然和谐相处的社会。"① 从中我们可以看出，和谐社会构建中，民主法制建设和思想道德水平的提高是其重要内容，并且法制和道德也是密切联系的。

法律为构建社会主义和谐社会、社会主义道德建设提供支点。在阶级社会中，作为集中体现统治阶级意志的法律，在一定程度上是为了维护正常的社会秩序，以期把人们的行为规范在允许的范围内，道德和法律是维护社会正常运行的两种主要手段。社会主义法律与道德是与社会主义的基本政治制度联系在一起的，是为社会主义政治经济服务的。为了实现这一目的，人们应遵守国家的法律，充分发挥法律保护人民利益，惩治不法之徒、保证国家长治久安的功能。

加强思想道德建设是构建社会主义和谐社会的一项重要工作。一个社会是否和谐，一个国家能否实现长治久安，很大程度上取决于全体社会成员的思想道德素质。没有共同的理想信念，没有良好的道德规范，是无法实现社会和谐的。思想道德建设为构建社会主义和谐社会提供强大的精神动力，也为构建社会主义和谐社会提供重要的思想保证。通过思想道德水平的提高，全面

① 载《中共中央关于构建社会主义和谐社会若干重大问题的决定》，2006年10月11日。

提高人的素质，为构建社会主义和谐社会营造良好的社会环境，打下扎实的社会基础。

2. 民主法制是社会和谐的关键，发展社会主义民主法制是构建和谐社会的政治保障

十六届六中全会提出，到2020年，构建社会主义和谐社会的目标和主要任务是：社会主义民主法制更加完善，依法治国基本方略得到全面落实，人民的权益得到切实尊重和保障。民主法制作为社会发展的基本原则和最高理念，已越来越成为治理现代国家的重要手段。一个和谐的社会，需要运用民主法制的方式协调利益关系、化解社会矛盾，充分调动人民群众和各方面的积极性、主动性、创造性，从而促进、实现、保障社会和谐。

3. 思想文化是社会和谐的灵魂，提高思想道德水平是构建和谐社会的精神支撑

现代文化正全面深入地渗透到政治、经济和社会生活的方方面面，成为一个国家、一个民族、一个地区竞争力的重要组成部分，在很大程度上标志着社会的文明进步程度。没有共同的理想信念、良好的道德规范和健康向上的精神文化产品，构建和谐社会就会失去精神动力、思想保证、舆论支持和文化条件。和谐社会是社会成员和睦相处的社会，要求创造人人平等、团结友爱、和衷共济、和谐相处的人际关系环境。今天在社会主义市场经济条件下，虽然竞争是必要的，但竞争离不开合作。如果把竞争推向极端，唯利是图，不择手段，就会造成人性的沦丧，道德的败坏。因此，我们要坚持为人民服务，在全社会大力提倡团结互助、扶贫济困的良好风尚，努力在人与人之间建立起和睦友好和互相信任的关系。我们要运用道德手段来促进和谐社会建设，努力形成以诚信友爱为重点、与社会主义市场经济相适应、与中华民族优秀传统道德相承接、与依法治国相配合、与和谐社会要求相吻合的道德规范体系，为构建社会主义和谐社会提供坚实的思

想道德基础。

二、民族地区民主法制建设和思想道德教育现状及存在的问题

1. 甘肃省民族地区社会不和谐的主要表现

近年来，甘肃省民族地区经济增长速度虽然较快，但经济总量仍然十分有限，增长水平有待提高，这是甘肃省民族地区今后必须面对的难题。在经济发展的同时，各种矛盾也已开始显露出来。主要表现在：经济增长与科、教、文、卫等方面投入不足的矛盾；经济增长与过度依赖资源性开发、生态环境趋坏的矛盾；经济增长与城乡差距、居民收入差距扩大的矛盾；经济增长与贫困人口较多存在、就业和社会保障压力依然较大的矛盾等等。在一些干部中还较为严重地存在着先发展后治理、片面追求经济增长指标的思想。这些问题突出的主要原因，是民族地区经济发展相对落后。据统计，2007 年，甘肃省民族地区国内生产总值为 149.57 亿元，仅占全省的 5.53%，在全省 14 个市（州）中，甘南、临夏两州排在最后两位。[①] 可见，由于自然的历史的原因，甘肃省民族地区因经济落后导致的不和谐因素还很多。由于财力有限，在民族地区将更多的精力投入到发展经济、确保政权的正常运转，很少注重民主法制建设和思想道德建设，而民主法制建设和思想道德建设的滞后，又进一步制约了民族地区经济的发展。如果不改变这种情况，是很难赶上全省的发展水平的。

2. 甘肃省民族地区民主法制建设现状和存在的问题

将社会的管理活动和社会生活纳入法制的轨道，建立完善的法律制度和执法、守法的原则与模式，是现代社会有序发展的重要保证，也是甘肃省民族地区在西部大开发中加快发展、缩小差

① 甘肃年鉴编委会编：《甘肃年鉴（2008）》，北京，中国统计出版社，2008。

距、实现现代化的基本保障。随着我国民主与法制建设的深入发展，民族地区法制建设的必要性也日益为人们所重视。但也不能否认，在甘肃省民族地区，法制建设并没有被作为一件经常性的工作来抓，有些地方还把法制建设等同于社会治安工作，在民族地区人们还没有形成行使民主权利、依法保障自己的各种权利的意识和习惯。导致上述问题的原因是多方面的，既有上层的原因，也有基层本身的原因，更不能排除有群众自身的原因。民族地区的群众掌握的文化知识、政策法律、科学技术普遍偏低，民主法制观念不强，甚至藐视法律制度，严重影响民族地区民主法制建设进程。所有法律制度包括行政法规一旦确定下来，均应当做到有法必依，执法必严，违法必究。而管理者基于利益的驱使稳定的考虑，大多采取实用主义态度，断章取义。有些人一方面享受着改革开放和法制健全带来的成果，另一方面对自身的违法行为不反省、不检讨，一旦违了法，要么是托关系、说人情，请求法外开恩，要么是要横拌蛮、软拖硬抗，甚至暴力抗法，逃避、减轻法律的制裁，把法律当做“橡皮筋”使用，蔑视法律的严肃性和权威性。鉴于这些现象的发生，民族地区法制建设的必要性是十分重要的。近年来，虽然甘肃省民族地区在发展社会主义民主政治、推进民族地区法治方面取得了新的进展，但社会管理体制、机制与市场经济发展不相适应的问题仍然存在，社会管理还存在不少薄弱环节，科学执政、民主执政、依法执政的能力还需进一步提高。

3. 民族地区思想道德建设的现状和存在的问题

近年来，随着改革开放的深化和现代传媒的发展，人们的思想观念趋于多元化，在一定程度上出现了社会思想的混乱。在民族地区，人们的思想道德受市场经济冲击的同时，还掺杂着传统习惯、宗教信仰等因素。加强民族地区思想道德建设，需要大力发展民族地区的教育事业，需要加大投入弘扬主旋律，但民族地区的财政显然不能支持这一要求。2007 年，民族地区财政收入为6.89 亿元，财政支出为78.22 亿元，财政自给率不足9%，其中最差的东乡县和积石山县仅为2.7%和3.7%，[①] 保吃饭、保义务教育、保政权正常运转和搞建设的矛盾非常突出，公共保障能力弱，教育经费投入严重不足。民族地区相对于其他地区而言，教育成本高、质量差，体系不健全，寄宿制教育、职业教育、幼儿教育发展缓慢。青壮年文盲率高，劳动力素质低下，农民工培训滞后，人才极度匮乏。在这种状况下，民族地区的长期以来忽视了思想道德建设，思想道德建设的滞后越来越成为民族地区不和谐的重要因素，结合民族地区的实际，加强民族地区思想道德建设成了今后的重点和难点课题。民族地区社会的进步和发展与思想道德水平息息相关，在当前我国社会正处在转型期和矛盾突出期的关键时期，党的十六届五中全会提出了建设社会主义新农村的重大历史任务。建设社会主义新农村的目标要求概括为二十个字，即“生产发展、生活宽裕、乡风文明、村容整洁、管理民主”，这个要求反映了新的历史时期农村物质文明、精神文明、生态文明与政治文明四大建设的发展趋势。在甘肃省民族地区，我们应该重点推进“乡风文明”的建设，通过这项工作，不断提高民族地区群众的思想道德水平，崇尚文明、崇尚科学、社会风气健康向上，教育、文化、卫生、体育等事业发展逐步适应民族地区群众的需求。

三、民族地区加强民主法制和提高思想道德水平的途径与对策

1. 加快民族地区经济发展是民族地区民主法制加强和思想道德水平提高的前提

---

① 甘肃年鉴编委会编：《甘肃年鉴（2008）》，北京，中国统计出版社，2008。

坚持以经济建设为中心，加快少数民族和民族地区经济发展。加快发展是解决民族问题、缩小民族地区与其他地区的差距、促进构建社会主义和谐社会的根本途径。我们应紧紧抓住实施西部大开发战略、建设社会主义新农村和支持民族地区加快发展的重大战略机遇，创新发展思路，推动民族地区经济社会更快更好的发展。我们只有突出民族地区的优势、只有使民族地区经济发展速度高于全省的平均水平，才能逐步赶上其他地区。比较现实的措施有：第一，大力推进产业化经营，发展特色农业、畜牧业和绿色生态农业。民族地区的农业具有一定的基础和比较优势，把这些优势真正发挥出来，就要培育扶持名优特产品，努力发展现代农牧业。积极推行农牧优势互补发展模式，加快培育壮大畜产品加工业，延长畜牧业产业链，将甘南、临夏建成重要的畜牧业和畜产品生产加工基地。第二，提高农产品加工能力和加工深度，不断优化农业结构，加速培育新的经济增长点。大力发展劳务经济，加强劳务技能培训、组织少数民族农村劳动力进入大中城市和西部地区劳务市场。第三，坚持科学开发利用、培育民族地区特色支柱产业。要充分发挥民族地区的水电资源、矿产资源和旅游资源优势，大力支持非公有制经济发展，不断增强民族地区经济发展的活力。要不断提高民族地区的对外开放水平，积极发展外向型经济，扩大民族地区特色产品出口。

2. 加大教育力度，努力提高民族地区思想道德水平

把思想道德建设与教育文化建设结合起来，全面提高人的素质，为构建民族地区和谐社会打下扎实的社会基础。构建社会主义和谐社会的主体是人，人的全面发展又是构建社会主义和谐社会的根本目的。这就要求我们把精神文明建设的根本任务落实到人的素质的提高上。要不断提高人的素质，就要用先进文化培育人、塑造人。先进文化包括先进的思想道德和先进的教育科学文化两个部分。抓好思想道德建设，确立全体社会成员共同遵循的

价值取向和行为准则，规范着人们的行为方式，提高人们的思想境界，使社会成员具有良好的品德，从而正确处理个人与自然、个人与社会的关系，实现民族地区各民族各尽所能、各得其所而又和谐相处。在重视思想道德建设的同时，还要重视教育科学文化建设。教育在民族地区经济社会发展中具有先导性和全局性作用。所以，我们要在民族地区加大教育投入力度，在民族地区建立比较完善的教育体系，努力提高少数民族群众的素质，为构建社会主义和谐社会提供强大的精神动力和广泛的智力支持。

因此，在民族地区要始终坚持马克思主义在意识形态的指导地位，牢牢把握先进文化的前进方向，进一步加强和改进思想政治工作，倡导和谐理念，树立社会主义荣辱观，大力弘扬以爱国主义为核心的民族精神，以改革创新为核心的时代精神，以勤劳致富为核心的创业精神，以艰苦奋斗为核心的民族作风，在民族地区打造共同的理想信念和基本道德风尚，弘扬社会主旋律，形成团结互助、平等友爱、共同前进的社会氛围和人际关系。坚持尊重劳动、尊重知识、尊重人才、尊重创造的方针，深入实施科教兴市战略，不断提高民族地区人民的科技文化素质，努力建设学习型、创新型社会，以文化支撑和谐。

3. 坚持和完善民族区域自治制度，加强民族地区民主法制建设

坚持民族区域自治制度，贯彻好民族区域自治条例，是民族地区构建社会主义和谐社会的政治基础。加强民主法制建设，完善民族地区法规体系，深入开展普法工作，不断增强民族地区干部群众的法律意识和法制观念。贯彻党的宗教政策，结合甘肃省出台的《宗教事务条例》，依法管理宗教事务、尊重少数民族的风俗习惯、语言文字和宗教信仰。坚持马克思主义民族观，全面贯彻党的民族工作方针政策，坚持不懈地在广大干部群众中开展民族理论、民族政策、民族法律法规以及民族基本知识的宣传教

育，在各族干部群众中牢固树立“三个离不开”思想，加强民族团结。要坚持从维护全社会公平正义的角度出发，把党的领导、人民当家做主与依法治国有机结合起来，积极稳妥地推进体制改革和机制创新，进一步健全民主制度，发展社会主义民主，完善科学的决策机制、利益诉求机制，保障民族地区群众的各项民主政治权利，建设法制社会，维护人民群众的根本利益。

第二节　体制和机制的构建、社会保障体系的建立和完善

和谐社会是以人为主体的社会和谐发展状态，包括人与自然、人与人、社会结构之间的和谐。甘肃民族地区在体制、机制方面存在很多问题与难点，构建和谐社会需要建立、利用各种机制，完善各种体制，协调各种关系，促进社会和谐发展。

一、甘肃民族地区构建和谐社会中体制、机制方面存在的问题与难点

1. 市场经济体制不完善

市场经济体制以市场机制为基础，合理配置资源和生产要素，提高生产率和经济效益，运用优胜劣汰的市场机制，实现收入分配的均等化和公平竞争，保持经济繁荣与社会稳定。甘肃民族地区市场经济体制不完善，市场机制不能创造机会均等和平等竞争的社会环境，加剧社会不平等与社会不公。加之民族地区自然生态环境脆弱，经济社会发展落后，人们在职业地位较低、收入较少和家庭生活水平偏低时，痛恨各种社会不平等和收入差距现象，怨恨仇视社会，引起社会不稳定，严重影响社会的和谐。

2. 利益分配协调机制不合理

市场经济下，优胜劣汰机制导致贫富差距扩大。而国家鼓励一部分地区、一部分人先富起来的非均衡发展政策，更加剧了甘肃民族地区与全省、全国其他地区差距以及甘肃民族地区不同行业、企业甚至个人的差距。政府权力因素对资源配置及市场分配进行不合理的干预，人为分配市场、维护或制造垄断市场以及寻租设租现象相当严重，利用权力创造收入，谋取不正当收入，造成收入不合理分配和不平等竞争。长期城乡二元结构及其管理体制，使弱质农业与弱势农民更显不利地位，城乡居民收入差距日益扩大。收入分配管理体制与政策不完善，对居民收入缺乏准确掌握和有效监控，高收入者通过各种手段偷税漏税等，加大贫富差距。

3. 社会保障机制不合理

甘肃民族地区经济发展滞后，居民自我保障和家庭保障的能力低，对社会保障的需求强烈。但社会保障资金来源渠道非常单一，资金缺口较大，社会保障的覆盖面小，保障程度差。民族地区基本上是吃饭财政，支付庞大，对社会保障力不从心。许多企业不按规定缴费，少报、瞒报、漏报缴费工资基数，尽量少缴养老保险费。企业对社保缺乏积极性，工作上不能积极配合。广大的农村还没有普及正式的养老保险、医疗保险，更没有失业保险，农村人口的养老主要是依靠家庭和子女，整个养老、医疗、伤残、生育等方面的风险都由家庭来承担，农村社会保障仅体现在社会救济和救助上。民族地区的社会保障法制化程度较低，社会保险费用的征缴、支付、运营、统筹管理很不规范，社会救济、社会福利和优抚安置的地方立法基本处于空白，社会保障工作在许多方面只能靠政策和行政手段推行，有关社会保障方面发生的争议、纠纷案件，相关当事人的合法权益得不到保障。

4. 生态环境恢复与保护机制不合理

甘肃民族地区地处青藏高原、青藏高原与黄土高原过渡地带及祁连山地，90% 以上地域是山地、高原、沙漠、戈壁、裸岩、冰川积雪及干旱、半干旱和高寒阴湿地区，农田面积中 2/3 是山坡地，90% 以上耕地属低产田，土地资源开发难度大。土地利用过程中，传统的、粗放式的农牧业生产及掠夺式的资源开发，重开发轻保护，以及多年来的毁林、毁草、滥垦、滥伐、畜牧超载等原因，造成森林面积减少，草场退化，水土流失加重，土地沙漠化、荒漠化进程加快，自然生态环境系统严重失衡。同时，人口数量的过快增长，形成对自然资源的过度开发，进一步加剧自然生态环境恶化，甚至造成自然生态环境系统在相当长时间内无法逆转的状况。目前甘肃民族地区牧区可利用草地有 1.2 亿亩，但 40% 是荒漠草场，牧区 9 县的草场退化、沙化、盐碱化面积达 1/3 以上。玛曲 90% 草场存在不同程度的退化，沙丘分布已由斑点状分布的半固定、半沙漠向集中连片全沙化和流动沙丘演变，生态环境进一步恶化，人与自然和谐发展面临严峻挑战。

5. 社会稳定机制不成熟、不完善

甘肃民族地区各种社会稳定机制不成熟不完善，缺乏系统性和整体性。近年来，民族地区社会不稳定因素大量增加，经济利益引发的矛盾冲突不断发生，草山边界纠纷、经济利益矛盾冲突还诱发了一些民族宗教方面的问题，宗教干扰基层政权及不同宗教信仰的价值观念冲突也时有发生，社会治安形势日趋严峻，社会矛盾、群体冲突和利益纠纷加剧。

二、甘肃民族地区构建和谐社会中体制和机制的构建与完善

1. 建立健全社会主义市场经济体制

按照统筹城乡发展、统筹区域发展、统筹经济社会发展、统

筹人与自然和谐发展的要求，更大程度地发挥市场在资源配置中的基础性作用，甘肃民族地区应从国企改革、所有制结构调整、农村经济体制改革、市场体系改革、行政管理体制改革和政策法规体系建设等方面进一步完善社会主义市场经济体制，完善政府社会管理和公共服务职能，增强企业活力和竞争力，创造机会均等和平等竞争的社会环境，为全面建设和谐社会提供强有力的体制、机制保障。

2. 建立完善利益分配协调机制

甘肃民族地区要建立科学的利益协调机制，包括建立和健全利益引导机制、利益表达机制、利益约束机制、利益调节机制、利益补偿机制等，引导各个利益群体以理性合法的形式表达利益诉求，妥善处理各种社会利益关系。

打破行业垄断，杜绝行政权力不合理干预和官商勾结，使不同的市场主体能够获得公平的市场机会、平等的竞争关系。要规范行政事业单位的预算和财务管理制度，制止部门制度外收入比例过大的状况。要加大对高收入群体的收入监控力度，杜绝偷税逃税。要统筹城乡发展，缩小城乡二元结构造成的差距。加大对民族地区的转移支付规模，国家和各地区转移支付的资金，应当主要用于落后地区的基础设施、基础教育和基本医疗保障，同时要坚决防止挪用挤占。建立惩治贪污腐败和非正常暴富机制，打击非法敛财和贪污受贿等行为。

关心弱势群体的基本生存保障。对未脱贫地区的农民，国家应当从各项政策上进行倾斜，既要照顾眼前的生活脱贫，更要帮助他实现能力脱贫，塑造自我生存和发展的本领。对于城市中因下岗出现的大量低收入人群，应当在确保最低保障的基础上，加快养老和医疗保障的改革推进步伐，安定人心。

3. 健全社会保障机制

甘肃民族地区要多渠道筹集社会保障基金，采用财政拨款、企业征缴、个人付费相结合的方法，保证社会保障资金的稳定来源，积极探索其他筹资渠道，以弥补社会保障资金的不足；加强社会保障基金监管，确保基金保值增值；不断完善企业职工基本养老保险制度，逐步建立农村最低生活保障制度，积极探索建立农村养老保险制度；加快推进失业、工伤、生育保险制度建设；加强对困难群众的救助，不断完善城市低保、农村五保供养、特困户救助、灾民救助等制度建设；发展以扶老、助残、救孤、济困为重点的社会福利事业，保障弱势群体的合法权益。完善社会保障管理与服务体系，实现社会保障管理和服务的社会化。逐步建立健全与经济发展水平相适应的符合民族地区实际情况的包括养老保险、失业保险、伤残保险、医疗保险等社会保险，以及社会福利、社会救济、社会互助、优抚安置等内容的覆盖城乡所有劳动者的社会保障体系。

4. 完善生态环境恢复与保护机制

甘肃民族地区是一个人口众多、资源相对不足、生态先天脆弱的地区，构建和谐社会要把生态建设放在工作的重中之重，动员一切力量，保护生态建设，严惩乱砍、乱伐、乱垦、乱挖、乱围、乱捕、乱修路等破坏生态建设的行为。制定民族地区生态安全措施，强化限制性条件及可持续发展的目标。生态安全要体现资源环境的保护及资源再生能力的保护，将植被重建的重心放在退耕还林还草上，有计划、有步骤地退耕还林还草、退牧还草，恢复植被，在保护好生态环境的基础上，因地制宜，深层次开发资源，使开发和生态保护实现良性循环和可持续发展。甘肃民族地区还应加大移民搬迁和劳务输出力度，加快易地搬迁工程和生态移民工程建设，实施牧区牧民定居点工程，减轻资源环境的承载压力，促进生态环境修复，实现人与自然和谐。

5. 完善社会管理与控制机制

在社会结构转型环境下，甘肃民族地区社会稳定机制正处于初创时期，尚未形成合力，分散零碎，难以发挥社会稳定机制应有的综合性与整体性积极作用。因此，要加快建立健全社会福利、市场经济、文化交流和民主政治为一体的多元化、综合化和制度化的现代社会稳定机制，缓解和消除社会矛盾与冲突。首先，加强民主政治建设，明确政府职能，完善对政府行为的监督机制，减少直接干预微观经济主体的行为，创造有利于各市场主体平等竞争的市场环境。其次，加强文化交流，做好社会引导工作。民族地区政府要不断提高社会引导能力，通过政策引导、舆论引导、教育引导等多种方式，宣传教育群众、凝聚群众，理顺情绪，化解矛盾，融洽关系，稳定社会。坚持完善宗教信仰自由政策，宗教组织和宗教信徒要遵守国家各项法律、法规和政策，宗教上和教派之间出现的各种问题要用民主的说服教育的方法去处理，做到各民族之间、不同宗教信仰之间的和谐相处。最后，要不断发展完善民族地区市场经济和社会保障福利制度，促进民族地区经济繁荣与社会发展，改善群众生活状况，提高生活质量，创造机会均等和公平竞争的社会环境，使人们感觉社会平等公平，保持社会稳定。

第三节　民族地区和谐社会构建中的社会公平问题

著名政治学家罗尔斯指出，社会公正是一个国家的公民和平相处的政治底线。“社会主义国家由于坚持立党为公、执政为民，理应比资本主义更加注重公平，没有公平，就绝对不是社会主义和谐社会。”党的十六届五中全会审议通过《中共中央关于制定国民经济和社会发展第十一个五年规划的建议》，把落实社会公平作为落实科学发展观、构建和谐社会的重要任务和根本要求。可见，公平是“社会和谐”基础，公平应当成为是否实现和谐社会的重要评判标准。

公平不单是指经济公平，而是具有多方面的含义。在社会学意义上，公平指的是社会成员之间的社会地位、经济收入、消费水平比较接近而不过分悬殊；在法学意义上，公平指的是权利与义务对称，人们的获得应该与他们所承担的责任以及所作出的贡献相一致；在伦理学意义上，公平指的是每个人都拥有平等的生存、发展的权利和机会。

追求公平正义是实现社会和谐的前提，没有公平正义就不可能有和谐。甘肃民族地区也不例外。本节主要从伦理学的角度，探讨甘肃民族地区与甘肃其他地区相比，在实现社会公平当中存在的主要问题，并提出改进的思路。

一、甘肃省民族地区实现社会公平的主要障碍因素

每个公民都拥有平等的生存、发展的权利和机会是社会公平的基本保证。甘肃民族地区包括甘南、临夏两个自治州的 16 个县（市）及天祝、张家川、肃南、肃北、阿克塞 5 个自治县，共 21 个县（市），其土地总面积为 18 万平方公里，约占全省总面积的 39%，2007 年末总人口为 82247 人，占全省总人口的 15% 左右。甘肃民族地区和谐社会的建设是甘肃省和谐社会建设的重要部分，也是甘肃省构建和谐社会的难点部分。经过改革开放近 30 年的发展，全省的经济持续发展，人们生活水平明显改善，但是区域发展不平衡的现象却仍然十分严重，其中民族地区与其他地区间的差距仍然明显。这种区域间的不平衡是导致甘肃全省平衡发展的障碍，也成为甘肃全省和谐社会建设的主要障碍。

甘肃民族地区其经济、社会发展长期落后于其他地区，这在很大程度上是民族地区社会公平问题造成的。因此，就甘肃民族

地区而言，实现社会的公平正义，更现实的应当是以改善公民的生存、发展的权利和机会作为切入点，缩小与其他地区的差距，从而从根本上实现相对的公平正义，以促进甘肃民族地区和谐社会建设，从而保障甘肃全社会的和谐发展。与其他地区相比，甘肃民族地区在生存、发展的权利和机会方面主要存在以下问题：

首先，自然条件恶劣，生产生活条件差，导致生存权利不公平。甘肃民族地区先天的地理劣势，客观上导致了不公平的生存权利。民族地区的两州五县大多地处高寒、缺氧的边远地区，自然环境普遍较差，生存条件恶劣。例如，甘南玛曲县海拔在3300～4806米之间，长冬无夏，气候严寒，氧气稀薄，自然灾害频繁，其年均气温1.1℃，年相对无霜期仅19天。恶劣的自然环境导致当地牧民生产生活条件差，加上频繁的自然灾害，贫困人口多，贫困面大。由于常年气候寒冷，加上严重缺氧，使人们的健康受到严重威胁，高原性心脏病及高血压等重大疾病发病率远远高于其他地区。恶劣的自然环境，造成经济、社会发展的诸多难以逾越的天然障碍，其经济、社会的发展与其他地区在起点上就形成了巨大的差距，从历史上就很难获得发展的优势。笔者认为，这是民族地区生存权利不公平的主要表现之一。

其次，教育机会的不公平，导致就业机会和发展机会不公平。教育公平是实现社会公平的主要途径，是改变国运、家运和个人命运的主要途径，也是实现社会公平和谐的主要途径。教育公平是社会公平价值在教育领域的延伸和体现，教育的公平，对实现广泛的社会公平具有基础性作用。确保教育公平，不仅是坚持科学发展观、落实以人为本治国理念的需要，也是构建社会主义和谐社会的重要基石。温家宝在联合国教科文组织第五届全民教育高层会议开幕式上致词：“教育公平是全民教育的灵魂，没有教育机会的均等，就谈不上社会公平。”可见，教育公平主要是教育机会公平，而教育机会的公平又主要体现在教育资源的分配是否公平上。甘肃省教育资源相对有限，但由于存在严重分布不均的情况，使得民族地区的教育资源严重短缺。民族地区由于自然条件恶劣，生存条件差，经济发展落后，教育的硬件和软件都远不如自然条件较好、经济较发达的地区。即便是九年义务教育，事实上却存在民族地区的受教育者在“享用”着与其他地区不同质量的教育资源，因而造成了事实上的不公平。

一方面，由于经济落后，教育投入严重不足，基础教育的硬件设施普遍落后，教学条件普遍较差，很多基层学校不仅缺乏基本的教学器材，而且缺乏校舍，硬件设施极差，受教育者很难享受到优质的硬件资源。更重要的是，民族地区教师队伍普遍学历层次低，教学水平不高，受教育者很难享受到优质的软件资源。由于自然、经济等原因，民族地区高学历层次人才严重短缺，本地接受过高等教育的人才返乡率低，吸引外地较高层次的人才更是难上加难，这导致民族地区的受教育者很难接受到与其他地区同等水平的基础教育。

不能享受平等的基础教育的机会，是民族地区的公民进入较高层次的高等学校的机会远远低于其他地区的主要原因。教育机会不均等的延续必然导致公民就业能力普遍较差，发展的机会进一步降低，收入差距的进一步扩大，社会利益分配格局恶化，使强势更强，弱势更弱。如此恶性循环，与其他地区的差距进一步加大，必然导致部分公民心里失衡，社会的不稳定因素增加，使和谐社会建设受到威胁。还是以玛曲县为例，玛曲县 3.71 万人口，但全县只有一所普通九年制全日制学校，没有一所普通高中，致使学生初中毕业后无高中可上，其主要原因是人才匮乏，师资严重短缺。子女得不到应有的教育，又成为当地人才流失，人心不稳的主要原因之一。

再次，同量劳动不同量的报酬，导致民族地区的发展能力进一步弱化。由于历史和自然的原因，长期以来，甘肃民族地区经济发展缓慢，财政收入普遍入不敷出。与其他经济发展较快的地区相比，同量劳动不同量的报酬，贡献与报酬不对等的现象较突出，人们的合法收入往往得不到保障，导致与其他地区公民的收入差距逐渐加大。例如，天祝藏族自治县近几年 10 个“菜篮子”未落实，职工工资收入一年损失 6000 元。又如前面所提到的玛曲县，自然环境比拉萨恶劣，但工资水平却远远低于拉萨。由于工资水平低，加上部分合法收入得不到保障，人们的收入远远不能补偿恶劣的自然环境造成人们的健康和其他诸如受教育的机会等方面的损失，民族地区人们的生活水平与其他地区的差距进一步拉大。以上原因可能引发人们不公平的心理感受，导致部分公民心里失衡，工作不安心，工作积极性下降，社会的不和谐因素增加。这使得民族地区工作效率普遍低下的状况进一步加剧。

技术和人才是如今经济、社会发展的两大推动器，而甘肃民族地区人才和技术严重匮乏，成为民族地区经济、社会发展的瓶颈。恶劣的自然环境加上低水平的收入，又进一步加剧了各类人才的流失，高学历和拥有一技之长的人一有机会就尽可能地流往收入较高、自然环境较优越的地区。人才匮乏，技术问题就更加难以解决，民族地区的发展能力进一步弱化。

基于以上分析，笔者认为，必须要找到实现甘肃民族地区社会公平的突破口，抓住问题的症结，遏制恶性循环的态势，寻求良性循环的发展道路，以确保甘肃全省健康、和谐发展。

二、实现甘肃民族地区社会公平需要做好的工作

甘肃省民族地区的目前存在的阻碍和谐社会建设的不公平现象中，有些是“先天”的，有些是“后天”的，对于“后天”原因导致的不公平，完全可以通过政府及各界的努力予以解决。就此而言，必须做好以下几个方面的工作：

1. 从制度、政策、机制上提供实现社会公平的条件

公平究其实质是一种道德意识和价值判断。在利益多元化、群体多层化的现实社会中，如果没有以基本制度为核心的各种配套制度及法律对公民基本权利的确认，要实现社会的公平是很难的。因此，应当尽可能地为民族地区制定出有利于其发展的政策，加大力度完善各种配套制度。

首先，在执行国家关于民族区域自治的有关规定的基础上，针对民族地区特征，甘肃省政府应当进一步从制度上为民族地区提供公平发展的条件，加大对民族地区的扶持力度，缩小民族地区与其他地区的先天差距，提高民族地区的发展基点。

其次，为缩小与其他地区在发展上的差距，应当给自然条件艰苦的民族地区以较优惠的政策，提高人们的收入，特别是较大幅度地提高高学历和有一技之长者的工资待遇，并在人才吸引、技术引进等方面，制定出有足够吸引力的政策，解除人们的后顾之忧，以保证技术、人才这两大经济、社会发展的推进器能够真正推动民族地区经济、社会的发展。

再次，应当为生活在恶劣的自然环境下的民族地区建立相应的社会保障机制。完善的社会保障体系起着维持社会稳定的安全阀的作用 。党的十六届四中全会《中共中央关于加强党的能力的决定》特别强调："高度重视和关心欠发达地区、比较困难的行业和群众。在全社会大力提倡团结互助、扶贫济困的良好风尚，形成平等友爱、融洽和谐的人际环境。"社会保障最为重要的意义在于对社会成员基本生存底线的确保。如前所述，甘肃民族地区公民大多生存条件恶劣，发展机会少，生活水平普遍低，贫困面大，容易陷入"生存危机"的状态之中，容易引发社会的不安定因素。因此社会保障的目标，要立足于民族地区社会公平和社会安全的角度，通过社会救助、社会养老保险、医疗社会保险、失业社会保险、社会福利以及社会优抚等多个方面的措

施，确保每个人在恶劣的生存环境下有一个合理的基本生活保障。

2. 加大教育向民族地区倾斜的力度，实现教育公平

教育公平主要是教育机会平等，从教育资源分配的源头保障公平，对实现广泛的社会公平具有基础性作用，教育公平不仅是一种个人的追求，而且是政府为减少失业救济、贫困补助等财政性支出应当采取的战略措施。因此，教育公平保障的切入点应当是对公平地享受教育资源的权利的保障。

首先，甘肃民族地区教育公平的实现需要政府从政策上给予支持，比如教育投入向民族地区倾斜，以确保教育的基础设施建设；比如制定较优惠的政策吸引较高素质的教师队伍到民族地区从事基础教育，以确保民族地区的受教育者能够享受到相对公平的教育资源。

其次，民族地区要加强加大原有教育资源调整、整合的力度，扩大优质教育规模，提高“普九教育”的质量，优化现有基础设施，加强对现有教学队伍的培训，以确保民族地区的受教育者能够接受到优质教育。

再次，积极培育和发展培训市场，鼓励各种形式的职业和技能培训等，以提高社会成员的就业能力，提高失业者的再就业能力，减少由于技能的缺少而导致的社会成员失业的情况的发生。

3. 科学发展，改善生存环境，提高人们的生活水平，消除不公平感

江泽民同志在十六大报告中指出：应当把不断改善人民生活作为处理改革发展稳定的重要结合点。客观上讲，甘肃省民族地区很难完全消除与其他地区人们在生活水平上的差距，但现阶段保障民族地区社会成员的基本生活，持续提高生活水平，消除贫困，是消除民族地区人们内心不公平感的主要保证。这是对保证民族地区安定的局面，确保经济社会健康、安全运行和发展的最

基本的要求。因此，甘肃民族地区的发展要以保证人民基本生活需求的满足和基本生活水平的持续提高，消除贫困为基本目标。最值得提倡的就是从转变落后的经济增长方式着手，科学发展、全面发展。

首先，民族地区要有科学的全面发展的规划，制定的发展规划要因地制宜、符合实际、扬长避短，发展的重点应当是本地的支柱产业，是能够带动当地农牧民致富的产业。比如甘南藏族自治州应当着重以发展畜牧业为主，而临夏州则应当以贸易为发展的龙头。

其次，引进和学习先进的生产技术，不拘一格地引进和使用有一技之长的人才，从根本上转变落后的生产方式，提高管理水平，提高生产效率，提高产品品质，为当地支柱产业发展注入活力。

再次，在龙头产业的旗下，应当大力发展非国有经济和民营经济，鼓励各种各样的就业形式，增加就业吸纳潜力，尽可能地实现充分就业。有一份稳定的职业，对于劳动者来说，就意味着拥有了相对稳定的经济收入，意味着家庭生活水平的提升，这对于维护社会稳定，从而确保社会的安全运行和健康发展具有重要的意义。充分就业对于一个社会来说，也是消除贫困、缓解贫富差距，从而实现社会公平的重要举措。

总之，甘肃民族地区由于客观上存在先天的发展劣势，使得后天发展的基础条件差，与其他地区之间存在经济、社会发展较严重的不平衡，这种不平衡将不利于甘肃全省持续、和谐、健康的发展。因此，在分析不利于甘肃省和谐社会建设的障碍因素的基础上，甘肃省政府及民族地区政府部门都应当针对各地的特殊情况，制定出有针对性的措施，缩小民族地区与其他地区的差距，使甘肃全省得以全面发展，为建设和谐甘肃奠定基础。

第四节 民族地区人际和谐关系的构建

构建和谐的人际关系是构建和谐社会的重要前提和基础。从甘肃民族地区现阶段的实际情况看，还存在着大量的人际关系方面的不和谐因素。这种情况，如果任其长期存在和发展下去，将严重影响到甘肃民族地区和谐社会的构建。因此，在甘肃民族地区构建和谐社会的过程中，其难点问题之一就是人与人之间和谐关系的构建。为此，本节拟从构建和谐的人际关系方面对甘肃民族地区和谐社会的构建问题进行一定的深入探讨。

一、甘肃民族地区和谐人际关系的基本要求

人际关系范围很广，内涵很深，但简单地说就是人们在社会生活中，通过物质交往和精神交往发生、发展和建立起来的人与人之间的关系。人际关系包括家庭关系，邻里关系，同事关系，上下级关系，朋友关系等。

和谐人际关系，就是人们在社会生活中，通过物质交往和精神交往发生、发展和建立起来的良好的家庭关系、邻里关系等。

和谐社会，不仅是集体与集体、集体与整个社会的和谐，还包括单个的人与人之间的和谐。个人之间在利益上既有共同性，又存在着差异性，难免会发生这样那样的冲突，因而在构建和谐社会过程中必须处理好人与人之间的关系，做到人与人的和谐相处。

从和谐社会和甘肃民族地区经济社会发展的现实需要来看，和谐人际关系应该是积极的、健康向上的，其基本要求主要有以下几个方面：

1. 符合法律的基本要求

社会主义和谐人际关系是建立在遵纪守法的基础上的，离开纪律和法律谈和谐人际关系就是无政府主义的，是无原则的“和谐”，这对社会发展是极为不利的。甘肃民族地区的和谐人际关系更要建立在遵纪守法的基础上，否则就会破坏民族团结和稳定发展的大好局面。

2. 互帮互助、互惠互利

甘肃民族地区和谐人际关系应该是互帮互助、互惠互利的双赢人际关系，也就是使构成甘肃民族地区社会的各方、参与甘肃民族地区社会发展的各方，都能在经济社会生活中互帮互助、互惠互利，任何一方都不得通过牺牲另一方来获得利益。互帮互助、互惠互利，这是甘肃民族地区和谐人际关系的核心和要旨。

3. 诚实守信

没有规矩不成方圆。诚实守信就是要求甘肃民族地区社会成员自觉遵守社会规则、规章制度和公共秩序，并按这些规范行事。由于甘肃民族地区是多民族共同生活的地区，这就使诚实守信成为构建甘肃民族地区和谐人际关系的重要基础。政府要诚实守信，企业要诚实守信，个人也要诚实守信，等等。个人的诚实守信是整个社会诚实守信的基础。

4. 促进生产力的发展

和谐的人际关系应该是能够推动社会生产力发展的，凡是能够推动生产力发展的人际关系就是社会主义和谐社会所需要的，凡是不能够推动生产力发展的人际关系就不是社会主义和谐社会所需要的。由于甘肃民族地区多民族的实际情况，其和谐人际关系在本质上应该是能够有力推动社会生产力发展的人际关系。

5. 平等

平等是甘肃民族地区和谐人际关系的重要内涵。由于甘肃民族地区都是多民族共同生活的地区，各民族之间的平等对于民族地区构建和谐社会非常重要，不管是大民族还是小民族都应该是平等的，不管是汉族还是少数民族也都应该是平等的，不管是信教群众还是不信教群众都应该是平等的，少数民族之间也应该是平等的，不能有任何不平等的民族或群体。不平等就会产生不和谐，因此，甘肃民族地区的和谐人际关系应该是平等的人际关系。

6. 积极向上、奋发进取

甘肃民族地区的和谐人际关系应该是积极向上、奋发进取的人际关系，应该充分体现出各民族群众共同建设中国特色社会主义的昂扬斗志。

7. 公平

公平始终是影响甘肃民族地区和谐人际关系的重要因素之一。现实情况表明，由于一些不公平造成了甘肃民族地区人与人之间的各种摩擦与冲突，造成人际关系的紧张，使之成为影响甘肃民族地区经济发展和社会稳定的一个重要问题。当然，这些摩擦和冲突并不仅仅是由分配不公而引起，在很大程度上也是由于人们的不公平感所导致。因此，在甘肃民族地区构建和谐人际关系就应当重视公平问题的处理，使甘肃民族地区的和谐人际关系建立在人人享有公平的基础上。

二、充分认识构建和谐人际关系在构建和谐社会中的重要地位和作用

构建和谐的人际关系对构建和谐社会特别是在甘肃民族地区构建和谐社会具有非常重要的地位和作用，具体表现在如下几个方面：

（1）人际关系和谐是社会主义和谐社会的重要特征，能够充分折射出社会主义精神文明建设的高度。人际关系和谐是社会主义和谐社会的重要特征，折射着精神文明建设的高度。和谐社

会的重要特征就是人际关系的和谐，离开和谐的人际关系就无所谓和谐社会。在甘肃民族地区建设和谐社会，就必须把和谐的人际关系作为重要内容来抓。人际关系和谐是精神文明的重要内容，人际关系的和谐程度折射着精神文明建设的高度，人际关系越和谐则精神文明建设的程度就越高，反之亦然。

（2）构建和谐的人际关系是构建社会主义和谐社会的重要内容。和谐的人际关系是和谐社会的重要内容之一，构建和谐社会的应有之义就是构建和谐的人际关系，离开和谐的人际关系，社会的和谐就不复存在。

（3）和谐的人际关系是和谐的民族关系的重要前提和集中体现。从甘肃民族地区的实际情况看，甘肃民族地区的稳定和发展对全国经济社会的稳定和发展有着十分重要的影响，甘肃民族地区的稳定和发展与全国息息相关。而对甘肃民族地区稳定和发展影响最为重要的是民族关系的和谐与否，民族关系和谐的重要体现便是人际关系的和谐，因为从甘肃民族地区的实际情况来说，人际关系的重要方面就是民族关系。因此，要构建甘肃民族地区和谐的民族关系，就需要构建甘肃民族地区和谐的人际关系。人际关系和谐对民族关系和谐有着非常重要的影响和作用，人际关系和谐是民族关系和谐的重要前提和集中体现。

（4）和谐的人际关系有利于维护甘肃民族地区的稳定和发展。人际关系和谐有利于社会的繁荣和发展，有利于人们的生产和生活。有了和谐的人际关系，人们就可以将思想和精力全部投入到生产和经济建设中；有了和谐的人际关系，和谐的民族关系才有保障，和谐社会才能实现。如果人际关系不和谐，则必然会造成内部力量的相互消耗，抵消力量，什么事情都不会成功。俗话说："家和万事兴"，说的就是人际关系和谐则万事兴旺发达。古人早已懂得此深刻道理，生活在现代的人，更应该懂得此道理，并且应该将此道理自觉应用到推动社会发展和经济繁荣的实践中。

（5）和谐的人际关系是重要的生产力，可以推动民族地区生产力的发展。正确处理好人际关系对生产力的发展非常重要，只有在轻松和谐的氛围下，才能充分调动人的积极性，为生产力的发展和各项工作提供强大的动力和支持。从甘肃民族地区的实际情况看，民族团结与和谐非常重要，民族关系与人际关系出现问题则社会就不稳定，人与人之间就会形成力量的消耗，民族团结的大好局面就会被破坏，民族地区的生产力也会受到严重影响，更有甚者，也有可能使已经取得的生产力的发展成果受到严重破坏，已经取得的物质文明也可能损失殆尽。

三、市场经济条件下甘肃民族地区人际关系的现状分析

从调查了解到的实际情况看，甘肃民族地区在市场经济得到进一步发展和成熟的情况下，其人际关系主流上、总体上是比较好的，民族关系比较融洽，各民族以及个人之间能够和睦相处，能够互帮互助，团结进取，形成了健康向上的精神风貌，能够在建设有中国特色社会主义这个共同理想的基础上团结奋斗。但也存在一些不容忽视的问题，如：

（1）有少数人过分重视物质利益，而轻视人际关系。在发展社会主义市场经济的过程中，有少数人受到了拜金主义、享乐主义等腐朽思想的影响，有了金钱至上的思想，认为金钱万能，把金钱当做衡量一切的标准，在人与人的交往中过分重视物质利益，而轻视人与人之间友好关系的建立、发展和维护，甚至有人为了获取物质利益，而不择手段，不讲信用，破坏了原已建立的良好人际关系。有人把商业思想带进现实的朋友、师生、同事等人际交往关系中，使原本比较纯洁的朋友等关系带上了浓厚的商业色彩。

（2）少数人缺乏诚实守信的品质。有少数人由于受经济利

益的驱使，见利忘义，在人与人的交往过程中缺乏诚实守信的品质，对朋友、对亲戚、对同事、对同学等不守信用。

（3）个别家庭邻里关系紧张。有人为了自己的利益，不管邻里的利益，甚至以牺牲邻里利益来换取自己的利益，导致邻里关系紧张。

（4）个别家庭成员之间的关系比较淡漠。家庭成员之间和睦友爱，互帮互助，这是社会主义家庭美德的应有之义。但由于物质利益、宗教信仰、民族习惯等原因，有的家庭兄弟姐妹之间关系淡漠，不孝敬老人，闹家庭矛盾等。

四、原因和对策分析

（一）原因分析

1. 受市场经济的负面影响

市场经济极大地推动了甘肃民族地区经济的发展，但由于受商品意识、金钱观念等负面作用的影响，使甘肃民族地区的人际关系出现了这样那样的问题，如拜金主义盛行，人际交往带有商业色彩等。

2. 世界观、人生观、价值观发生偏差

少数人受市场经济的负面影响，在思想上产生了错误认识，使自己的世界观、人生观、价值观等发生了严重偏差，背离了社会主义人与人之间团结互助的原则，产生了单纯受经济利益驱使的畸形思想，这种错误思想必然导致人际关系的不和谐。

3. 道德失范

有人在市场经济还不规范的初期经济活动中，一切向钱看，把经济利益看做是最重要的，这严重背离了社会主义道德规范，脱离了社会主义道德规范的约束，出现了市场经济发展而道德沦丧的不正常情况，这种情况严重影响了甘肃民族地区人际关系的和谐。

4. 符合民族自治地方的民族法律不健全

我国虽有大量的法律法规，但有些法律法规与甘肃民族地区的实际情况有一定差距，不是很适应，因此，在国家法律法规的指导下，还应当建立与甘肃民族地区实际情况相适应的民族地方法律，只有这样，国家的法律法规才能在甘肃民族地区得到有效地贯彻执行，才能发挥规范甘肃民族地区人际关系的作用。同时，甘肃各民族地区有着不同的民族习惯，在民族地区法律法规还不健全的情况下，各民族的习惯在处理人际关系以至处理经济社会事务方面仍然发挥着重要作用，由于这些习惯不统一，有的甚至存在着很大的差别，这难免导致甘肃民族地区人与人之间关系的不和谐。

5. 民族成分和宗教信仰多样化

由于甘肃民族地区是多民族地区，民族成分比较复杂，而且各民族都有着不同的宗教信仰，即使一个家庭中也有可能存在着不同的宗教信仰，这些不同的宗教信仰有可能使民族之间、家庭之间、个人之间形成某些矛盾和冲突，这种矛盾和冲突会影响到各民族之间的团结，影响到民族内部的团结，影响到家庭、邻里、同事等的关系，从而使甘肃民族地区的人际关系出现某些不和谐因素。

（二）对策措施

从宏观上说，构建和谐的人际关系，是一个系统工程，需要长期的艰苦努力，需要教育、道德、法律、社会机制与规则等多方面因素的介入与参与。主要从以下几个方面进行阐述：

1. 树立和谐的人际关系观

不同的社会，不同的阶级，不同的历史时期，有着不同的人际关系观。在甘肃民族地区构建和谐社会的过程中，需要树立正确的人际关系观，即要坚持以马克思主义为指导，以人为本，在人际关系中充分体现科学发展观，在广大人民群众中树立人与人之间互帮互助、诚实守信、平等友爱、融洽相处的思想。只有如此，甘肃民族地区的和谐人际关系才能逐步构建起来。

2. 进一步加强思想道德建设

人际关系是否和谐，社会氛围是否良好，很大程度上取决于全体社会成员的思想道德素质。要加强社会主义先进文化建设，不断增强人们的精神力量，丰富人们的精神世界，提高人们做人的品位和品质。同时要积极实施公民道德建设工程，广泛开展社会公德、职业道德、家庭美德教育，规范人们的道德行为。积极鼓励和大力倡导人们在社会上做一个好公民，在家庭做一个好成员。

3. 加强制度化建设

在甘肃民族地区构建和谐人际关系需要以和谐的社会制度作为基础和保障。制度是规矩，是规范，是人们各种行为赖以遵循的规则。有了科学合理的制度，社会才能在一定的轨道上正常有序地运转，每个人的行为才能符合社会公认的准则，人与人之间的关系才能得到恰当的调整和处理，整个社会也才能处于比较协调、稳定、安宁、和谐的状态。制度的连续性、稳定性会给社会公众带来持久的安定性和预期，这是制度在建设和谐人际关系中优越性最为直接的体现，也是制度的主要功能。

4. 加速和谐社会主体的培育

这主要是通过人的社会化机制，把甘肃民族地区社会成员培养成有理想、有道德、有文化、有纪律的“四有”新人；通过不断的社会化，使每个社会成员都能够恰当地扮演自己的角色，以自己的合法劳动从社会获取应得的一份利益，从而实现各尽所能、各得其所，实现促进人际关系和谐的人的素质的提高。人的综合素质和能力提高了，必将推动和谐人际关系的提升。同时，建立和谐的人际环境，大力倡导以文明礼貌、助人为乐、爱护公物、保护环境、遵纪守法为主要内容的社会公德，在甘肃民族地区形成平等友爱、融洽相处、互帮互助、诚实守信、共同前进的社会氛围，这将有助于实现甘肃民族地区社会组织和社会系统的和谐，进而实现整个甘肃民族地区人际关系的和谐。

5. 构建和谐的人际关系，还要实现社会公平

社会公平意味着社会成员的人格和尊严普遍受到尊重，平等地得到正义的福祉，公民在履行社会义务和责任的同时，拥有同样的权利和自由。在甘肃民族地区实现社会公平，使每一个社会成员的人格和尊严都受到尊重，都可以享有权利的平等、分配的合理、机会的均等和司法的正义等，这将有利于甘肃民族地区构建和谐的人际关系。

要构建和谐的人际关系，制度创新也很重要，规范的制度能够把人们的行动和社会秩序结合起来，使人的主观意志服从于规则和价值体系。合理的制度使社会总体上处于相对和谐的状态。

第五节　民族地区党的建设问题

由于历史的、社会的、自然的及其他方面的原因，民族地区同其他地区相比差距较大。可以说，如何加快经济和社会的发展，已成为当前民族地区的迫切要求，许多民族问题也都比较集中地表现在这个问题上。无论是从党和国家的大局，还是从民族地区本身看，这都是一个重大的经济问题，更是一个重大的政治问题。民族地区的振兴离不开党和政府的关怀和支持，但主要还在于民族地区自身的发展。提高自身发展能力的关键，就是全面加强党的建设。通过加强和改进党的建设，提高各级领导班子和基层党组织的领导水平和工作能力，从而带领各族人民集中力量把经济搞上去，改变贫困落后面貌，在激烈的竞争中求得发展，实现腾飞。党的建设也是构建和谐社会的领导力量和制定公平政

策的政治组织保证。在甘肃民族地区构建和谐社会，是一项系统工程，要从多方面努力，但构建和谐社会的领导和组织工作关键在党，因此，要进一步加强甘肃民族地区各级党组织的思想、组织、作风建设工作，提高党在民族地区的执政能力和执政水平，充分发挥党在民族地区构建和谐社会中的组织领导作用。

一、加强甘肃民族地区党的建设的重要性和紧迫性

1. 加强和改进民族地区党的建设是加快甘肃民族地区发展、保持社会稳定的政治保证

在民族地区，民族问题往往与宗教问题交织在一起。对民族宗教问题必须予以高度重视，如果掉以轻心或处理不当，势必引起社会矛盾，甚至造成事端，影响社会稳定。在世界政治多极化和经济全球化的曲折发展中，各国之间综合国力的竞争日益激烈，西方敌对势力仍在想方设法加紧对我国实施西化、分化战略。由于民族地区群众的宗教意识根深蒂固，宗教感情强烈，宗教干预政治、教育、婚姻、生产甚至左右基层党政组织的状况不同程度的存在。国际敌对势力往往把民族地区作为突破口，同境外民族分裂分子沆瀣一气，鼓吹和挑起民族分裂，破坏祖国的统一。因此，民族地区的各级党组织必须增强历史责任感，放眼于国际国内大的发展变化趋势，从民族地区的改革、发展、稳定的大局出发，加强和改进民族地区党的建设，强化党的领导，改善党的工作方法，充分发挥核心领导作用，使党的建设更好地适应新形势、新特点的要求。同时，目前我国正处于深化改革扩大开放的关键时期以及社会主义市场经济体制进一步完善发展时期，这既是一个加快发展的机遇期，也是各类社会矛盾的多发期。在这样一个机遇和挑战并存的时期，要推动甘肃民族地区经济社会的稳定发展，构建和谐社会，就必须大力加强甘肃民族地区党的建设。

2. 加强甘肃民族地区党的建设，是转变工作作风、提高各级党组织执政水平和领导能力的需要

改革开放和发展社会主义市场经济给民族地区党的建设注入了新的活力，同时也使民族地区党的建设遇到了许多复杂情况，在政治、思想、理论、组织制度和作风建设方面都存在一些同新形势不相适应的问题。各级党组织和广大党员干部在深化改革、加快发展、维护民族地区经济社会稳定发展和构建和谐社会的各项工作中发挥了先锋模范作用，得到了人民群众的支持与拥护。但也不容忽视，在面临新形势和新任务的情况下，民族地区党的建设工作中还存在着一些影响执政绩效的问题，如一些领导干部和领导班子思想理论水平不高，依法执政能力不强，解决复杂矛盾本领不大，事业心和责任心不强，思想作风不端正，工作作风不扎实，党员干部脱离群众，党的基层组织软弱涣散，腐败现象还存在等问题，要解决这些问题，必须加强民族地区党的建设，增强其先进性，提高其执政能力和水平。

3. 加强甘肃民族地区党的建设是全面建设民族地区小康社会和构建民族地区和谐社会的需要

全面建设小康社会和构建和谐社会是中国共产党面向21世纪对中国社会发展所提出的宏伟战略思想和伟大奋斗目标。全面建设小康社会和构建和谐社会重点在农村，难点也在农村。而作为甘肃的民族地区，由于地理条件、经济发展水平、文化背景等因素的影响，其小康社会、和谐社会建设更是困难重重。甘肃民族地区各级党组织和党员干部处在民族地区工作的最前沿，是党在甘肃民族地区各项工作和任务的推动者、实现者、执行者，是党与各民族群众联系的纽带，其凝聚力和战斗力的水平直接关系到甘肃民族地区改革和经济社会的发展，关系到党群关系的融洽以及民族团结和社会稳定等，对于建设小康社会、构建和谐社会也具有举足轻重的作用。但甘肃民族

地区党的建设还不能完全适应新形势的要求，还需要进一步加强和完善，以适应甘肃民族地区全面建设小康社会以及构建和谐社会的需要。

二、甘肃民族地区党的建设工作所面临的特殊环境和存在的问题

1. 自然条件比较落后、民族宗教等文化环境比较复杂

对于民族地区而言，其特殊的地理环境、经济状况、历史因素等客观条件，使党的建设处在一种特殊的环境之中，给党的建设带来许多与其他地区不同的特点。因此，必须把握民族地区的特点，明确党建工作的着力点，这是搞好民族地区党的建设的基本前提。甘肃少数民族聚居区地域广阔，大部分处于西北边缘地带，多数地区土地贫瘠、气候干燥寒冷、灾害频繁。人口居住相对较分散，地广人稀，交通不便，信息闭塞滞后，这给党的建设工作带来了很大困难。尤其是边远的农村地区，党员数量相对较少，并且比较分散。党的组织活动难以集中，党员教育和管理很不方便，党员之间的相互来往也很有限，党的政策、路线等难以及时传达和落实。

甘肃民族地区是一个多民族聚居的地区，而少数民族信仰宗教的人数又比较多，有的少数民族几乎是全民信仰宗教，如信仰伊斯兰教的回族、信仰藏传佛教的藏族等。农牧民中的少数民族党员具有诚实、淳朴、勤劳、勇敢的优秀品格，他们对党忠诚，政治上可靠，但由于科学文化知识的贫乏和落后，同时受旧传统观念的严重束缚，宗法观念、宗族观念、神权观念、等级观念等有着相当的社会基础，成为接受先进思想和现代文明的严重阻碍。民族地区一般又是多宗教地区，宗教问题往往又同民族问题交织在一起，相当一部分党员、干部本身就是信教群众出身，这种情况给民族地区党建工作带来一定的复杂性。民族地区党建的

这种特殊的民族宗教文化环境，决定了民族地区党建工作的复杂性和任务的艰巨性。

2. 市场经济的发展对民族地区党的建设提出了新的要求

改革开放以来，甘肃民族地区发生了巨大的变化：经济得到快速发展，人民生活水平得到很大改善，社会事业全面进步。但是，随着民族地区经济体制改革的进一步深化和市场经济的迅速发展，甘肃民族地区党的建设工作中还存在着许多与新形势、新情况不能适应的问题，还不能完全适应市场经济发展的要求。在市场经济大潮中，民族地区的领导干部和广大的党员驾驭市场经济的能力不强，缺乏竞争意识、服务意识、创新意识，导致民族地区与其他地区差距拉大。这就要求我们必须加强民族地区党的建设，加强对市场经济知识的学习，借鉴发达地区的经验，转变观念，提高执政水平。

3. 党员干部队伍的理论素质和领导能力还不能完全适应民族地区各项事业发展的要求，需要进一步加强

多年来，甘肃省委及民族地区各级党组织通过教育培训工作，提高了民族地区党员干部队伍整体的理论素质和领导能力，但与民族地区的工作需要相比较，党员干部队伍的理论素质和领导能力还不能完全适应民族地区各项事业发展的要求，需要进一步加强。甘肃民族地区部分党员干部学习理论知识的自觉性需要进一步提高，对马克思列宁主义、毛泽东思想、邓小平理论、“三个代表”重要思想以及科学发展观缺乏系统、深入的学习、理解和掌握，其理论水平的有限严重制约着其领导能力的进一步提高。部分党员干部思想观念保守陈旧、市场经济和科技意识不强，缺乏岗位所需的法律、科技、经济等基本理论知识，面对激烈的市场竞争，无所适从，带领民族地区广大群众脱贫致富的意识和能力较弱，有的甚至办事不公、处事不当，侵犯群众利益，伤害群众的感情，对党的事业造成不良影响。对于这些问题，需

要以加强党的建设来予以解决。

4. 民族地区党的建设工作中必须重视宗教的影响

近年来，甘肃民族地区在党的建设过程中，认真贯彻执行党的民族宗教政策，党的建设工作取得了显著成绩，但也应该注意到，各种宗教的负面作用对甘肃民族地区党的建设工作的影响还是比较大的，有的党员由于受宗教负面作用的影响，将社会政治经济文化事务宗教化，有的将宗教影响渗透到经济社会文化事务之中，如果不能正确处理二者之间的关系，会使党的建设受到比较严重的影响。

三、加强和改进甘肃民族地区党的建设的几点措施

1. 结合发展民族地区的经济抓党建

民族不平等，归根结底，都是经济发展不平衡所造成。要从根本上解决民族不平等问题，维护民族团结，就要努力消除经济发展上的差距和不平衡。甘肃民族地区大部分处于偏僻落后地区，甘南州、临夏州、张家川县是贫困人口集中连片分布的全国特困地区，有相当数量的农牧民迄今尚未解决温饱问题。这影响着民族之间的团结，影响着党的建设。在加强甘肃民族地区党的建设的过程中，不能单纯就党建抓党建，要围绕经济建设抓党建，抓好经济促党建，要结合党的阶段性的经济建设任务抓党建。

2. 把思想建设放在首位

把思想建设放在首位，强调首先从思想上建设党，这是党的建设的一个基本原则。在甘肃民族地区进行党的建设过程中更要把这一原则放在首位，这已成为甘肃省委及民族地区各级党组织的共识。由于甘肃民族地区经济社会发展比较落后，同时受着多种宗教思想的影响，因此，党的建设更应该注重思想建设，从思想上把党建设成为领导甘肃民族地区广大群众进行中国特色社会

主义建设的坚强的战斗堡垒和领导核心。

3. 党建过程中始终贯彻执行党的民族宗教政策

甘肃民族地区党的建设，必须紧密结合党的民族宗教政策来进行。甘肃民族地区在加强党的建设的过程中，都应该认真贯彻执行党的民族宗教政策，在吸收生活成长在宗教活动与宗教文化比较浓厚环境中的各民族优秀分子时，要对其进行党的民族宗教政策教育，使其树立马克思主义的民族宗教观，树立共产主义的理想和信念，开展民族区域自治政策、民族平等和民族团结政策、各民族共同发展和共同繁荣思想的教育，进行尊重少数民族风俗习惯政策、宗教信仰自由政策、民族统一战线政策等的党员教育活动。通过学习教育，贯彻执行党的民族宗教政策，使广大少数民族积极分子和党员认识到宗教信仰与共产党人信仰的关系和区别，提高其认识，锻炼其党性修养。

4. 正确处理好党的统一政治生活规范与不同民族风俗习惯的关系

党章规定的党内政治生活准则，是维护党的集中统一、增强党的团结、巩固党的组织、提高党的战斗力的必要条件，是所有共产党员都毫无例外地必须严格遵守的行为规范。但是，出身于不同民族的共产党员，在衣、食、住、行以及婚姻、丧葬、节日、礼仪等物质和文化生活上的风俗、习惯和禁忌等有很大的不同。我们要按照党的民族宗教政策的要求，对那些有利于促进经济、文化发展，有利于民族团结进步，有利于人民利益的健康的风俗习惯，积极予以支持，并帮助不断充实新内容，对那些阻碍经济、文化发展，影响民族团结，危害人民利益的陈规陋习，要积极加以引导，在自愿的基础上逐步进行改革。在民族地区党的建设工作中，既不能用党的政治生活准则一概否定民族风俗习惯，影响各民族团结进步，也不能借口民族风俗习惯的特殊性而拒绝执行党的政治生活准则，更不能固守陈规陋习，影响各民族的发展和进步。这样，党的各项建设才有广泛的群众基础，才会取得成功。

四、以改革创新精神不断推进民族地区的反腐倡廉建设

1. 着力强化体系构建，有效提升制度约束力

建立健全惩治和预防腐败体系的核心是以改革创新的精神加强制度建设。预防腐败要靠制度，惩治腐败同样要靠制度。惩防体系构建在整个反腐倡廉工作中至关重要，它以条文化、制度化的形式规范反腐倡廉建设。以制度建设为突破口，不断完善拒腐防变的长效机制、反腐倡廉制度体系、权力运行监督机制，坚持用制度管权、管事、管人，积极推进制度建设和创新。

体系构建一要坚持标本兼治、综合治理、惩防并举、注重预防的方针。反腐倡廉战略方针，既管当前，又管长远，是惩防体系的一条主线。我们要处理好治标和治本、惩治和预防的辩证关系，只有严肃查处腐败案件，才能有效遏制腐败现象的蔓延；只有抓好预防，从源头上不断铲除腐败滋生蔓延的土壤，才能巩固和发展反腐倡廉取得的成果，从根本上解决腐败问题。二要与经济建设、政治建设、文化建设和社会建设相适应。当前，我国已进入改革发展的关键时期，经济体制深刻变革，社会结构深刻变动，利益格局深刻调整，思想观念深刻变化，为反腐倡廉建设提出了许多新情况新问题。惩防体系建设要把握住经济、政治、文化、社会领域防治腐败的重点，又要妥善处理相互之间的关系，协调发展。三要坚持改革创新的精神，加强反腐倡廉制度建设。惩防体系从反腐倡廉基本制度以及从源头上防治腐败的制度改革和创新两个方面提出了118项具体法规制度，其中有79项是从改革角度提出来的，初步构成了反腐倡廉法规制度体系框架。制度建设和改革的任务很繁重，一些符合社会主义初级阶段国情、符合反腐倡廉工作实际、符合客观环境和立法条件的法规制度项

目，要抓紧进行研究、制定或修改。四要坚持教育、制度、监督、改革、惩处整体推进。这是惩治和预防腐败体系的五个关键环节，也是五大支撑点。教育侧重于教化，是基础；制度侧重于规范，是保障；监督侧重于制约，是关键；改革侧重于创新，是动力；惩处侧重于处罚，是手段。五者相互依存，相互配套，相互促进，是一个密不可分的整体，缺一不可。

2. 加强廉洁从政教育，不断提升教育渗透力

廉政教育是反腐倡廉的基础性与根本性工作，“廉政文化”写入党的十七大报告，成为深化党风廉政工作的一项治本之策。我们必须整合廉政教育资源，构建宣教大格局，充分发挥廉政文化渗透力的作用。针对党员干部群体的特殊性，区别领导干部、一般党员干部和重点岗位党员干部，进行立党为公、执政为民的理念教育，科学发展观教育，廉洁从政教育和社会主义荣辱观教育，引导党员干部树立正确的世界观、人生观、价值观、政绩观与权力观，强化廉洁从政理念，不断夯实拒腐防变的思想基础，提高拒腐防变的能力。

廉政教育中一要坚持以领导干部为重点。各级领导干部掌握着一定的权力资源，在党内监督机制还不完善的情况下，必须加强对领导干部廉洁从政的教育。领导干部在社会风气方面也具有引领和带动作用，只有领导干部发挥表率作用，教育才能起到事半功倍的效果。二要坚持开展岗位廉政教育。要针对各部门、各行业易发生腐败问题的岗位和腐败易发多发的领域，开展不同内容的廉政教育。比如，对组织人事工作人员着重加强组织人事纪律教育；对财政工作人员着重加强财经纪律教育；对公、检、法等政法机关着重加强法制观念教育等。三要加强农村基层廉政教育。农村基层党风廉政教育是目前廉洁从政教育的一个薄弱环节，适应建设社会主义新农村的需要，必须加大农村基层党风廉政教育力度，要强化乡镇党员干部的为民服务意识、开展以求真

务实为主要内容的作风教育、加强政策法规教育、加大正面教育力度。

3. 加强监督制约，逐步提升廉政公信力

廉政公信力是社会公众对清廉指数①的普遍认同，我们必须加强监督，强化制约，把提升社会公信力作为反腐倡廉建设的关键性工作来抓，加强对权力运行的监督和制约，着重解决权力滥用的问题。

一要加强国家权力机关的监督，保证权力依法行使。坚持和完善人大代表审议、视察、询问、质询、议案、评议等制度，建立和实行不信任投票、弹劾罢免制度。在各级人大常委会设立廉政监督委员会，负责对领导干部依法行使职权和廉政勤政情况的监督。二要加强政协的民主监督，促进党和国家机关党风廉政建设。健全和完善政协委员、民主党派和无党派人士参与监督的法规制度，明确监督的内容、方式和程序。涉及大政方针、重大决策和重要干部任免等事项，决定前要认真听取政协委员、民主党派和无党派人士的意见。三要加强法律监督，维护社会公平正义。建立中国特色的宪法诉讼机制，纠正违宪行为，追究违宪责任。四要加强行政监督，保证政令畅通。以建设行为规范、运转协调、公正透明、廉洁高效的政府为目标，充分发挥行政监察职能，重点对各级政府及其公务员依法行政、廉洁从政情况和行政效能进行监察，严肃纠正和查处不履行法定职责、损害行政管理相对人合法权益、破坏行政秩序、降低行政效率等问题。五要加

① 清廉指数（Corruption Perceptions Index）是国际透明组织（Transparency International）提供的数据，它由一些专家学者从国际上重要、著名的调查报告中提取有关人士对各个国家腐败程度的感觉和评判数据，加以综合评估，给出分数。采用10分制，10分为最高分，表示最廉洁；0分表示最腐败；8.0~10.0之间表示比较廉洁；5.0~8.0之间为轻微腐败；2.5~5.0之间腐败比较严重；0~2.5之间则为极端腐败。

强群众监督，实现行使权力与维护群众利益相统一 。建立健全推进和保障群众监督的机制，深化和规范政务、厂务、村务公开和公用事业单位办事公开制度，保证人民群众享有充分的知情权和监督权。畅通群众监督党员领导干部、下级监督上级的渠道，建立和完善群众监督信息及时受理、综合分析、调查处理、结果公示与反馈机制。六要加强新闻舆论监督，推动权力规范行使。各级党委宣传部门负责对新闻舆论监督的组织协调。党的各级组织和党员领导干部要支持新闻媒体通过内部反映和公开报道实施监督。加快新闻立法，规范新闻舆论监督，把握新闻舆论监督的正确导向。七要建立监督工作机制，形成监督合力。经过全党、全社会的努力，形成党委统一领导，纪委组织协调，各监督主体既在各自领域充分发挥作用，又密切配合、运作协调的监督工作机制。

4. 强化作风建设，大力提升执行力

党的作风体现党的宗旨，关系党的形象。良好的作风是凝聚党心民心的巨大力量，是维护清正廉洁的重要保障。要把领导干部作风建设同惩治和预防腐败体系建设结合起来，在坚决惩治腐败的同时，更加注重治本，更加注重预防，更加注重制度建设，以更坚决的态度，更有力的措施，更扎实的工作，全面加强干部思想作风、学风、工作作风、领导作风和生活作风建设，推进依法行政，确保政令畅通，防止和减少行政过错行为，治庸罚懒促效，大力提升执行力。

一要强化学习、夯实基础，增强作风建设的自觉性和坚定性。深入学习马克思列宁主义、毛泽东思想、邓小平理论和“三个代表”重要思想，深入学习科学发展观，深刻认识社会主义初级阶段基本国情，坚持正确的政治方向、政治立场、政治观点，不断提高政治鉴别力和政治敏锐性，严守政治纪律。认真遵守党章和其他党内法规，模范遵守宪法和法律法规。坚持全心全意为人民服务的宗旨，牢记权力是人民赋予的，决不能用来争取私利。要把教育与管理结合起来，加强对领导干部廉洁自律情况的监督检查。二要完善制度、强化考核，建立作风建设的长效机制。加强制度建设和创新，形成完善有效的考核机制。落实末位淘汰制、待岗制、竞争上岗制、谈话诫勉制、引咎辞职制和交流轮岗制等制度。努力建立健全权力运行机制，使决策权、执行权和监督权既相互制约又相互协调，建立起用制度管权、管事、管人的长效机制。三要加强监督、严肃惩处，促进作风建设取得实效。有效的监督、必要的惩处，是保证领导干部作风建设取得实效的关键。要把公开原则切实引入监督工作，能够阳光操作的一律阳光操作，能够让市场配置的都让市场配置，能够让群众参与和评判的都让群众参与和评判。要依靠群众的支持和参与，进一步深化党务、政务、厂务和村务公开，畅通群众参与渠道，健全诉求表达机制，全面落实广大群众的参与权、知情权和监督权，促进作风建设取得实效，执行力得到不断提升。

5. 狠抓纠风治乱，着力提升服务力

关注民生，服务民生是贯彻落实党的十七大精神的题中之意，我们要坚持标本兼治，纠查并举，坚定群众利益无小事的政治立场和政治态度，从人民群众最关心、最直接、最现实的利益问题入手，着力解决当前群众反映强烈的食品药品安全、劳动安全、坑农害农等突出问题，加强对民主权利保障、公共财政收入分配、社会保障等法律制度执行情况的监督检查，推动党的各项惠民政策措施的贯彻落实，保障人民群众在政治、经济、文化、社会等方面的权益，共享改革发展成果。

一是针对目前损害群众利益的问题面广量大的普遍性特点，要坚持“谁主管，谁负责”的原则。以解决群众在上学、看病、食品药品安全、劳动安全、环境保护、土地征收征用、房屋拆迁、企业重组改制破产、农民工工资支付等方面的突出问题为重点，充分发挥政府各部门的职能作用，加强管理，自觉纠正；要加大对突出问题的整治和查处力度，尤其对乱用审批权、人事权、司法权违纪违法的案件，乱收费，乱罚款，乱摊派，收受“红包”、回扣和开单提成，资产挪用，挥霍浪费扶贫、社保、救济等专项资金，以权代法、贪赃枉法、违法裁判，以及不依法行政、与民争利等严重侵害群众利益的案件，必须抓一些典型，依纪依法严肃查处。二是建立健全群众利益诉求机制。当社会各阶层、不同群体和每个社会成员的权利和利益受到侵害时，要有人问，有人管，反应的问题能够得到及时有效地处理和化解。三是深入推进行政审批制度、财政管理体制、干部人事制度、投资体制、司法体制改革。从权力运行、资金分配、选人用人、投资监管、司法活动的制度安排上充分体现群众利益，引导社会公正与正义。四是要建立监督领导干部和纠风工作相结合的机制。一些损害群众利益的不正之风，说到底是有的领导干部不讲原则、滥用职权、不按程序和规则办事的问题。加大纠风治乱力度，要坚持从源头抓起，把加强对领导干部用权行为的监督与纠正不正之风结合起来，增强纠风工作的实效。五是积极探索弱势群体保护机制。在坚持纠风工作一般原则的基础上，高度关注不正之风侵害弱势群体的问题，尤其是对下岗失业人员、城市低保对象、农村贫困人口乱收乱罚，截留克扣补助和救济款物，不按政策履行或拒不履行对弱势群体辅助义务等行为，要建立严格的责任追究机制，该处分的严肃处分，该撤职的坚决撤职，从制度上保障群众利益不受侵害，促进公平正义的实现。

6. 依法依纪查处案件，不断提升惩处力

多年来的实践证明，加大对腐败分子政治经济处罚力度，从严执纪执法，是贯彻依法治国基本方略、提高依法执政、依法行政水平的必然要求，是深入开展党风廉政建设和反腐败斗争的现实需要，也是反腐倡廉建设的重要举措。我们要牢固树立“惩处就是预防”、“以惩促防”的思想，立足于我省经济欠发达，市场化发育程度低的省情，始终把领导干部滥用职权、贪污受贿、腐化堕落、失职渎职等案件作为重点，严厉查办官商勾结、权钱交易的案件，严肃查处违反政治纪律、违反组织人事纪律、司法不公、侵占国有资产、严重侵害群众利益等案件，采取强有力措施，加大对腐败问题和腐败行为的惩处力度。

办案工作必须围绕中心，服务大局。查处案件要努力在促进经济社会更好更快发展中找准位置，把是否有利于发展社会生产力作为衡量办案工作水平的一条重要标准，为改革发展和经济建设保驾护航，排阻清障；认真解决损害群众利益的突出问题，不断深化群众利益无小事的观念，在严肃查处大案要案的同时，注意查处发生在群众身边，侵害群众利益的典型案件。

办案工作要严格按照法定程序和权限使用办案手段和措施。依法依纪必须贯穿于办案工作全过程。既要坚持协同办案，又要注意各司其职。正确运用办案措施，提高依纪依法有效突破案件的能力，特别对“两规”、“两指”① 既要敢于使用、善于使用，又要严格掌握、慎重使用。要积极探索不使用“两规”、“两指”措施查办案件的新途径，注意运用办案谋略和办案技巧，提高围绕关键证据展开调查的能力。

办案工作要充分发挥治本功效，切实达到办案效果与政治、社会效果的统一。坚持依纪依法办案，充分发挥查办案件的治本作用，把查办案件作为构建惩防体系的重要环节来抓，使查处案

① 《中国共产党纪律检查机关案件检查工作条例》第四章第二十八条中规定：“调查组有权按照规定程序，采取以下措施调查取证，有关组织和个人必须如实提供证据，不得拒绝和阻挠。要求有关人员在规定时间、地点就案件所涉及的问题作出说明。”这就是通常所说的“两规”。《中华人民共和国行政监察法》第四章第二十条第三款规定：“监察机关在调查违反行政纪律行为时，可以根据实际情况和需要采取下列措施：责令有违反行政纪律嫌疑的人员在指定的时间、地点就调查事项涉及的问题作出解释和说明。”这就是通常所说的“两指”。

件的过程成为加强教育、完善制度、强化监督的过程，以查促建，以查促“廉”。把教育贯穿于办案工作全过程，要开展案中教育、寓教于查，使案件调查的全过程成为既查清案件又教育人的过程，真正起到查处一案、教育一片的社会效果。

第三章　甘肃民族地区农民增收问题研究

农民增收问题是近年来的热点问题和难点问题，这个问题在少数民族地区尤为突出。改革开放以来，甘肃省少数民族地区农民收入有了一定程度的增长，但总的来说，我省民族地区农民收入呈现出增长缓慢、收入水平相对偏低及收入不均衡等特点。造成我省民族地区农民收入增长缓慢的原因是多方面的，有基础设施落后、人口素质较低、自然环境恶劣、信息化程度低、地方财政困难等自身原因，也有农产品价格持续低迷、剩余劳动力转移困难、不合理负担过重、农业和农村投资不足、缺乏必要的金融支持等宏观原因，还有深层次的机制障碍，像集约化经营机制、竞争机制、投资机制和市场机制等，另外，民族地区干部队伍问题也是一个不容忽视的因素，干部队伍素质的好坏，直接影响到民族地区的农民增收。实行市场经济、构建和谐社会和经济转型等，对甘肃省少数民族地区来说既是机遇又是挑战，如果我们抓住西部大开发、新农村建设、全面建设小康社会和城镇化建设等机遇，正确应对挑战，那么我省少数民族地区农民收入将会得到大幅度的提升。增加我省民族地区农民收入，减轻农民负担、大力开展扶贫工作、制定并落实对民族地区的优惠政策、合理分流剩余劳动力、大力发展非国有经济等措施是迫切而有效的，而产业结构调整、城镇化建设、机制创新和基础设施建设等则是长期要抓的工作。同时，民族地区农民增收中应突出教育和科技的作用，实施“科教兴州、兴县战略”，发挥民族地区资源优势和后发优势，突出民族特色和民族文化，正确处理经济发展同人口、资源、环境的关系，使人口增长与社会生产力的发展相适应，使经济建设与资源、环境相协调，促进社会全面进步，加强对人力资源的开发和利用，使民族地区农民收入得以持续增长，促进民族地区社会全面进步。

在甘肃省的少数民族地区，少数民族农民和汉族农民的收入差不多，所以，本章所说的少数民族地区农民指的是少数民族地区的所有农民。“当前农业和农村发展中还存在着许多矛盾和问题，突出的是农民增收困难。全国农民人均纯收入连续多年增长缓慢，粮食主产区农民收入增长幅度低于全国平均水平，许多纯农户的收入持续徘徊甚至下降，城乡居民收入差距仍在不断扩大。农民收入长期上不去，不仅影响农民生活水平提高，而且影响粮食生产和农产品供给；不仅制约农村经济发展，而且制约整个国民经济增长；不仅关系农村社会进步，而且关系全面建设小康社会目标的实现；不仅是重大的经济问题，而且是重大的政治问题。”① 我们必须把增加农民收入问题提到“和谐社会”建设的高度来认识。甘肃省少数民族地区农民增收对我省乃至我国的政治经济、社会都具有至关重要的意义。一是从经济上看，只有少数民族地区农民收入增加，才能真正把少数民族地区农民、农村、农业中蕴藏的巨大潜力焕发出来，推动我省经济的发展，全面实现小康；二是从社会层面看，少数民族地区农民收入增加，才能真正使中国社会稳定、政治祥和；三是从政治上看，少数民族地区农民收入状况直接影响到少数民族地区农村基层政权的财政状况，从而直接

① 《中共中央、国务院关于促进农民增加收入若干政策的意见》，载《人民日报》2004年2月8日。

影响到党的少数民族政策和少数民族地区农村基层干部与群众的关系。

农村改革以来，甘肃省少数民族地区农民收入有了较大的提高，农民消费结构和消费方式发生了重大变化，农民吃、穿、住、行各方面的生活条件得到一定的改善。但是，甘肃省民族地区农民收入也存在一些不可忽视的问题：如农民收入增长缓慢、农民收入水平相对偏低及地区间收入不平衡等，增加农民收入仍是一项十分艰巨的任务。完善市场经济、加入WTO和经济转型对甘肃省民族地区来说既是机遇又是挑战，如果我们能抓住西部大开发、全面建设小康社会和城镇化建设等机遇，正确应对挑战，那么我省民族地区农民增收是可以预期的。

第一节 甘肃省少数民族地区农民收入现状

经过改革开放二十多年的发展，甘肃省少数民族地区农民生活得到显著改善，但和全省全国相比，少数民族地区农民增收是个老大难问题，甘肃省少数民族地区农民收入的现状是：

一、民族地区农民收入明显偏低

改革开放以来，甘肃省农民收入虽有较大幅度增长，但人均绝对量从未达到全国平均水平，而少数民族地区农民的收入更是低于全省的平均水平（见表3-1）。

表 3－1　甘肃省少数民族地区与全国、全省农民人均纯收入对照表

单位：元

年份	2001	2002	2003	2004	2005
全国平均水平	2366	2476	2622	2936	3255
全省平均水平	1509	1590	1673	1852	1980
民族地区平均水平	1126	1215	1262	1366	1441
与全省绝对差距	383	375	411	486	539
与全国绝对差距	1240	1261	1360	1570	1814

资料来源：甘肃省民族事务委员会编《民族经济资料汇编（2001—2005）》。

从上表可以看出，“十五”期间全省少数民族地区农民人均纯收入和全省的平均水平还是有很大的差距，近年来，这个绝对差距始终没有缩小，且有拉大的趋势。

2007 年全省城镇居民人均可支配收入仅相当于全国平均水平的73%，与全国的差距由上年的2838 元扩大为3773 元。农民人均纯收入仅相当于全国平均水平的 56%，与全国的差距由上年的 1453 元扩大为 1812 元，全省城镇居民人均可支配收入和农民人均纯收入居全国末位。2007 年民族地区临夏州农民人均纯收入只有 1595.1 元、甘南州 1710.63 元，最少的东乡县人均纯收入仅有 1209.2 元。[①] 可见，民族地区农民收入水平相较于全国农民收入水平差距更大。

二、民族地区农民收入增长缓慢

由于粮食等主要农产品由长期短缺转向大体平衡，丰年有余，农产品生产和供给状况发生了很大变化，摆脱了长期供给不

① 甘肃年鉴编委会编：《甘肃年鉴（2008）》，北京，中国统计出版社，2008。

足的困境，从而使我省少数民族地区农业发展进入到一个新的阶段。从1998年开始，少数民族地区农民增收面临新的形势，收入增长放缓，增幅回落。如："八五"期间，甘肃省农民人均纯收入从1991年的446元增加到1995年的880元，年增90元，同期民族地区农民人均纯收入从331元增加到715元，年增80元，到了"九五"期间，全省农民人均纯收入从1996年的1101元增加到2000年的1429元，年增110元，而同期民族地区农民人均纯收入从780元增加到1110元，年增只有79元，到了"十五"期间，全省农民人均纯收入从2001年的1509元增加到2005年的1980元，年增98元，而同期民族地区农民人均纯收入从1126元增加到1441元，年增只有63元，[①] 增长明显放缓。从总体上来看，现阶段少数民族地区农民收入问题与以往农产品短缺的条件下收入问题有着本质的区别，现在是发展中的困难，前进中的问题。1994年国家从政策上进行财政税收的重大改革，实行中央与地方的分税制，这项改革使国家财政收入大幅度增加，有利于增强中央对宏观经济的调控能力。但困难的是少数民族地区的县、乡税基税源少，农业税收是少数民族地区、县、乡财政收入的主要税收来源，由于事权未分，人员增多，农村义务教育中的中小学教师工资、乡卫生院、乡级公共设施、乡镇机构增加中的干部工资、村干部工资，全由县乡财政自筹解决。乡财政在无力的情况下，只能凭借对土地、山村、水电等基本设施拥有的支配权力以费用形式强加给农民，因此负担加重难以增收。2006年在全国范围内全面彻底取消了农业税，农民负担大幅减轻。但我省民族地区农民增收依然困难，民族地区地域广阔而偏僻，农村经济分散而脆弱，农民基本养老保险、农村新型合作医疗等一系列社会保障制度一时难以健全，基础还很薄弱，一旦有

① 甘肃省民族事务委员会编：《民族经济资料汇编（2001—2005）》。

天灾人祸，生活就更为艰难。由此看来，民族地区改善农民生活水平的矛盾的主要方面是千方百计增收，减负是次要方面。

三、民族地区农民收入地区差距较大

民族地区农业较发达的地区为河西地区，而临夏、甘南地区农民生活尚处在温饱阶段。2002 年，河西地区少数民族人均农民纯收入普遍较高，其中肃北县已达到 6003.64 元，阿克塞县 6288.03 元，肃南县 5006.12 元，这个水平较全国任何地方的农民收入已不算逊色，而临夏地区少数民族农民纯收入平均水平为 1595.1 元，东乡县少数民族农民纯收入只有 1209.2 元，[①] 差距之大是显而易见的。从总体上看，河西地区少数民族农民收入较高，人均值普遍已经超过了全国平均水平，而临夏、甘南等地区的少数民族农民收入较低。

甘肃省民族地区由于自然环境复杂，民族宗教的影响较深，发展基础参差不齐，因而在生产力布局、扶贫开发等多方面表现出明显的区域差异性，以其特征和发展水平，可分为三个类型的经济区：第一种类型是以种植业为主的农业区，包括和政、东乡、广河、永靖、康乐、积石山、临夏张家川和临谭 9 个县；第二种类型是以林业和畜牧业为主的林牧业区：包括碌曲、玛曲、夏河、卓尼、舟曲、迭部、肃北、肃南、天祝和阿克塞 10 个县；第三种类型是以农畜产品加工、商贸和服务业为主的综合性经济区（简称综合区）：包括临夏市和合作市。从发展水平上看，“农业区”大部分是干旱丘陵山区和高寒阴湿山区，经济发展的制约因素较多，其中人多地少的矛盾十分突出，资源相对贫乏，县级财政和群众生活都非常困难。民族地区的贫困人口大部分集中在这一区域，是民族地区乃至全省扶贫攻坚的重点和难点区

① 甘肃年鉴编委会编：《甘肃年鉴（2008）》，北京，中国统计出版社，2008。

域，尽快解决群众温饱是“农业区”的主要目标。“林牧业区”是地广人稀，资源丰富的区域，农牧民收入较高，大部分群众基本解决了温饱问题，但群众生活条件比较艰苦，生活质量并不高，整体经济实力仍然较弱，对资源的开发利用程度较低，县级财政存在很大困难。当前最主要的问题是培植县级财源以实现富县的问题。“综合区”的经济发展相对较快，群众基本解决了温饱问题，部分地区已经迈向富裕，是民族地区率先奔小康区域。

上述划分中有个例外，就是甘肃省河西少数民族地区，该地区的天祝、肃南、肃北和阿克塞4个县自东向西依次分布于河西走廊西南部，总面积13.2万平方公里，位居石羊河、黑河、疏勒河、党河等河西主要河流的上游，自然条件相对较好，交通便利，适合种植业和养殖业的发展，也有一定的资源型工业，是汉族地区的少数民族自治县，对自治县的扶持力度较大，发展很快。甘肃省民族地区农民收入的不平衡性，要求我们在今后工作中要突出重点，借鉴河西少数民族地区经济发展的成功经验，使甘肃省少数民族地区得以全面发展。

四、贫困人口所占比重较大，扶贫任务艰巨

经过20多年的扶贫开发，甘肃省数十万绝对贫困人口和低收入人口的温饱问题得到解决，农牧民人均纯收入提高到1547.63元。但由于民族地区贫困地带自然条件严酷，灾害频繁，加之经济基础脆弱，教育文化落后，目前贫困面仍然较高，农牧民人均纯收入比全国扶贫开发工作重点县平均水平低730元，比甘肃省扶贫开发工作重点县平均水平低224元。[①] 由于甘肃省少数民族地区发展不平衡，主要民族聚居地临夏和甘南的扶贫任务艰巨，例如临夏州，除临夏市外，7个县都是国家扶贫开

① http：//www.gxfpw.com/ReadNews.asp? NewsID =4283

发工作重点县。农村人口中人均纯收入不足1300元的贫困人口尚有140万人左右，贫困面高达79.56%。因病因灾返贫人口多，返贫率高，正常年景返贫率在10%以上，灾害年景最高可达30%，高于全国3.1%和592个国家扶贫开发工作重点县8.8%的返贫率。①

由于甘肃省少数民族地区经济基础薄弱、区位条件偏僻、自然条件严酷等因素，扶贫任务显得特别艰巨：一是经济发展水平低，扶贫工作难度大。目前，甘肃省民族地区21个县（市）中，尚有14个属国家扶贫重点县，② 分别是天水市的张家川县、武威市的天祝县和临夏州的临夏县、和政县、积石山县、东乡县、广河县、康乐县、永靖县以及甘南州的临潭县、舟曲县、卓尼县、夏河县、合作市。扶贫重点县集中的临夏、甘南两州经济综合实力一直排在全省末位，从人均国内生产总值看，甘南州为5209元，临夏州为3712元，比全省10346元的平均水平分别低5137元和6634元，分别排在全省14个市州中的第13位和第14位；从城乡居民收入水平看，农民人均纯收入甘南、临夏分别比全省低618.29元和733.82元，排在第12位和第14位。③ 要实现十六大提出的全面实现小康社会的宏伟目标，还需要跨越温饱、初级小康、全面小康三大步，扶贫工作任务相当艰巨。二是投入严重不足，自我发展能力弱。临夏州“七五”期间固定资产投入占全省的2.48%，位列倒数第四，“八五”期间占

① 高勇：《把各族群众的呼声带到全国人代会上去——全国人大代表甘肃民族工作组视察临夏纪行》，载《人民之声报》2009年第9期四版。

② 重点县数量的确定采用“631指数法”测定：贫困人口（占全国比例）占60%权重（其中绝对贫困人口与低收入人口各占80%与20%比例）；农民人均纯收入较低的县数（占全国比例）占30%权重；人均GDP低的县数、人均财政收入低的县数占10%权重。其中：人均低收入以1300元为标准，老区、少数民族边疆地区为1500元；人均GDP以2700元为标准；人均财政收入以120元为标准

③ 甘肃年鉴编委会编：《甘肃年鉴（2008）》，北京，中国统计出版社，2008。

2.16%，位列倒数第三，“九五”期间占1.65%，位列倒数第二。[①] 2007年民族地区财政自给率仅为8.28%，综合财政实力居全国30个自治州和全省末位，吃饭和发展矛盾十分突出。三是社会事业发展滞后，经济社会发展动力不足。民族地区社会发育程度低，社会事业发展相对滞后，由于历史欠账较多，社会事业发展还存在很多问题：公共产品和服务供给短缺、结构不合理、质量不高，城乡、区域社会事业发展差距仍然较大，现行社会事业管理体制和运行机制不适应社会主义市场经济体制要求，发展活力和效率不高；科技文化卫生体制改革亟待深化，人才开发、引进、使用和激励机制仍不健全，义务教育和素质教育尚未普遍形成；文化市场发展慢，市场化、集约化程度不高；体育产业发展滞后，群众性体育服务体系落后；医疗保险特别是农村医疗保障制度覆盖面较小。由于经济总量小，就业岗位短缺，就业不足是民族地区长期存在的问题。人口发展仍然面临着增速过快，增量过大的问题，人口问题对资源、环境的压力将进一步加剧。这些因素一定程度上制约了我省少数民族地区的进一步发展。

第二节　甘肃省少数民族地区农民收入增长缓慢的原因剖析

甘肃民族地区农民增收减缓的原因是多方面的，有资金短缺、农产品价格低、农业技术落后等表面的直接原因，也有大量的深层的体制和机制性障碍，是现行的经济运行机制不适应农村

① 牧仁：《我省民族地区扶贫工作现状与思考》，载《甘肃民族宗教》，2003(4)，21页。

新阶段生产力发展要求的反映。

一、自身原因

1. 基础设施落后

由于自然条件比较差、经济条件落后、工业起步比较晚等原因，我省少数民族地区基础设施落后的状况仍然十分突出，而且与全省、全国的差距在拉大。从交通来看，甘肃省少数民族地区没有一条航线；甘南州没有铁路，临夏州只有永靖县有不足百公里的一段铁路，但时运时停，以货运为主；公路方面，表现为“三低”，一是路网密度低，二是公路等级低，三是通达深度低，全省不通公路的乡镇大部分集中在少数民族地区。农田水利设施本来就落后，实行土地承包后几乎停滞不前，甚至以前的设施年久失修，人为破坏严重。随着“村村通”工程、农村电网改造工程的开展，甘肃省少数民族地区在收看电视、广播，通电等方面有一定的进展，但彻底解决这些问题尚需时日。交通、通讯的不畅，给民族地区农业的发展造成了很大的局限性，一些农产品及项目由于信息、交通原因而流产；水利设施的不足、工程性缺水，对农业生产和相当一部分人、畜饮水造成困难；农业环境保护设施的落后，使生态环境得不到应有的保护，并伴有恶化的趋势。“十五”末期，民族地区仍有 47 个乡镇不通等级公路，91 个行政村不通公路，23 个行政村、46 个自然村不通电，21 个乡、541 个行政村不通电话，266 个行政村不通邮，有 1 万多户牧民至今过着居无定所的游牧生活（其中甘南就有 6686 户），[①] 群众生存环境严酷，生活质量很差。以上这些基础设施状况，严重制约了我省少数民族地区经济和社会的发展。

① 甘肃省民族事务委员会编：《民族经济资料汇编（2001—2005）》。

2. 人口素质较低

少数民族地区在历史发展中形成的传统、语言、文化、习俗、心理认同等方面差异较大，相当数量的农民受教育的程度低，普及现代文明和培育造就新型农民的难度更大。民族地区收入水平的低下导致教育事业的落后，也使得甘肃省少数民族地区人员素质较低（见表3－2）。民族地区农民的整体素质显然与当今时代发展对公民素质要求相差甚远，再加上初中以上文化程度的农民有相当部分外出务工，留守故土的农民整体文化素质更低。农民素质偏低使建设主体作用发挥不力已成为民族地区农民增收的难点问题之一。

表3－2　临夏、甘南少数民族地区受教育程度表

单位：人

地区	6岁以上人口	大专占%	高中中专占%	初中占%	小学占%	文盲占%
临夏州	166608	0.91	5.69	13.43	35.20	34.94
甘南州	574086	1.99	7.17	11.38	36.81	30.36

资料来源：《甘肃人口普查资料2000年》。

人口素质低下严重地制约了甘肃省少数民族地区经济的发展。首先，人口素质低下不利于甘肃省少数民族地区经济增长和经济效益的提高。现代经济增长和经济效益的提高，主要依靠劳动生产率的提高，而劳动生产率的提高又有赖于劳动者的受教育程度以及对科学技术的掌握程度和劳动熟练程度。因此，提高人口素质是提高我省少数民族地区劳动生产率和经济效益的根本要求。其次，人口素质低下不利于我省少数民族地区消费结构的调整与改善。发达国家的经验证明，随着人们科学文化素质的提高，生活方式日益现代化，在消费结构中，一般生活资料的比重将日益下降，享受资料的比重将日益上升。消费结构的这一变化，又将促进生产结构的优化升级，对实现经济可持续发展具有重要的推动作用。但在我省少数民族地区人口素质低下的情况下，由于消费结构落后，就难以促进生产结构的优化升级，必然制约我省少数民族地区经济的可持续发展。再次，提高人口素质有利于我省少数民族地区经济增长方式的转变。由粗放型增长方式向集约型增长方式转变，是实施经济可持续发展战略的根本途径。而实现经济增长方式的转变，实质就是把经济建设转到依靠科技进步和提高劳动者素质的轨道上来。

3. 自然环境恶劣

从地理位置上讲，甘肃省临夏、甘南两地区生存环境及条件比较差，临夏属青藏高原和黄土丘陵沟壑区域，是甘肃省回族主要居住地区，所处地区海拔高，干旱少雨。甘南州，地处青藏高原东部边缘，气候寒冷，无霜期短，高寒缺氧，自然条件恶劣，是甘肃省藏族主要居住区。

甘肃少数民族地区由于处在黄土高原和青藏高原的过渡地带，自然环境比较恶劣。民族地区土地面积 18 万平方公里，占全省总面积的 39%，其中 92% 的土地面积是牧区，平均海拔 3000 米以上。民族县中面积最大的肃北县 6.6 万平方公里，占全省的 14.8%，肃南县服务半径东西长达 600 公里，南北宽 400 公里，服务成本明显偏高，难度较大。在临夏回族自治州，耕地大都是山地、坡地，水土流失严重，耕作粗放，科技含量较低。80% 以上属中低产田，加之抗自然灾害的能力较弱，粮食生产很不稳定，“靠天吃饭”的局面还没有根本改观。由于耕地较少，又多是山地，人地矛盾十分突出，加上自然条件严酷，十年九旱，农民生活非常艰难。这些地方，农民平时处在贫困线边缘，一遇灾年，返贫在所难免。甘南藏族自治州牧区可利用的草场中，40% 是荒漠和半荒漠草场，由于过度放牧和不合理的开发，草场退化、沙化、碱化面积占到三分之一，生态环境十分脆弱，严重制约着畜牧业的发展。但近几年由于群众过度开发荒林草地，加之草场超载放牧，片面追求耕地面积牲畜头数，对自然环境带来严重影响，使甘南整体自然环境进一步恶化。

4. 信息化程度低

由于甘肃省少数民族地区基础设施条件差，交通、通讯不够发达，贫困山区农民居住分散，难以得到及时、准确、可靠的信息，使大量的农副产品流通不畅，经常发生“卖难”。面对强大的市场冲击波，越来越多的农民开始认识到，谁占有信息谁就能先富起来，因而渴望能得到致富信息。互联网的引入，可以帮助领导科学决策，指导生产者进行合理的安排生产，可以有效避免盲目发展带来的对农业农村的不良影响。

在甘肃省少数民族地区农村居民家用电脑每百户的拥有量为零，而城镇居民的拥有量也相当低，这就说明我省少数民族地区农业信息化程度很低。据调查，甘肃省少数民族地区通过看电视获取生产经营方面信息的居第一位，听收音机获取信息的居第二位，靠亲友传递取得信息的占第三位，靠其他农业组织提供信息的占第四位，网络传递信息的居最后。另据统计，在分散经营的农户和国家统计局之间的信息传递至少要半个月的时间。这种原始落后的信息交流方式和缓慢的信息传递速度，使不少信息丧失了时效性。时效性恰恰又是信息的重要特性，失去了时效性的信息就等于是没有价值的信息。

5. 工业化程度低、地方财政困难

甘肃少数民族地区社会发展程度相对滞后，地方经济以传统的农牧业为主，多数地方至今尚未建立起以工业为主导的国民经济体系。自 20 世纪 50 年代开始，国家就对民族地区实行了财政优惠政策。除规定民族地区财政应有一定范围的自主权，收支结余上缴中央，不足部分由国家补助外，还发放生产补助费、卫生补助费、社会救济费以及无息贷款等补助专款。60年代随着民族地区经济的逐步恢复，实行了“财政适当照顾，必要补助”的照顾优惠政策。财政优惠政策的实施缓解了民族地区的财政困难，但与此同时，由于忽视了对民族地区自我积累，自我发展能力的培养，使其形成了长期依赖国家财政拨款，大量输血的依赖型经济。进入80年代，随着国家改革开放政策的实施，民族地区依赖型经济的弱点随之暴露，产业竞争能力弱，企业普遍经济效益差，农牧业生产自给水平低以及资金来源十分有限，致使其面对财政异常拮据的严酷现实。“十五”期间，甘肃省民族地区的三大产业结构为27∶31∶42，比“九五”的35∶32∶33有所改善，但这仍然和全省、全国的经济结构差距很大。在工业结构中，国有工业产值所占比例不足40%，国有企业对整个少数民族地区经济的带动作用和贡献不突出。现有工业企业大都是小型企业，固定资产规模小，生产能力低，设备和技术水平落后，产品成本高、档次低，竞争力不强，经济效益差。“十五”期间，民族地区的固定资产投资约占全省的8%左右，人均固定资产投资只有全省人均固定资产投资的70%，大中型项目少、投资总量不足、工业的落后，严重制约着民族地区地方财政收入的增加。长期以来，甘肃少数民族地区财政入不敷出，主要靠国家的财政补贴来维持，2007年，甘肃省少数民族地区地方财政收入为71232万元，而地方财政支出高达860776万元。[①] 严重的财政赤字造成其他专项建设资金被占用，影响经济建设，形成了恶性循环，对少数民族地区自身发展极为不利。

6. 农业结构不合理

自20世纪90年代中期以来，甘肃省少数民族地区农产品的

① 甘肃年鉴编委会编：《甘肃年鉴（2008）》，北京，中国统计出版社，2008。

供求关系发生了重大变化，几乎所有农产品都呈现出阶段性、结构性和区域性的供过于求，农产品价格连年下跌。在告别短缺之后，甘肃省少数民族地区农业的结构性矛盾日益显露出来，突出表现在三个方面：一是产品质量不高，名优产品比例低；二是一般性品种多，专用品种少，初级产品多，加工产品少，精深加工产品更少；三是虽然农业生产的区域化分工有了很大进展，但区域比较优势尚未充分发挥出来，区域性结构不同程度存在大而全、小而全问题。如：2007 年，甘肃省少数民族地区农林牧渔业总产值为 558780.11 万元，其中农业产值为 279105.07 万元，占农林牧渔业总产值的 49.95%，而渔业只有可怜的 1383.99 万元，① 农业种植中，多以传统的小麦、大豆、玉米和马铃薯为主，优质品种和经济作物很少。由于结构调整滞后，农产品供给结构与需求结构脱节，从而导致部分农产品“卖难”和价格下跌，影响了我省少数民族地区农民收入的提高。90 年代以来，随着温饱问题的解决，城乡居民食品消费支出在家庭总消费支出中所占份额（恩格尔系数）稳定下降，我国的城镇居民消费的恩格尔系数已从 1990 年的 54.2% 下降至 2001 年的 37.9%，农村地区的这一数值也从 58.8% 下降至 47.7%②，这表明农业增长开始面临需求约束。近年来，民族地区城镇居民食品消费需求处于几乎停滞不前的状态，不仅人均食品消费支出份额下降，而且人均食品消费支出金额出现绝对减少，许多食品的人均实物消费量甚至也出现了减少的情形。食品消费增长缓慢必然直接影响农产品价格走低，从而直接影响农民收入增长。

---

① 甘肃年鉴编委会编：《甘肃年鉴（2008）》，北京，中国统计出版社，2008。

② 兰纪平：《我国恩格尔系数的下降与基尼系数的上升》，载《中国青年报》，2003 年 5 月 18 日。

二、宏观原因

1. 主要农产品价格低迷，产量徘徊不前

甘肃民族地区种植业，主要以粮食为主，经济作物所占比例小，粮食生产中又以传统的小麦、玉米为主，见表3－3。从1996年到2000年，农产品收购价格总指数和粮食收购价格总指数持续下降，下降幅度超过了20%。农产品价格高低直接关系到农民的收入，由于农产品销售不畅、价格低落，农民从农业中获得的收入也是逐年下降。自2001年国内粮食市场价格出现了明显反弹，近年来粮油价格涨幅较大，粮油价格上升，直接拉动了农民收入的增长，全省少数民族地区农民收入止住了下滑的势头，开始有了恢复性的增长。但是，我们应当看到，通过提高农产品价格来增加我省少数民族地区农民收入的潜力越来越有限，因为一方面，全省少数民族地区农民的农产品产量徘徊不前，人均占有量低，即使价格再高，也没有多少农产品可出售，见表3－4；另一方面，民族地区耕地人均占有量少，耕地多以山地为主，不适合机械化耕作，加上民族地区气候条件差、劳动者素质低、科技水平不发达，很难提高亩产量。

表3－3 2007年甘肃民族自治州主要农作物播种面积构成

单位:%

地　区	农作物播种面积	粮食	小麦	玉米	棉花	油料	烟叶	中药材	蔬菜	瓜果
全省	100	70.07	24.10	13.02	2.07	7.96	0.12	3.89	9.05	2.02
临夏州	100	77.94	26.11	19.13		10.33		3.19	4.61	0.06
甘南州	100	59.86	16.79	4.07		18.92	0.15	8.73	1.04	

资料来源：《甘肃年鉴（2008）》，北京，中国统计出版社，2008。

表 3-4 甘肃民族自治州粮食产量和人均占有量

单位：吨，公斤

地区	2004 年		2005 年		2006 年		2007 年	
	粮食产量	人均占有量	粮食产量	人均占有量	粮食产量	人均占有量	粮食产量	人均占有量
临夏州	474886	246	484980	252	479521	249	497720	256
甘南州	98201	146	96136	142	94320	138	97441	143

资料来源：《甘肃年鉴》，2005—2008 年。

2. 剩余劳动力转移困难

甘肃省少数民族地区农业人口所占比例较高，尽管这个比例呈逐年下降趋势，但截至 2007 年，仍然高达 83.99%。[①] 农村富余劳动力过多，如何转移这些劳动力是个难题。近年来甘肃省少数民族地区农民收入之所以还能保持缓慢增长，主要是靠非农产业收入增长实现的，特别是劳动力跨地区流动对农民收入增长发挥了不可替代的作用。但是，甘肃省少数民族地区农民从事非农产业和外出打工的收入没有得到进一步的增长，究其原因，主要有以下四点：一是故步自封的小农观念。由于开放程度不高，甘肃省少数民族地区农民思想保守。他们视土地为生命，他们不去想也不敢想其他就业生活门路。一些思想稍解放的农民，由于信息落后，出外打工也带有盲目性。二是有限的就业渠道。实现农村剩余劳动力的有效转移主要靠乡镇企业和城市的吸纳。甘肃省少数民族地区乡镇企业本身就不发达，自 1996 年以来，由于乡镇企业所处的整体经济环境发生较大变化，其自身也处于结构调整和体制创新的转折阶段，因此，乡镇企业吸纳农村劳动力的能力明显下降。加上城镇下岗职工增多，许多城市都制定了限制农

① 甘肃年鉴编委会编：《甘肃年鉴（2008）》，北京，中国统计出版社，2008。

民进城就业的政策，包括行业、工种、学历等限制，农村剩余劳动力就业受阻，想出去的农民无处去，成为转移农村剩余劳动力的最大障碍。三是低下的农民文化素质。只有人的能力得到提高才能使人们提高获取收入的能力，具有更高教育水平的人更容易获得非农就业的机会，素质较高的外出劳动力更受城市和用人单位的欢迎，就业机会更多，外出对他们的吸引力也更大。然而，前面我们提到过甘肃省少数民族地区目前农村劳动力素质很低，农民的职业技术培训机会也极少，这样一些文盲或近乎文盲的劳动力，他们进城只能干“3D”（险、脏、难的英文字头）职业，这必然局限了就业渠道。四是城乡分割的二元结构。城乡隔绝体制虽然已被动摇，但区别城乡居民不同身份的制度仍然存在。部分具有农民身份的农村劳动力尽管已经进城打工，但他们只能是城市中的暂住者、职业岗位上的临时工。在发生国有、集体企业职工下岗的情况下，国家和企业对下岗职工的生活和再就业仍然负有责任，所以，成文或不成文的规定都是首先考虑企业原有职工，首先解决城市户口劳动力，农民无法与他们公平竞争。大量剩余劳动力滞留在农村，农业劳动生产率难以提高，农村中存在大量的潜在失业人口，这是造成农民增收困难的重要原因。

3. 农业和农村投资不足

长期以来，国家和政府对我省少数民族地区农业和农村投入总量严重不足，发展资金缺口大。如1985—1993年甘肃省固定资产投资总额年平均增长18.5%，而少数民族地区年平均增长只有15%。1993年甘肃少数民族地区全社会固定资产投资总额3.5亿元，占全省固定资产投资总额的4.1%，人均125.5元，占全省人均值的34%；基本建设投资完成1.27亿元，占全省投资额的3.2%，人均45.8元，占全省人均值的26.8%，[①] 相比之下，少数民族地区明显偏少。财政支农资金管理体制也不利于提高农业投资的使用效率，这主要表现在，在农业投入方面各级财政职责范围划分不清楚，哪些由政府投入，哪些由集体投入，哪些由农民投入，没有明确具体的规定，往往造成单纯依赖政府投入的问题；在管理形式上，条块分割，分兵把口，各自为政。县各部门都掌握一块资金，都有资金分配权，不利于资金的统筹安排和使用；财政支农资金仍是过多地参与生产经营性投资，一些应由政府投资的范围仍未能承担；管理监督机制不健全，容易造成资金流失。2006年，甘肃省少数民族地区支援农业生产支出只有45493万元，仅占当年财政支出的7.52%。[②] 投入不足，资金缺口大，这是当前和今后一定时期甘肃少数民族地区经济建设中的最大困难。

4. 缺乏必要的金融支持

从少数民族地区金融发展形势看，我国少数民族地区普遍缺乏必要的金融支持。突出表现在：营业网点锐减，且网点机构吸储农村牧区资金大部分上存流向城市，极少回流农村；特别是随着农村牧区金融整体服务功能的不断弱化，使农村牧区信贷供给严重不足和资金"非农化"日益严重。

当前，甘肃省少数民族地区农村资金供求矛盾非常突出，在国家倾力支持"三农"之时，作为农村经济核心的农村金融却呈现体系萎缩、服务缺失、支持倒挂等现象，存在的主要问题有：一是农村资金外流问题严重，农村经济发展中的资金要素日益稀缺。农村信用社体制、机制还未理顺，只有最基本的存贷款

① 史光华：《对加快甘肃少数民族地区经济的思考》，载《甘肃社会科学》(2001年西部大开发专辑)。

② 甘肃年鉴编委会编：《甘肃年鉴（2008）》，北京，中国统计出版社，2008。

业务，且贷款利率一浮到顶，不能满足农村资金需求的多样化需要；农村邮政储蓄机构只存不贷，成为名副其实的农村资金“抽水机”；农发行职能定位不清、业务范围有限、经营环境不完善、职能作用受到制约，服务“三农”力不从心。近几年，工商、中国、建设三大国有商业银行分支机构纷纷向中心城市收缩，县级支行被大幅度撤并，许多乡镇企业想贷款也找不到“庙门”。二是国有商业银行贷款审批、发放权过于集中，制约了基层行贷款发放的灵活性和时效性，不适应县域经济重要组成部分中小企业信贷需要急、期限短、频率高、数额小、风险大的特点，加之激励机制和约束机制失衡，严重制约了信贷对农村经济发展的支持。三是国有银行收缩农村机构，农村信用社独立承担支农任务，而甘肃省少数民族地区农村信用社由于历史包袱沉重，规模小，资金周转困难，支农资金严重不足。四是农村信用体系不健全，农民、乡镇企业担保难、贷款难问题十分突出。此外，保险机构几乎不对农牧业生产服务。有些地区民间高利贷盛行，农牧民生产经营负担沉重。所有这些表明，金融对少数民族地区的支持是非常薄弱的。

可见，影响农民收入增长的因素正在发生重大变化，农民收入增长越来越受国民经济增长和宏观政策环境的影响。过去行之有效的通过增加农产品产量、提高农产品收购价格来增加农民收入的办法现已明显失效，从根本上解决我省少数民族地区农民增收困难的问题须有新思路。

三、机制障碍

1. 缺乏有力的推动产业结构调整（优化和高级化）的机制

从甘肃少数民族地区产业结构的基本状况看，仍然处于非常落后的状态，传统的第一产业占的比重最高，其次是第二产业，新兴的第三产业所占比重最低。从传统的第一产业即农业内部结构看，在种植业方面，粮食作物比重最高，其次是经济作物，而饲料作物比重最低。但从目前的市场需求和提高人民生活水平的需要看，粮食基本上是供过于求，经济作物和饲料作物还不能满足市场需求；粮食只能满足人民最基本的生活需要，只能解决广大人民的温饱问题，而经济作物具有直接的提高人民生活水平的作用，饲料作物对发展畜牧业、养禽业、饲养业等都具有重要的作用，而畜牧业、饲养业、养禽业的大力发展则是人民生活水平提高的前提条件和重要标志，因此经济作物和饲料作物需要进一步大力发展。从种植业、畜牧业和林业之间的关系看，种植业相对较多，而畜牧业和林业则相对不足。这些都不符合产业结构调整的方向和要求，都不利于我省少数民族地区农民收入的增加。在产业发展方面，落后的不能淘汰，先进的不能得到及时有效的发展，所以，有的产业仍然是以传统的手工劳动为主，只是进行简单的原料和初级产品的加工，不注重对农产品的深加工，不大力发展与农产品深加工相适应的工业，这就使农产品的科技含量很低，影响了甘肃省少数民族地区农民收入的增加。之所以会出现上述情况，是因为甘肃大多数少数民族地区都没有形成有力地推动产业结构合理化和高级化的机制，就使甘肃少数民族地区的大多数农民形成了一种不思进取的思维定势，依旧是日出而作、日落而息。生产只是在原来的基础上进行简单的重复，农民的生活便只能年复一年在贫困中徘徊。

2. 传统计划机制仍然严重阻碍着市场机制的充分发育

我们过去实行的是计划经济，目前我们国家正在实现两个转变，即从计划经济体制向市场经济体制转变，从粗放型经营方式向集约型经营方式转变，这是一个艰难的转变过程，在这个过程中，与计划经济相适应的思想、观念、政策措施、行为习惯、体制等依然存在。如：在民族地区国有经济仍占据很大比例，非国有经济活力不足，政府主导企业、企业依靠政府的管理模式还没有完全改变，无论是招商引资还是结构调整都要靠政府出面推动，企业的积极性淡薄等。甘肃少数民族地区大都处于偏远和落后地区，旧思想、旧观念、旧体制更多一些，以致改革开放迈不开步子，经济社会的发展和市场经济体制的建立都相对滞后，与东南沿海地区相比较，传统计划机制方面表现得更加突出和明显，严重制约着市场机制的充分发育。市场化改革的实践有力证明，凡是市场经济发展比较成熟的地方，市场机制运用比较好的地方，人们收入的增加就快一些，凡是市场经济发展比较迟缓和落后的地方，市场机制运用比较差的地方，人们收入的增加就比较慢一些。甘肃少数民族地区农民收入增加比较缓慢的主要原因之一就在于市场经济不发达和市场机制的作用没有得到充分发挥，因而提高甘肃少数民族地区农民收入水平的重要途径也就在于不断地减少传统计划经济的成分，培育和发展市场经济，充分发挥市场机制的作用。

3. 没有形成健康有序的竞争机制

竞争是市场经济的基本参数之一，市场经济的功能主要通过竞争规律实现，而我省少数民族地区在竞争机制方面，一是表现为缺乏竞争机制，二是表现为无序竞争，即使形成了竞争，往往也是不符合市场经济要求的竞争甚至是不正当竞争。针对这种情况，我省少数民族地区只有促进竞争机制的形成并充分发挥竞争机制的作用，才能主动迎接挑战、抓住机遇，才能把少数民族地区经济的发展纳入到国际国内大市场中去，从中获取不竭的动力和源泉，才能为少数民族地区经济社会的发展创造良好条件，这就要规范、鼓励和保护竞争，并为开展合理的竞争创造必要的条件：必须使企业成为自主经营、自负盈亏的经济实体，建立开放的、完善的社会主义市场体系，消除各种垄断等。

4. 没有形成全社会共同投资的机制

全社会的共同投资是甘肃少数民族地区实现大开发的基础，

更是少数民族地区农民增收的前提条件。甘肃少数民族地区在经济发展过程中资金投入严重不足，尽管有国家的大力扶持，但国家的投资毕竟是有限的，远远不能满足少数民族地区经济和社会发展的需要。民族贫困地区资金投入严重不足主要表现在三个方面：一是农民增收缓慢导致农民投入严重不足。农民是新农村建设投入的主体，但其资金投入能力十分薄弱。一方面，实行家庭联产承包责任制后，农村集体经济积累十分薄弱，绝大部分村屯是“空壳村”，不可能指望从农村集体经济中出钱来搞建设；另一方面，农民个人的投入能力十分有限。民族地区农民收入水平低下，大部分农户仅仅是改造旧房或建设新房，就花光了多年的积蓄还要加上一定的债务，没有剩余财力来投入其他建设。二是县乡财政困难导致财政投入严重不足。财政收支特别困难是民族贫困县的普遍现象。这些县的财政收运转主要靠上级财政补贴和财政转移支付补助来维持，县乡本级财政很难安排大额度资金来支持农村建设。三是社会整体经济实力薄弱导致社会投入严重不足。社会投入主要是企业、个体经济能人赞助、信贷资金投入等。民族地区由于先天条件的制约，企业及个体经济能人少，经济实力不强，能投入农村建设的资金微乎其微。金融部门多从自身的经济安全及效益考虑，对贫困地区的产业支持力度不断下降，不仅得不到外来的信贷支持，连本地的资金也被抽走了。

由于条件所限，外资非常少，同时私人、民间等社会投资却没有真正启动起来，在经济建设过程中，难以开展全面协调的建设规划。以临夏州为例，2007 年完成固定资产投资计 31.93 亿元，按投资主体分，中央投资 1.47 亿元，省属投资 6.80 亿元，州县属投资 23.66 亿元，社会投资少得可怜。①

由于投资乏力，造成甘肃少数民族地区工业明显滞后，严重

① 临夏州统计局：《临夏州统计年鉴（2008）》。

影响着经济发展的后劲。同时又没有采取适当的切实可行的措施引导各种投资，没有形成一种良好的投资机制。从目前的情况看，甘肃少数民族地区总体上都没有形成谁投资谁受益的思路和保护机制，有的投资者没有得到应有的回报，更有甚者，政府和个人中都有掠夺投资者利益的行为，如有的花大量资金开展种草种树、兴修水利、养禽养鱼等多种经营，但承包期未到就撕毁合同而破坏承包者的利益，有的看到承包者经过长期的苦心经营有了收获，就眼红别人，想方设法进行破坏，无人给予承包者、经营者以有力保护，有的承包者、经营者不但丧失了承包地等，而且连付出的劳动成本和投资成本都无法收回，这样做的结果不仅仅是损害了投资者的利益，更重要的是严重影响了社会投资机制的形成。在没有一种有效的引导和鼓励投资措施的情况下，有投资能力者就不敢进行投资。特别是在基础设施建设等投资规模大、周期长、见效慢的项目方面，更是缺乏投资，在这方面的引导和鼓励措施几乎没有，这是严重制约甘肃少数民族地区经济发展的“瓶颈”。要改变这一点，首先就要培育和形成全社会投资的机制，这不仅有利于内部投资的活跃，而且有利于吸收各种外部投资。

5. 资源的综合开发和利用机制还未形成

毛泽东同志曾经说过：“我们讲中国地大物博，人口众多，实际上是汉族人口众多，少数民族‘地大物博’至少地下资源很可能是少数民族‘物博’。”① 毛泽东同志的这句话是就全国的总体情况说的，但也符合甘肃省的实际情况。甘肃省的少数民族地区也是“地大物博”，如甘南藏族自治州的迭部、卓尼等地方，木材林业资源十分丰富；肃南、肃北、天祝等地方，含有黄

---

① 毛泽东：《论十大关系》，载《毛泽东著作选读》，下册，731页，北京，人民出版社，1986。

金等各种贵重金属的矿石也都是非常丰富的。甘肃少数民族地区的资源虽然比较丰富，但为什么对甘肃少数民族地区农民收入的增加却没有发挥应有的作用呢？是因为甘肃少数民族地区至今还没有形成对资源的有效开发和利用机制。资源不合理的开发利用使得资源供需形势严峻，如在土地资源、水资源、能源资源、矿产资源中，普遍存在着供需矛盾，严重制约着经济的发展。从土地资源来看，甘肃省少数民族地区占全省的15.15%人口拥有全省39%的土地，人均占有土地资源的绝对数量较多，但土地资源质量差、利用率低。如甘肃省少数民族地区耕地面积428万亩，仅占全省耕地面积的8.2%，其余为高山、沙漠戈壁，在总土地面积中，山地和高山约占总面积的70%以上，沙漠戈壁约占15%。在耕地面积中，山地多，川地少，耕地面积有274.69千公顷，其中有效灌溉面积只有70.07千公顷，森林占土地总面积的比重不足10%。[①] 在黄河上游水土流失相当严重，近年来随着基础建设的加大，交通建设、水利工程、城镇的扩建、农村小城镇的建设和农民庄基地农村道路及各种建设用地，每年将有近30万亩耕地在减少，给农业经济的可持续发展带来困难。在水资源方面，甘肃省少数民族地区是全省严重缺水的地区，且由于水资源分布高度集中，大部分水量仅以径流形式穿境而过，不能得到有效利用，因而对水的利用来说虽拥有但并无多大实际意义。由于甘肃省少数民族地区地处内陆，远离海洋，太平洋暖湿气流难以到达，降水稀少，且降水量在地区季节上分布很不平衡，这些地方人畜饮水都很困难，农业用水就更难了。矿产资源应该说在我省少数民族地区比较丰富，种类多，储量大，且有很多独特的资源，但现行的经济体制不利于《民族区域自治法》的贯彻和经济的发展。在计划经济体制下，国家通过工农产品及

① 甘肃年鉴编委会编：《甘肃年鉴（2008）》，北京，中国统计出版社，2008。

轻工、重工产品的价格剪刀差来实现工业资本的积累，这种体制对以出产原材料和初级产品为主的少数民族地区影响较大。随着社会主义市场经济体制的建立和完善，资源的配置将通过市场这个杠杆来实施，有利于调动各个方面的积极性。目前，我国90%以上的商品价格已由市场调节，但国家仍然对部分关系国计民生的重点商品价格实施计划管理，如黄金、木材、电力、矿产等，恰恰这些商品多数为我省少数民族地区的优势。工业品的高进和原材料的低出，造成少数民族地区经济利益两头流失。国家制定的对少数民族地区的优惠政策难以补偿这种暗漏的利益。表面的“输血”现象和实际经济利益的流失，使经济落后的甘肃少数民族地区长期形不成较好的“造血”功能，不利于《民族区域自治法》及《甘肃省实施民族区域自治法若干规定》的全面贯彻落实，不利于少数民族地区的自我发展能力。资源开发中管理混乱、随意开采地下的各种资源和滥采乱伐林木的现象非常普遍，砍伐后不进行植树造林，资源利用率不高，植被遭到人为破坏，水土流失严重，这种情况严重影响着少数民族地区农民收入的增加。所以，要增加少数民族地区农民的收入，就必须形成资源的有效开发和利用机制。

四、农村基层组织和干部队伍方面存在的问题

甘肃省少数民族地区农民收入增长缓慢的原因，除了以上谈到的几点以外，少数民族地区农村基层组织和干部队伍方面存在的问题也是不可忽视的因素。

1. 党在甘肃省少数民族地区的基层组织的凝聚力、战斗力不强

目前，我国经济体制已经由计划经济转向市场经济，经济增长方式也由粗放型向集约型转变，但甘肃省民族地区尚有相当一部分农村基层组织和干部对这种新形势、新任务认识不足，观念

转变相对迟缓，市场经济知识和农业科技知识比较缺乏，带领农民群众调整产业结构、发展农村经济的能力还不强，办法还不多，带领群众建设社会主义新农村的战斗堡垒作用发挥得不够好。

2. 甘肃省少数民族地区农村基层干部队伍素质不高，作风不实

当前，甘肃省少数民族地区的农村基层干部队伍的整体素质与新形势、新任务的要求还有很大差距。一些基层干部的思想作风、工作作风还不同程度地存在着这样那样的问题，有的还相当严重。其表现是：有的办事不公，为政不廉；有的作风轻浮，爱作表面文章，对上虚报浮夸；有的工作方法简单，在经济结构调整中，不尊重农民意愿，搞强迫命令，瞎指挥；有的对农民遇到的困难漠不关心，不愿做艰苦细致的思想工作；有的甚至凌驾于农民之上，强迫命令、欺压群众，“吃、拿、卡、要”等等，致使一些影响农民利益的问题仍然比较突出。如农民负担过重，乱收费、乱集资、乱摊派和乱罚款等现象屡禁不止。

这些问题的存在，不仅严重损害了甘肃省少数民族地区农民的利益，挫伤了农民的积极性，而且影响了甘肃省少数民族地区农村经济发展和社会稳定，成为导致甘肃省少数民族地区农民增收缓慢的一个重要原因。

第三节　甘肃省少数民族地区农民增加收入面临的历史机遇

一、西部大开发带来的机遇

实施西部大开发，加快中西部地区发展，是党中央在国际形

势发生新的变化、我国经济进入一个新的发展时期作出的重大决策。它的实施将为民族地区经济的发展、增加农民收入带来前所未有的机遇。西部大开发创造出的大量投资机遇，将有力地增强对少数民族地区经济增长的拉动力；西部地区优势资源的开发和东送，将加快少数民族地区的资源优势向经济优势的转化；加强国内经济联合，进一步促进生产力的合理布局，使东、中、西部地区形成各具特色、优势互补的经济，将大大提高我国的生产社会化水平和经济效益、竞争能力，有利于我们更好地联合全国力量参与国际竞争和拓展国际市场；实施西部大开发战略过程中，国家会把对少数民族地区的开发与这些地区的发展繁荣和少数民族群众的具体利益结合起来，这使少数民族和少数民族地区真正得到实惠。

在落实科学发展观、构建和谐社会的今天，进一步实施西部大开发战略显得更加重要，大力发展民族地区教育、科技、文化、卫生等社会事业，进一步巩固和发展平等、团结、互助、和谐的社会主义民族关系是新形势下的必然选择。支持东部地区加快发展、实施西部大开发战略、加快中西部地区发展、实施振兴东北地区等老工业基地战略，是新世纪新阶段中央为加快我国现代化建设而确立的总体布局。甘肃省民族地区要抓住这一有利时机，用好中央的政策措施，在增强自我发展能力上下功夫，在提高开发实效上下功夫，大力推进制度创新，努力走出一条科技含量高、经济效益好、资源消耗低、环境污染少、人力资源优势得到充分发挥的发展新路子。

二、构建和谐社会带来的机遇

十六大以来，以胡锦涛同志为总书记的领导集体作出了一系列的重大战略决策，如扶持人口较少的民族发展政策、社会主义新农村建设、构建社会主义和谐社会等。中央提出的构建社会主义和谐社会的决策使民族地区获得了良好的发展机遇，为民族地区的发展注入了巨大活力。“构建社会主义和谐社会，就意味着社会生产力显著提高，经济全面发展，物质文明取得前所未有的成就。”[①] 民族地区自然条件恶劣，社会发展水平较低，与内地存在明显差异，在构建和谐社会过程中处于劣势地位。现在国家加大对民族地区的扶持力度，在政策制定、资金投入、科技教育上均给以适度的倾斜，这对于长期处于落后状态的民族地区而言具有特殊的意义。构建社会主义和谐社会决策的提出为维护民族地区政治稳定指明了前进方向，确定了所要实现的目标。中央明确提出要在建设中国特色社会主义的伟大实践中更加自觉地加强社会主义和谐社会建设，使社会主义物质文明、政治文明、精神文明建设与和谐社会建设全面发展。这就要求民族地区在发展过程中不能简单地追求经济发展速度，而要从构建和谐社会的角度出发，紧抓政治稳定不放松，妥善协调处理民族地区各方面利益关系，经济、政治、文化和社会四位一体全面协调发展，努力创造一个稳定有序、安定团结、各种矛盾得到妥善解决的社会。

十七大报告中的许多政策措施都关系到民族地区的稳定与发展、与民族地区的和谐社会建设密切相关：在优先发展教育、建设人力资源强国方面，专门强调了坚持教育公益性质，加大财政对教育投入，规范教育收费，扶持贫困地区、民族地区教育，健全学生资助制度，保障经济困难家庭、进城务工人员子女平等接受义务教育；在加快建立覆盖城乡居民的社会保障体系、保障人民基本生活方面，专门强调全面推进城镇职工基本医疗保险、城镇居民基本医疗保险、新型农村合作医疗制度建设，完善城乡居民最低生活保障制度，逐步提高保障水平；在建立基本医疗卫生

① 吴俊杰、张红：《中国构建和谐社会问题报告》，2页，北京，中国发展出版社，2005。

制度、提高全民健康水平方面，专门强调要坚持公共医疗卫生的公益性质，坚持预防为主、以农村为重点、中西医并重，实行政事分开、管办分开、医药分开、营利性和非营利性分开，强化政府责任和投入，完善国民健康政策，鼓励社会参与，建设覆盖城乡居民的公共卫生服务体系、医疗服务体系、医疗保障体系、药品供应保障体系，为群众提供安全、有效、方便、价廉的医疗卫生服务。这些措施的实施，将带动民族地区社会事业的全面发展，为民族地区的稳定和发展创造良好的条件。

三、新农村建设带来的机遇

十六届五中全会提出了建设社会主义新农村的历史任务，并作为“十一五”经济社会发展的一个主要目标。建设社会主义新农村的提出有其历史必然性，而民族地区经济发展必将是新农村建设的主要部分之一，直接制约着我国整体经济的发展。“新农村”的要求是：“生产发展、生活宽裕、乡风文明、村容整洁、管理民主”，这也是在新形势下从物质文明、精神文明、生态文明和政治文明等方面提出了实现现代化和谐农村的总体要求。“生产发展、生活宽裕”是从物质文明角度提出的要求，“生产发展”是新农村建设的物质基础，“生活宽裕”是新农村建设的最终目标；“乡风文明”是建设新农村精神文明方面的要求，这也是建设新农村的灵魂；“村容整洁”是建设新农村生态文明方面的要求，这是新时期科学发展观的体现；“管理民主”是要建设新农村政治文明方面的要求，这是建设新农村时“以人为本”的体现和要求。

建设社会主义新农村，首先要千方百计地增加农民实际收入，激活农村经济和市场，使农民真正过上富裕生活；精神文明也要得到同步发展，逐步形成良好的民风；农村发展必须按照科学发展观的思路，防止出现以牺牲生态环境为代价的野蛮发展，同时通过财政倾斜支付，使农村的环境有一些改观，使农民生活环境有所改善；新农村建设的过程中，农村的民主管理也应有发展，积极推进落实和完善村民自治、民主选举、民主监督机制，充分体现农民的意愿。

从民族地区的地理空间上看，民族地区主要分布在西部地区；从民族地区的实际发展情况来看，民族地区经济发展普遍比较落后。国家扶贫开发工作重点县中甘肃就有14个，其中大多数贫困县都是民族县，新农村建设必然惠及我省的民族地区。从目前甘肃省民族地区经济发展形势看，由于党中央、国务院高度重视少数民族地区经济发展，实施了西部大开发战略等一系列政策，加之少数民族地区结合当地实际采取一系列切实可行的措施，少数民族地区同全国一样，已经进入“以工促农、以城带乡”的新的发展阶段。

四、全面建设小康社会带来的机遇

尽管中国已经从总体上实现小康，但甘肃的发展和全国有很大的差距，甘肃省民族地区还远远达不到小康。民族地区贫困面大，建设小康社会困难重重，民族地区的小康建设是我省全面实现小康的重点和难点。

党的十六大提出了全面建设小康社会的奋斗目标，对小康水平提出了新的更高的要求，即“使经济更加发展、民主更加健全、科教更加进步、文化更加繁荣、社会更加和谐、人民生活更加殷实”。全面建设小康社会就是要在全国总体实现小康的基础上，建设一个惠及全国人口的更高水平的、更全面的、发展比较均衡的小康社会。具体到农村来说，经济上，以家庭承包经营为基础，以农业社会化服务体系、农产品市场体系和国家对农业的支持保护体系为支撑，适应发展社会主义市场经济要求的农村经济体制比较完善；农业科技水平、综合生产能力和竞争能力显著提高；农村产业结构进一步优化，基本实现工业化；农村人口的比重大幅度降低；农民收入不断增加；农村社会保障体系比较健全，就业比较充分；农民家庭财产普遍增加，农民过上更加富足的生活；文化上，农村社会主义精神文明建设明显加强，农民的思想道德素质、科学文化素质和健康素质明显提高。农村教育事业有较大的发展，形成比较完善的现代教育体系，基本普及高中阶段教育，消除文盲。农村卫生、文化等设施比较完备，农民享有较好的卫生保健和较丰富的精神文化生活。

2007年10月，党的十七大胜利召开，提出要确保到2020年实现全面建成小康社会的奋斗目标，而民族地区的小康是我国实现小康目标的难点。民族地区要加快发展，离不开国家和东部地区的大力扶持和帮助，多年来，中央对民族地区的发展倾情关注，实施了西部大开发战略；不断完善对民族地区的财政转移支付制度；中央财政不断增加支持资金，加大了“兴边富民”的力度；中央各部委定点联系国家重点扶贫开发县，协调东部沿海发达地区扶持、支援少数民族地区等都给民族地区的发展带来了极好的机遇，注入了强大的生机。随着小康攻坚战的打响，我们民族地区应主动积极配合，争取最大的理解和支持。要充分发挥主观能动性，摒弃一切不利于民族地区的改革和发展的思维方式，不断顺应时代的发展变化，不断加大开明开放和改革创新的力度，用足用活国家扶贫政策，用好用实中央各类扶贫和专项资金，促进民族地区经济社会跨越式发展。

五、产业结构调整带来的机遇

甘肃少数民族地区资源优势明显，发展潜力较大，现在农业正处在转型阶段，产业结构调整给少数民族地区农民增加收入带来一定的机遇。随着经济的增长，产业结构中，第一产业所占比重会有所下降，且农业的内部结构也会调整，表现为种植业所占比重减少，甘肃省民族地区的畜牧业潜力巨大。甘肃省少数民族地区拥有1.5亿亩天然草场和123万亩人工草场，有丰富的畜种资源。通过畜种改良、围栏封育、推广应用畜牧技术，以畜产品的加工企业为龙头，外连市场，内接牧民，可以带动牧区经济的进一步发展。在合理的产业结构中，第二产业占有相当的比重，我省民族地区第二产业所占比重偏低，甘肃省民族地区有414.6万千瓦水能可供开发。现已初步探明的矿种68种，矿点630多处，[①] 已开发有石棉、部分铜矿和黄金，其他矿种也可按市场需求，逐步加以开发利用。清真食品、民族用品、藏医药工业、旅游产品、手工制品、工艺品等民族特色产品，通过加强宣传、市场营销和不断开发创新，也极具开发潜力。第三产业比重应进一步得到提升，结合我省民族地区实际，一是应当活跃商贸流通。甘肃少数民族地区群众与周边其他省区的少数民族以及中亚、中东国家的人民在经济文化上有着密切联系。利用这种联系，进一步强化以临夏市为依托的民族商贸中心，发挥临夏州“旱码头”的优势，拓展商贸活动的范围，扩大市场规模仍有较大潜力。二要利用丰富的旅游资源。省内少数民族地区地域范围广，自然景观多样，人文资源丰富。有高峡平湖、高原草场、大漠风光、原始森林等自然景观；也有石窟、宗教寺庙、民族风情等人文景观，是发展旅游业的重要条件。

六、加快推进城镇化建设带来的机遇

审视改革开放以来农民收入增长的轨迹，可以看出，凡是农民收入增长快的阶段，背后都有一个强大的增收“动力源”。改革开放以来，农民收入有三个增幅大的阶段。一是1978—1984

① 见《甘肃民族地区经济社会发展规划》，载《甘肃省国民经济和社会发展“十五”规划及专题研究论文集》。

年，农民收入年均增长 17.3%（不含物价因素），其背后的“动力源”为农村实行家庭承包，极大地调动了农民的积极性；二是 1985—1988 年，农民收入年均增长 10.1%，其背后的“动力源”为乡镇企业异军突起；三是 1992—1996 年，农民收入年均增长 22.4%，[①] 其背后的“动力源”为突破计划经济模式，群众中蕴藏的潜力又一次勃发。新时期要较快地增加农民收入，必须探索构建新的“动力源”。加快非农化、城镇化进程，不断拓宽农业劳动力转移空间，是新时期农民增收的强大“动力源”。

“繁荣小城镇经济。小城镇建设要同壮大县域经济、发展乡镇企业、推进农业产业化经营、移民搬迁结合起来，引导更多的农民进入小城镇，逐步形成产业发展、人口聚集、市场扩大的良性互动机制，增强小城镇吸纳农村人口、带动农村发展的能力。”[②] 甘肃省民族地区城镇建设严重滞后，截至 2007 年，城镇居民仅占民族地区总人口的 16.01%，这个比例在全省是 31.59%。[③] 农业人口向小城镇转移，是少数民族地区解决农民收入问题的重要渠道。从改革开放 20 多年来，我国农村特别是从沿海发达地区的实践看，农民增加的收入中很大一块是转向经营非农产业得到的。而农村人口减少，从而增加农业人口资源占有量，并通过非农产业对农业的反哺，反过来又可以使经营农业的人口收入增多。因此，增加农民收入必须做好增加非农业收入和减少农业人口这两篇文章。这两篇文章做好了，不仅少数民族地区农民收入可以大幅度增加，生活质量也可以不断提高，少数民族地区社会面貌必将大大改观。

---

① 俞敬忠：《农民收入可望明显回升》，载《农业经济问题》，2001（6）。

② 《中共中央、国务院关于促进农民增加收入若干政策的意见》，载《人民日报》，2004 年 2 月 8 日。

③ 甘肃年鉴编委会编：《甘肃年鉴（2008）》，北京，中国统计出版社，2008。

第四节　增加甘肃省少数民族地区农民收入的途径与对策

甘肃省民族地区农民增收问题涉及的人口不算太多，不到200万人，但决不能认为可以轻易解决。麻雀虽小，五脏俱全，而且它有很大的特殊性。要切实有效地增加民族地区农民增收问题，是一个复杂的系统工程，既要进行深入理论研究，提高认识，也要有切实可行的政策措施。

一、增加民族地区农民收入的短期措施

1. 积极稳妥地推进农村税费改革，切实减轻农民负担

甘肃省少数民族地区农民收入增长缓慢与农民负担相对过重不无关系。但减负一直是个老大难问题，这是因为全省少数民族地区21个县市中，都是“吃饭”财政，财政运转困难，许多乡镇多年一直入不敷出，国家工作人员工资拖欠非常严重，有的地方甚至已经到了影响政府的正常运转的程度。于是首先为自己的工资待遇着想就成了某些政府官员的“合理”选择，而农民作为弱势群众，处于被行政领导的地位，难以表达和维护自己的合法权益。最近几年，有关媒体经常披露发生乡镇一级干部涉农案件，似乎农民负担过重的责任全部在于基层干部 。造成农民负担过重的根本原因，除少数基层干部滥用职权，不能依法行政之外，是农民收入绝对量太低以及必须养活庞大的政府机关，负担日益加重。根据乡镇书记的普遍反映，有的地方统计数据脱离当地实情，主管部门强行下达的硬性指标，丧失了应有的真实性，这样，看似农民负担并未超过5%，但因夸大了基数而超过了农民的负担能力。同时，“上面千条线，底下一根针”，政策的不

连贯、多头性及政策与法律之间的冲突，加大了基层干部的工作难度。而庞大的政府机关人员则不是基层干部本身造成的，因此，要切实减轻农民负担。除积极推进农村税费改革之外，还必须进行其他相关的配套改革，如裁减基层政府工作人员，在条件允许的地方实行农民自治等。同时，还必须纠正城乡居民身份事实上不平等的认知理念，加大反腐败力度，打击虚报浮夸的弄虚作假行为。有的基层干部曾建议在贫困的地区对农民实行减免税收的政策，这一建议没有被采纳，但中央加大了对民族地区税收的返还力度，而如果反腐败不力，这些资金被特权部门层层剥皮，真正用到老百姓手中时已经所剩无几。所以，不实行配套改革，不加强反腐败力度，实行农村税费改革将面临巨大阻力，它难以达到党中央减轻农民负担的初衷。

2. 进一步加大扶贫力度，尽快改善民族地区农民的基本生活状况

进一步加大扶贫力度，对改善民族地区农民收入状况具有重要意义。在市场经济条件下，需要进一步做好以下工作：第一，适应市场经济的需要，强化社会化服务体系建设。在民族地区，由于自然条件恶劣，交通、信息闭塞，观念落后，经济匮乏，使单个农户进入市场的成本很大。要解决这个矛盾，必须强化市场中介机构——农村社会化服务体系。目前，甘肃省少数民族地区解决温饱问题是从自给性的种养业起步的。从长远看，只扶持小农经济的自给性生产，不把解决温饱问题与发展市场经济结合起来，不改变单一畸形的产业结构，就不可能稳定地解决温饱问题，从根本上脱贫致富。所以，农村扶贫必须面向市场，背靠资源，优化产业结构，改造传统产业，开发新兴产业，强化服务功能，建立健全社会化服务体系。第二，要因地制宜，从实际出发，选择扶贫方式和脱贫途径。一是对自然条件尚可、有一定资源潜力和优势，但没有充分利用和挖掘，目前生产力低下的少数

民族民族地区，应采取就地开发为主的脱贫途径，使以往的救济式扶贫向开发式扶贫转变。二是对自然条件恶劣、人口严重超载、生产潜力有限、缺乏再开发条件的少数民族地区，应重视就地开发与异地开发及劳动力输出相结合的脱贫途径，以利于实现人口与现有资源的合理配置。三是对生产生活基本条件极度短缺的地方，移民则是行之有效且节省投资的扶贫途径。第三，加大人口较少民族的扶持力度。甘肃省有保安族1.42万人、撒拉族9200人，主要居住在临夏州积石山县。由于经济社会发展处于较低水平，群众的生产生活条件十分艰苦，扶贫任务还很艰巨。应当争取国家民委将我省保安族、撒拉族聚居区扶贫工作列入全国人口较少民族整体脱贫的重点，加大投入力度。

3. 制定并落实民族地区的各项优惠政策

完善和落实国家扶持少数民族地区经济和社会发展的政策性措施。在少数民族地区全面建设小康社会，主要还是依靠少数民族地区广大干部群众的自力更生和艰苦奋斗，同时也还离不开国家的大力扶持。新中国建立以来特别是改革开放以来，党和国家在少数民族地区实施了一系列扶持政策，对加快少数民族地区的发展起到了极为重要的推动作用。但随着形势的发展变化，这类政策的贯彻落实也出现了一些新情况新问题，一是由于体制的变化，许多政策已经难以贯彻落实；二是由于情况的变化，需要制定一些新的政策措施来代替原有的政策措施。政策措施的制定，也有一个与时俱进的问题，有一个不断完善的问题。由于多方面的原因，少数民族地区的基础差、底子薄，经济发展落后，在全面建设小康社会的过程中，仍然需要国家给予更多的扶持。《中共中央国务院关于2009年促进农业稳定发展农民持续增收的若干意见》（中发〔2009〕1号），全面贯彻党的十七大和十七届三中全会精神，以促进农业稳定发展、农民持续增收为主题，提出了2009年农业农村工作的总体思路和目标任务，出台了一系列含金量高、针对性和操作性强的政策措施，其中提到要“进一步增加农业农村投入、较大幅度增加农业补贴、增强农村金融服务能力、加大力度扶持粮食生产、加快发展畜牧水产规模化标准化健康养殖”等措施，民族要争取这些投入要争取向民族地区倾斜。2001年新修改的《中华人民共和国民族区域自治法》，根据新形势发展的需要，提出为了解决民族自治地方经济和社会发展中的实际问题，重点在财政、金融、文化、教育等方面采取必要的优惠政策，支持少数民族地区加快经济和社会发展，促进民族团结，逐步缩小民族自治地方与其他地区的发展差距。所有这些，对于少数民族地区全面建设小康社会，加快经济与社会发展，实现各民族的共同繁荣将起到重要的指导作用。我们应当根据十六大精神和修改后的民族区域自治法的规定，配合有关部门，制定相应的政策性措施，把国家扶持少数民族地区的政策具体化，加大对少数民族地区的扶持力度，切实加快少数民族和少数民族地区的发展。

4. 合理分流剩余劳动力

解决全省少数民族地区劳动力过剩问题，第一，要大力推进农业产业化，增强少数民族地区农村内部就业能力。推进农业产业化，一来可以延长产业链，使农业向农副产品加工、储藏、运销等第二、第三产业的发展，从而突破农业劳动力就业的局限性，实现多渠道就业；二来可以扩大少数民族地区农民的经营规模，提高经济效益，伴随着生产规模的扩大，对劳动力的需求也会增加；三来它可以带动第二、第三产业在少数民族地区农村和农业中的发展，从而带来新的劳动就业机会。第二，是要改革二元户籍制度。改革户籍制度，打破城乡壁垒，实现城乡一体化。应对现有户籍制度进行逐步的改革，对城市务工的农村劳动力，在满足一定的条件下，给予城市居民同等待遇。这样既避免了农村劳动力进城的盲目性，又避免了国家人力资源的浪费，也有利于社会的长治久安。第三，要大力发展少数民族地区农村教育事业。大力发展农村教育事业，提高农民素质，不仅具有重大的长远意义，而且具有重大的现实意义。一方面，可以缓解农村就业高峰，抑制“未成年型”劳动力直接进入就业队伍对农村社会造成的就业压力，延缓就业高峰的到来；另一方面，可以提高农民素质，有利于实现多渠道就业，拓宽就业门路，减少隐性失业。第四，要大力发展对外劳务输出。少数民族地区在加强农村教育提高劳动力素质的同时，要重视劳务输出，针对劳务市场的行情，从各个层面上，制定完善的与劳务输出相关的法律法规，进行劳务输出，把巨大的人力资源变成人力资本。第五，还要有计划地进行重大设施建设。政府要运用好宏观调控手段，有计划地安排少数民族地区城市和农村中的重大基础设施建设项目，这既有利于甘肃省经济的长远发展，又有利于把少数民族地区农村劳动力转移到经济建设中来。特别是目前，更要结合好西部大开发战略，根据西部地区特点，积极制定相应的法规政策，合理地把剩余劳动力转移到需要开发的西部地区去。

5. 大力发展非国有经济

创建公平竞争的政策环境，放手发展非国有经济，实现经济总量的提高，使非国有经济成为新的经济增长点和带动经济结构调整的一支重要力量。要积极鼓励和引导民间投资者参与投资。充分利用社会及民间闲散资金，扩大非国有企业经营领域，积极引导具备规模、档次的非国有企业参与各种形式的协作和联合，组建企业集团或改组成立股份有限公司，允许效益好、制度健全、管理科学的非国有企业发行企业债券或发行股票上市，为非国有企业直接融资创造条件。允许和鼓励有条件的非国有企业参与能源、交通水利等基础设施建设和市政工程项目的投资和经营；鼓励非国有企业从事农牧业综合开发和进入基础设施领域。在建设用地、银行融资、工商注册、出口经营等方面为非国有企业创造有利条件。搞好协调服务，努力为非国有经济排忧解难，坚决制止“三乱”，切实减轻非国有企业的负担。要加大对民营科技企业的扶持力度，鼓励国有企事业单位以技术成果投资科技型非国有企业。培育和扶持一批整体素质比较高、发展前景广阔、经济效益好的“小巨人”，成为地区经济发展的骨干和栋梁。

积极扩大招商引资的范围。一是吸引国内较发达地区的资金和技术，借鉴他们先进的管理经验。可将一些企业的生产经营权、商品营销权或对外贸易权租让给他们，由他们直接投入管理资本来经营企业。甚至可以把一些小企业、小公司整体租让给他们。二是经营性项目的引资由企业全权操作，逐步使企业成为引资的市场主体。三是少数民族地区西部开发规划的州县级建设开发项目，可将其中一些项目采取公开招标的方式向社会公开，吸引国际国内高质量的资本和高信誉的开发商到少数民族地区参与开发建设。

二、增加民族地区农民收入的长期举措

1. 抓住西部大开发机遇，坚持以人为本的开发原则，努力加快民族地区的城镇化进程

西部大开发无疑将会使甘肃省少数民族地区得到更多经济政策上的支持，群众呼声很高的加大财政转移力度、南水北调西线工程都将使甘肃省少数民族地区农民受益，但是如果丢掉了以人为本的开发原则，大开发就可能带来大破坏、大污染，大开发就很可能造就一批“形象工程”、“首长工程”、“政绩工程”，而对人民群众生活水平提高影响并不大。以人为本就是把开发的起点和归宿都放在努力提高城乡居民收入水平上，对农村而言，就是要解决大量的剩余劳动力，就是必须有广大农民的广泛、积极参与。对此，有人可能会持反对意见，认为农民劳动素质不高，

参与西部开发必然会影响开发的速度和基础建设的质量。其实，对此问题应辩证地看待。西部人民尤其是西部农民是西部开发的直接后果承担者，西部的最终繁荣要靠西部人民收入水平的提高，消费能力的提高，而不是仅仅依靠漂亮的硬件建设。应积极引导我省民族地区农民广泛参与西部开发，实行以工代赈等多种形式，努力解决民族地区大量劳动力闲置的问题，促使民族地区农民人数降低，促使从事第一产业的劳动力向第二、三产业转移。要加强农业基础设施建设，努力缓解民族地区的旱情。我省民族地区是有水就有粮，如果水利建设能有突破，如南水北调等工程，民族地区的农业基础将大为增强，将彻底改变民族地区的农村面貌。应灵活执行户籍管理制度，允许和放宽劳动力的合理流动。不管是大中城市的建设，还是小城镇的建设，都应适时适度地让民族地区农民参与。这种开发看似缓慢，实际反而节省了时间，有利于加快民族地区的城市化进程和农民收入的提高。

2. 注重产业结构调整

从根本上说，增加甘肃省少数民族地区农民收入的途径还在于产业结构调整，只有不断促进产业结构的优化和升级，少数民族地区的农民才能真正成为市场经济的主体，才能参与到市场经济中去，也才能从市场经济中受益。如何进行产业结构调整呢？我省民族地区第一产业、第二产业的比重相对较高，而第三产业则相对不足。粮食是农业和整个国民经济的基础，也是甘肃少数民族地区调整产业结构的基础。如果粮食供给达不到一定的水平，农业结构调整将是难以进行的。在继续保持粮食生产稳定增长的同时，要适度发展一些经济作物，加强畜牧业和林业。民族地区第二产业尽管占有比较高的比重，但总的来说，工业化程度偏低，主要是一些初级加工工业，今后应注重提高科技含量，进行深加工。第三产业的兴旺和发达，是现代化经济的一个重要特征，也是衡量一个地区经济社会发达程度和现代化水平的一个重要标志。所以，加快发展第三产业，是甘肃少数民族地区当前面临的一项重要而紧迫的任务。在第三产业发展过程中，首先，应该大力发展的是新兴服务业，如教育、医疗、旅游、房地产等，其次，发展包括金融、交通通讯、商业及零售业等为生产者服务的各种服务业。

3. 加快机制创新

对于前文提到的这些影响甘肃少数民族地区农民增收的机制性障碍，只能靠体制和机制的创新去解决。体制和机制的创新是推动甘肃少数民族地区经济快速发展的根本动力。摒弃传统的计划经济模式，通过体制和机制的创新，调整超越当时生产力发展阶段和发展水平的生产关系，逐步建立适应甘肃少数民族地区生产力发展要求的新体制和新机制，避技术先天不足之短，扬体制和机制优势之长，这是促进甘肃少数民族地区农民增收的当务之急。

一是农村经济体制和机制的创新。在农村广泛实行的家庭联产承包责任制，给甘肃少数民族地区的广大农民放手发展多种经营提供了广阔的空间，从此使甘肃少数民族地区的农村经济走上了快速发展的轨道。但随着市场经济的迅速发展，市场竞争加剧，家庭联产承包责任制在实践中遇到了许许多多的新情况、新问题，如从我国农业发展看，目前小规模的户营经济已形成了一个严重缺陷，导致农民组织化程度不高，限制了规模化和协作经营，难以应对市场变化和规避市场风险，使农民的利益经常受损，很难增加他们的收入。如何解决这些新问题呢？这就要借鉴国内一些发达地区的经验，在甘肃少数民族地区的农村经济中进行体制和机制的创新。针对二三产业发展给家庭联产承包责任制所带来的冲击，国内一些比较发达的地方，在稳定家庭联产承包责任制的基础上，首先开始探索土地使用权流转的办法和机制，积极稳妥地推行土地适度规模经营。同时，还大力推进农村社会化服务体系建设，引导和鼓励农民发展效益农业，开展产业化经营，出现了“农户”连“公司”、“公司”连“市场”的新的农业经营模式。这些新的模式、体制和机制对甘肃少数民族地区农村经济的发展具有非常重要的借鉴作用，可以加以推广应用，从而推动甘肃少数民族地区农村经济体制和机制的创新。经济体制的不断创新会极大地提高农村劳动生产率，加快农村工业化的进程，使甘肃少数民族地区在温饱的基础上加快全面建设小康社会的步伐，早日实现小康。

二是要加快城乡经济一体化进程。当前，经济全球化迅速发展，我国也加快了融入世界经济的步伐。而我国城乡二元经济结构却将城乡经济人为分割并进行区域性锁定，使城乡市场经济出现了扭曲和与市场规则相悖的现象，与经济全球化的形势极不适应。而在其中，农民则是最大的利益受损者。当务之急，要通过加大城市户籍制度、劳务市场管理体制、土地流转机制的改革，积极推进城镇化建设进程，逐步形成城乡经济和市场一体化发展的新格局，为千家万户的农民增收致富营造广阔而又平等的生存和发展空间。

三是要坚持不懈地进行农业生产组织制度的改革和创新，使农村经济体制随着农村生产力的发展而变革，逐步形成与社会主义市场经济体制相适应的、能够有效促进农村生产力发展的新型农村生产关系。

四是要配套改革和创新农村税收体制、金融体制、投资体制、科技推广体制和重要农产品流通体制，切切实实为农民增收创造条件。

五是实行财政体制改革，调整县乡机构，全面实现税费改革，使农业休养生息，以适应农业市场化发展。深化财政体制改革，处理好财权与事权关系。深化财政体制改革，改变 1994 年以来分税制财政包干的四级财权和事权不相称的状况，正确处理省、地、县、乡四级之间的财权和事权的关系，要改变目前财政收入向上倾斜、而支出向下推卸的不合理状况。并给有财政困难的县乡两级政府一定的财政转移支付，缩小发达地区与欠发达地区财政收支差距和地方县乡建设，城乡居民收入和支出的差距，使地区之间经济发展基本平衡，才能全面实现小康目标的同步发展。

4. 加强基础设施建设

这是甘肃少数民族地区农民增收的重要前提条件。一个地区基础设施的建设状况，直接关系到这个地区的经济发展。交通、通讯等基础设施条件的改善，可以极大地提高甘肃少数民族地区对外进行沟通、交流和联系的程度，从而促进该地区经济迅速实现“跨越式”发展。实践证明，当一个国家或地区经济发展到一定阶段时，就需要相应的基础设施来提供保障。从甘肃少数民族地区的实际情况看，适当加大交通、通讯等基础设施的投资，对于推动少数民族地区经济实现“跨越式”发展和促进产业结构调整不仅是必要的，而且必然会发挥出极大的推动作用。由于基础设施投资的社会效益大大高于其自身效益，对社会的贡献也要远远高于其他方面的投资。因此，为促进甘肃少数民族地区经济实现“跨越式”发展，必须改善基础设施滞后于经济发展需要的状况，从滞后于经济的“短缺型”向促进经济发展的“适应型”转变，力求改变多年来补缺补差、小打小闹的局面，以与国际接轨为目标，踏踏实实建成一批高质量、功能完善的基础设施骨干项目。以重点项目建设为龙头，带动甘肃少数民族地区基础设施建设的全面发展，实现少数民族地区经济的“跨越式”发展。

三、发展民族地区经济、增加农民收入的战略选择

1. 开发与治理相结合，实施可持续发展战略

甘肃省少数民族地区在经济发展过程中，自然资源的过度开采和浪费、环境污染等十分严重，对经济的进一步发展已经构成了现实的和潜在的威胁，难以实现经济的持续、快速和健康发展。实施可持续发展战略，正确处理经济发展同人口、资源、环境的关系，使人口增长与社会生产力的发展相适应，使经济建设与资源、环境相协调，促进社会全面进步，加强对人力资源的开发和利用，是甘肃省少数民族地区经济发展的必然选择。当前急需要做的工作主要有：第一，认真抓好国家重点支持的5个生态县建设，同时积极争取国家将其余县纳入生态环境建设范围，认真做好刘家峡库区造林绿化工程的前期工作。张家川、临夏市、舟曲县等11个县（市）要结合退耕还林还草，扩大地表植被，减轻水土流失。重视和发展“绿色产业”，建立和谐的人地关系。针对少数民族地区自然灾害多发的现状，制定相应的对策。第二，加强自然保护区管理，抓紧实施天然林保护工程，切实保护祁连山、白龙江上游的森林，坚决实施封山育林。甘南牧区抓好“三化”草场的治理和建设，改良和优化草种，减轻超载牧场的载畜量，提高出栏率；河西牧区要加强对草地荒漠化防治，在风沙沿线减轻放牧强度，禁止采樵挖药、破坏沙生植被。加强水资源管理，坚持开源与节流并重，推广喷灌、滴灌等节水技术。第三，全面开展环境污染治理和预防工作，推行清洁生产，发展绿色产业、环保产业，开发清洁能源，改善能源结构。在甘南加大太阳能暖房的建设力度，在河西开发太阳能和风能。增加环保投入，建设环保设施，强化生态保护区及旅游风景区的污染防治工作，实行污染综合防治，提高污水和垃圾处理率、回收利用率。第四，继续严格执行计划生育政策，控制我省少数民族地

区的人口数量，提高人口素质。在临夏州、甘南州等经济文化欠发达地区，加大教育经费的投入，通过各种方式提高劳动者的科学文化素质。

2. 重视教育、科技，实施“科教兴州、兴县”战略

甘肃省少数民族地区要赶上并超过其他地区，只有依靠“科教兴州、兴县”战略，以信息化带动工业化，实现我省少数民族地区社会生产力的跨越式发展。一方面，要贯彻经济建设依靠科技教育，科技教育要面向经济建设的方针，加强基础教育，发展职业技术教育，壮大人才队伍，培养适应新世纪需要的建设者。结合民族地区实际，应抓好以下几方面的工作：第一，加强师资队伍建设，提高教师的业务素质。民族地区近几年毕业生分配困难，可以考虑毕业生分配有计划地转向教育，这样，既可以防止民族地区县乡机构工作人员进一步膨胀，减轻农民负担，又可以强化师资队伍。要对教师进行业务培训、进修，提高业务素质，同时，注意解决他们的实际生活困难。第二，积极探索适合少数民族地区特点的办学机制和办学形式，积极培养少数民族地区急需人才。巩固“普初”成果，抓好“普九”教育，提高办学质量。努力提高学龄儿童的入学率，杜绝新文盲的产生。扩大中等教育和职业教育。以现有的中等专业学校、技工学校和州、县的职业中学、职业教育班为依托，开展职业教育和培训，为社会提供有文化、有技术的劳动者。要加快人才培养，如：在办好合作民族师专的同时，积极创造条件将临夏市师范学校提格为临夏师专，在省内高校开办“民族班”，使更多的少数民族学生进入大学深造，第三，抓好成人教育，持续开展扫盲、技术培训和继续教育工作，全面提高劳动者的科技文化素质。创造条件，让青壮年农民学习新知识、新技术，力争每户要有人掌握一到二门实用技术，确保农牧民经济收入的稳定增长，第四，建立和完善多渠道教育经费投入机制。要确保教育经费主渠道的畅通，多争

取民族教育专项补助，筹建教育救助基金会，动员和鼓励社会各界开展捐资助学，实行智力扶贫。

另一方面，要强化科技意识、促进科技成果向少数民族地区转移和转化。少数民族地区各县（市）要紧紧围绕畜牧业、林果业、农副产品加工业及矿产等支柱产业和优势资源，积极推广和应用先进实用技术，提高农牧产品的科技含量，开发新产品，提高生产力。进一步推动农科教的结合，加强和完善农村技术推广、示范、培训和管理四大科技服务体系建设，为农牧民提供产前、产中、产后全程服务。开展林业、气象、灾害防治等方面的应用研究，搞好灾害防御，减少经济损失。吸收、引进先进的矿业生产、管理技术和经验，实现矿业生产的低耗高效。注重科技与经济的多层次结合。不论高新技术、中间技术和一般应用技术，都应该贯穿到各个生产环节中，增加商品的科技附加值。加大企业的技术改造和新产品开发力度，鼓励企业跟踪行业技术发展的前沿，引进、消化、吸收国内外先进技术，努力提高自主开发的技术创新能力。如畜产品、奶制品的储运技术、矿产品的提炼技术、藏药新产品的技术开发等，提高产品的技术档次，形成有竞争力的拳头产品，使企业成为推动技术进步的主体。深化科技体制改革，鼓励区内外的科研单位和科技人员走向少数民族地区经济建设的第一线，承包项目，开发新技术，推广新技术。允许科技人员兼职，开办民间科技服务机构，为企业和农牧民开展有偿服务。依法保护科技人员的正当劳动收入和技术成果。把科技人员的劳动报酬与其创造的效益结合起来。实行技术资本化，企业成果价值在注册资本中的比例由合作各方约定。加强科技与经济的结合，实现创新资源的优化配置。集中一些精兵强将，联合协作，对影响少数民族地区发展的一些关键性的技术难题进行技术攻关和科技创新，跟踪研究和转化推广国内外先进适用的科技成果，开发“名优新特”产品，不断提高科技进步对经济发展的贡献率。用现代农业技术改造传统农业，转变农业增产方式，建立适合甘肃省省情的农业高新技术集成体系，全面提高粮食生产能力。粮食生产能力储备必须建立在农产品供给充足的基础上，提高农业的综合生产能力是粮食生产能力储备的前提，因此必须考虑气候、生物、肥料、技术等因素，以水土资源为核心，以种植业为主体，考虑林牧业，围绕旱作技术和灌溉技术，土壤肥力与肥料施用，光能利用与耕作制度，生物资源与废弃物资源化，品种优化与关键技术，饲料转化与农牧结合，土地利用与农业结构调整等环节，建立农业资源高效利用的高新技术集成体系。通过高新技术体系的集成，以较少的资源投入和能耗投入，获得相同的农业产出，保存由于技术进步替换下的农业资源形态，并加以合理轮换，以达到储备生产能力的目的。

3. 扬长避短，实施“优势”战略

我国产业的地区分工缺乏专业性，地区间产业结构趋同系数高，产业同构问题突出，缺乏互补性。民族地区要想实现跨越式发展，比较优势是我们要考虑的主要因素。甘肃是我国著名的资源丰富的省份，这些资源很大部分集中在少数民族地区。甘肃少数民族地区森林资源丰富，省内较大的迭部、舟曲、洮河、祁连山、太子山等国营林场都地处少数民族地区，林木种类达数百种，林区还有熊猫、金丝猴及党参、贝母等珍贵动植物资源；水利资源和矿藏资源也很丰富，可开发利用的水利资源达420万千瓦，矿藏资源已查明的有铬、铅、铜、锌、铁、锰、钨、黄金、煤炭、石膏、石棉、石灰石等，其中煤炭、黄金、石膏等十分丰富，镜铁山铁矿石储量极大，是目前发现并开采的全国十大铁矿之一；畜产品数量很大，羊毛、皮张、牛羊肉、奶及其制品在全国占有重要地位。甘肃少数民族地区的丰富物产资源和名优土特产品，是少数民族地区和全省经济发展得天独厚的条件。这些优势的发挥，要争取省上和国家在民族地区扶持重大产业项目，同时要做好招商引资工作，多方位筹集资金，鼓励民间投资，有计划有步骤地去开发。当前开发规模很小，主要原因是资金和技术短缺，我们可以以资源换资本的方式，营造民族地区开发热点。

其次，甘肃的文化具有鲜明的民族特色。甘肃的文化源远流长，具有浓厚的民族特色和乡土气息，是祖国文化的一颗璀璨明珠。在甘肃少数民族的民间艺术中，许多民族的口头传说，民间文学丰富多采，都富有民族特色，深受人们喜爱。甘肃境内的众多文物古迹在世界上享有盛名，秦安县的大地湾遗址是新石器早期文化遗址。敦煌莫高窟、麦积山石窟、炳灵寺石窟、文殊山石窟、五个庙石窟、马蹄寺和许多古代游牧民岩画，临夏的砖雕、刻葫芦、藏族图案，还有拉卜楞寺、大拱北、嘉峪关等等都充分表现了古代各民族在绘画、雕刻、建筑等方面的高超技艺。可以说甘肃少数民族地区具有旅游业发展的极为有利的基础条件，完全有条件发展成为鲜明的特色产业，在西部大开发中，发展旅游业大有潜力可挖，前景十分广阔。两州的历史文物，有很高的文化价值，可对其全面设计，加大开发力度，推动文化产业发展。肃北县和阿克塞县，可用其丰富的动植物资源、冰川湖泊和民族风情资源，在规划和保护的前提下逐步向国内外游客开放，打造一流的旅游观光产业。

民族地区应大力发展草地自然生态旅游、牧区民族风情旅游、牧区文化古迹旅游等多种类型的特色旅游。还可以利用宗教文化优势，吸引国外游客旅游投资。例如，中东地区和甘肃省的临夏州、张家川县有着共同的伊斯兰教传统；南亚及东南亚各国受佛教文化的影响甚深，与甘肃省的甘南、天祝藏族有着共同的文化背景，易于沟通。从开放和发展的角度来说，这种海外联系具有其他因素无法替代的优势。此外，甘肃各少数民族存在着多种传统的民族特色经济，如东乡手抓羊肉、藏族唐卡、锅庄舞、酥油花、回族馓子、油香、保安腰刀、裕固族帐篷餐饮、各种民族服饰、首饰和木骨制品以及深具民族特色的建筑等，具有十分巨大的经济和文化价值，可以借助互联网的巨大推动作用，对外宣传，吸引游客，带动个体经济的发展，对群众自主创收合法致富有一定的刺激作用。

4. 加强农村基层组织建设，提高农村基层干部素质

首先，要联系实际在农村深入持久地开展“三个代表”重要思想的学习教育活动，切实解决党的基层组织在政治、思想、作风方面存在的问题，增强党组织的凝聚力和战斗力，发挥党组织的战斗堡垒作用和党员的先锋模范作用。

其次，发展村民自治，加强基层民主政治建设。我们过去管理农民的这一套机构和职能，已经越来越不适应现在农村的实际需要，但是这些机构越来越多，人员增加又快。运转的费用从哪里来？只能从农民头上要。现在不光是乡里面，甚至很多村子都有大量需要农民供养的人。民族地区山大沟深，在人口密度较小的地方，应加强农村基层民主政治建设，发展村民自治，多让农民自己管理自己，可以减轻农民的负担。

再次，农村基层干部要牢固树立全心全意为人民服务的宗旨观念，提高自身素质，始终维护农民群众的根本利益。

第四章　甘肃民族地区新农村建设问题研究

农业、农村和农民（三农）问题始终是关系我国经济和社会发展全局的重大问题。建设社会主义新农村是党的十六届五中全会作出的重大战略决策，是解决我国“三农”问题的重大举措。2005年十六届五中全会上中央首次提出“建设社会主义新农村”的重大命题。2006年中央以“一号文件”（《中共中央国务院关于推进社会主义新农村建设的若干意见》）的形式提出建设社会主义新农村的重大历史任务，2007年中央又以“一号文件”（《中共中央国务院关于积极发展现代农业扎实推进社会主义新农村建设的若干意见》）的形式再次提出建设社会主义新农村这一重大举措，这是2004年以来我国连续第四个以农业、农村和农民为主题的中央“一号文件”，反映出中央对解决“三农”问题的高度重视。

建设社会主义新农村是党和政府在新时期作出的重大战略决策。当前“生产发展、生活宽裕、乡风文明、村容整洁、管理民主”已成为新农村建设的总目标。以建设社会主义新农村为契机，转变农业增长方式，提升农业产业素质；增加农民收入，培养新型农民；整合农村资源，改造传统农村成为一项长期的任务。

马克思、恩格斯和列宁等无产阶级革命家和世界许多国家历来都十分重视“三农”问题。马克思、恩格斯认为，对农民特别是对小农的社会主义改造要遵循经济规律，在方法上要通过国家帮助来进行。列宁分析了十月革命前后俄国农业和农民革命的道路选择，进而通过新经济政策予以实践。韩国、日本、印度、美国以及法国等诸多国家在农村建设方面的成功经验和模式为我国提供了有价值的借鉴。找准突破口，“政府主导、农民主体、干部服务、社会支持”，制定完整的政策体系成为新农村建设的重要启示。

中国近现代既有一大批学者对农村问题作出了有价值的探索，又有杰出的领导者和政治家从战略角度对“三农”问题进行了精辟的分析。毛泽东关于农民和农村问题的一系列基本观点和思想，是对马克思主义中国化所形成的第一次历史性飞跃，对中国革命和建设具有重大的理论和实践意义。邓小平提出的建设有中国特色的农村经济理论为我国改革开放后的农村建设和发展指明了方向，成为马克思主义中国化所形成的第二次历史性飞跃。江泽民的农业战略地位、科教兴农思想和胡锦涛构建和谐社会，工业反哺农业等理论极大地升华和丰富了中国新农村建设的内涵，强化了其现实指导意义。

建设社会主义新农村，特别是加快建设民族地区新农村在甘肃民族地区显得尤为重要和紧迫。民族地区生态环境脆弱，工农业基础薄弱，人均收入水平低，地方财力不足，现代人文气息淡漠，解决“三农”问题面临的制约因素较多。对民族地区来说，新农村建设不仅需要通过政府投入支持，积极创造条件，优化资源配置，实现农村改造和经济起飞的基础，更需要广泛调动社会力量特别是民族地区农民力量，加快改变落后面貌，缩小城乡发展差距的机遇。

甘肃民族地区新农村建设，在指导思想上，要深刻认识到新农村建设的艰巨性和长期性；坚持以发展民族地区农村经济为中心，全面破除城乡二元结构；倡导以人为本，科学规划，“有所为，有所不为”，因地制宜地推进新农村建设。从策略上来说，既要加大扶贫力度，提升和改善民族地区的生产生活条件；又要拓宽经济发展渠道，促进农民增收；创造和培育农民创业与发展的机会，全面发挥农民的“主体”作用。不但要调动一切积极因素，筹措建设资金，抓好农村公共产品供给，而且要完善乡村治理机制，提升农民的组织能力，推动民族地区农村现代文明建设。

长期以来，国家靠农业的积累、农民的贡献和农村的支撑，建立了比较完整的国民经济和工业体系，但另一方面，农村发展越来越落后于城市，呈现出城乡发展二元结构，广大农村和农民群众并没有分享工业化和城镇化的成果。主要表现在：农业经济基础薄弱，生产力水平低，农业抵御自然灾害的能力不强，农业综合生产能力不高。农民收入水平低，城乡居民收入差距拉大。1984 年城乡居民收入比为 1.81∶1，2005 年扩大为 3.22∶1。农村基础设施建设落后，公共事业发展滞后。农村经济社会发展机制不健全，发展的内在动力不足，活力不强。

上述矛盾和问题，有的是在长期历史发展中积累下来的，有的是现实发展中城乡差距和区域差距使然，如何正确有效地解决“三农”问题，成为能否统筹城乡发展，促进社会和谐，实现全面小康目标的关键。党和国家历来重视“三农”问题，并为此采取了一系列政策与改革措施，如实行家庭联产承包责任制、推广农业新技术、推进农业产业化建设、科教兴农以及近几年实行的农村税费改革等，都不同程度地促进了农村经济社会发展。但这些措施没有从根本上解决“三农”问题，国家的投入主要集中在城市，农村支持城市的格局基本没有改变。农民不仅在国家存量福利中享受的很少，而且连在国家增量福利中应有的部分也无法享受，出现了没有“国民待遇”的国民。其症结从国家层面上看，主要是由于工农关系、城乡关系没有得到根本调整，城乡分割的二元体制没有彻底打破，国家在城乡公共资源分配上存在的巨大差距，使农村难以得到城市文明和工业文明的辐射带动。从地方层面上看，主要是地方政府财政投入能力差，公共管理、公共福利在农村缺失。农村管理方式多采用行政命令，农业产业发展、村镇规划管理、民主法制等建设严重滞后。从农民层面上看，农民由于自身现代文化元素的缺乏，缺少接受先进生产方式的机会，致使思想观念比较落后，就业能力不强，增收渠道比较窄，生产发展水平比较低。因此，以建设社会主义新农村为契机，科学确定农业产业发展方向，用现代物质条件装备农业，用现代科学技术改造传统农业；转变农业增长方式，以现代产业体系提升农业；通过培养新型农民发展农业，提高农村区域产业素质、效益和竞争力成为一项长期的艰巨任务。建设社会主义新农村，特别是加快民族地区的新农村建设在当前具有重要的现实意义。

首先，建设社会主义新农村是贯彻落实科学发展观的重大举措。科学发展观的一个重要内容，就是经济社会的全面协调可持续发展，城乡协调发展是其重要的组成部分。全面落实科学发展观，必须保证占人口绝大多数的农民参与发展进程、共享发展成果。如果忽视农民群众的愿望和切身利益，会使农村经济社会发展长期滞后，发展就不可能是全面协调可持续的，科学发展观就无法落实。

其次，建设社会主义新农村是确保我国整体推进现代化建设的必然要求。国际经验表明，工农城乡之间的协调发展，是现代化建设成功的前提。一些国家较好地处理了工农城乡关系，经济社会得到了迅速发展，较快地迈进了现代化国家行列。也有一些国家没有处理好工农城乡关系，导致农村长期落后，致使整个国家经济停滞甚至倒退，现代化进程严重受阻。深刻汲取国外正反两方面的经验教训，把农村纳入整个现代化进程，使社会主义新农村建设与工业化、城镇化同步推进，让亿万农民共享现代化的成果，走具有中国特色的工业与农业协调发展、城市与农村共同繁荣的现代化道路是当前必然的选择。

再次，新农村建设将改变城乡二元经济结构，形成工农之间和城乡之间的良性互动。改革开放以来，我国工业生产获得长足发展，现代化水平不断提高，但农村经济和农业生产发展严重滞后，二元经济结构没有根本改变，城乡差距进一步拉大，农村经济的长期落后，已经成为制约我国经济发展的一大因素。另一方面，多年来工业经济的高速发展积累了大量的生产能力，而城市市场已相对饱和，使得工业生产能力与市场消化能力相比，形成相对过剩。新农村建设无疑将推动我国农村经济有一个大发展，并且将是一次全面升级换代的大发展。农村集中了我国数量最多、潜力最大的消费群体，是我国经济增长最可靠、最持久的动力源泉。通过推进社会主义新农村建设，可以加快农村经济发展，增加农民收入，使亿万农民的潜在购买意愿转化为巨大的现实消费需求，拉动整个经济的持续增长。特别是通过加强农村道路、住房、能源、水利、通信等建设，既可以改善农民的生产生活条件和消费环境，又可以消化当前部分行业的过剩生产能力，促进相关产业的发展。在此过程中，必将为工业投资品及消费品创造巨大的市场空间，由此，城乡经济将进入良性互动的循环之中。

最后，建设社会主义新农村是全面建设小康社会的重点任务，是构建社会主义和谐社会的重要基础。一方面，小康社会是惠及十几亿人口的小康社会，其建设的重点和难点在农村。改革开放以来，我国城市面貌发生了巨大变化，但大部分农村地区变化相对较小。另一方面，社会和谐离不开广大农村的社会和谐。当前，我国农村社会关系总体是健康、稳定的，但也存在一些不容忽视的矛盾和问题。通过推进社会主义新农村建设，加快农村经济社会发展，有利于更好地维护农民群众的合法权益，缓解农村的社会矛盾，减少农村不稳定因素，为构建社会主义和谐社会打下坚实基础。

综上所述，当前“城乡统筹、工业反哺农业、城市支持农村”已成为新农村建设中全社会的共识。“生产发展、生活宽裕、乡风文明、村容整洁、管理民主”已成为新农村建设的宏观目标。由此看，社会主义新农村建设体现了经济建设、政治建设、文化建设、社会建设的四位一体。它不但继承了以往国家在处理城乡关系、解决“三农”问题方面的政策内容，而且还赋予其新时期的建设内涵，最终目标是要把农村建设成为经济繁荣、设施完善、环境优美、文明和谐的社会主义新农村。

社会主义新农村建设具有丰富的思想内涵，总体来看，一是要将产业发展形成新格局作为建设社会主义新农村的首要任务。要加快建设现代农业，繁荣农村经济，提高农村生产力水平。二是要将农民生活提高到一个新层次作为建设社会主义新农村的根本目标。要千方百计增加农民收入，改善农民消费结构，提高农民生活水平和生活质量。三是要将倡导乡风民俗的新风尚作为建设社会主义新农村的重要内容。要加强农村精神文明建设，发展农村社会事业，培养造就新型农民。四是要将乡村面貌呈现新变化作为建设社会主义新农村的关键环节。搞好乡村建设规划，增加农村公共产品供给，加强农村基础设施建设，改善农村人居环境。五是要将健全乡村治理新机制作为建设社会主义新农村的有力保障。要深化农村各项改革，加强基层民主和基层组织建设。

但是，由于我国农村各地区的经济发展水平相差较大，生产、生活和资源禀赋、生态条件不尽一致，因此建设社会主义新农村，必须因地制宜，实事求是。树立和落实科学发展观与城乡和谐观。从甘肃省乃至我国目前发展面临的主要问题和矛盾来看，欠发达地区的新农村建设无疑将成为难点和关键点。欠发达地区新农村建设的质量和速度直接关系到我国城乡统筹发展目标的真正实现，其建设的“木桶效应”十分明显。对于经济落后、条件艰苦的甘肃民族地区来说，努力改善农村生产生活条件，增加农民收入，提高农民生活质量，促使农村整体面貌出现实质性改观已成为当前最为紧迫的重要任务。

本章正是以当前新农村建设这一重大历史任务为背景，立足甘肃民族地区的具体情况，通过对甘肃民族地区进行新农村建设所面临问题的科学判断和把握，探讨甘肃民族地区新农村建设的有效模式和最佳路径，比如甘肃民族地区新农村建设与农民收入提高问题，产业组织培育和产业合作问题，生产和生活结构调整问题，富裕劳动力合理分流问题，农村教育、卫生、文化等事业发展的支持问题，乡村公共产品提供问题，生态和谐问题，新农村建设中的各级政府引导支持问题等。可以认为，对甘肃民族地区来说，新农村建设不仅仅是一个如何建设的问题，更是一个优化、调整和提高的发展问题；是一个欠发达区域在发展中如何优化资源配置，进而有利于其参与市场竞争、形成良好发展机制的问题；是新型合作经济组织建设及其与乡村政治、文化类组织资源有效整合的问题。

第一节　新农村建设的基本理论和实践

一、马克思、恩格斯与《法德农民问题》

马克思恩格斯历来十分重视和关注农民问题。1894 年 11 月，恩格斯发表了《法德农民问题》一文，全面、系统地阐述了农民问题上的马克思主义理论，第一次提出并论证了对农业实行社会主义改造的思想。对小农的分析是《法德农民问题》

文的重点所在，也是马克思主义对农民问题进行分析研究中不可多得的经典之作。

1.《法德农民问题》的主要思想

首先，恩格斯研究了德国农村居民的分布状况和阶级划分，他认为，农民是划分为不同阶层的，在所有的农民当中，小农“这一类型是最重要的，只要我们搞清楚了我们对小农应有的态度，我们便有了确定我们对待农村居民其他组成部分的态度的一切立足点”。① 其次，由于小农的经济地位，落后的思想意识以及长期与世隔绝的农村生活，使小农养成了自私狭隘的偏见。因此恩格斯提出无产阶级对待小农的两条原则：第一，虽然小农的灭亡是必然的，但我们无论如何不能加以干预，加速其灭亡；第二，“当我们掌握了国家权力的时候，我们绝对不会用暴力去剥夺小农，像我们将不得不如此对待大土地占有者那样”。② 恩格斯的这一科学论断，是根据对小农特点的分析以及从建立和巩固工农联盟的利益出发的，是无产阶级政党必须遵循的革命原则。最后，恩格斯论述了无产阶级取得政权后，对小农进行社会主义改造的方针和政策。他说：“我们对于小农的任务，首先是把他们的私人生产和私人占有变为合作社的生产和占有，但不是采用暴力，而是通过示范和为此提供社会帮助。”③

在这里，恩格斯不仅指明了改造小农的根本道路在于合作化，而且明确提出了在合作化过程中必须遵循的若干原则：

（1）要坚持自愿原则。恩格斯反复强调绝不能对农民使用暴力手段，强迫农民入社，而应当通过宣传教育，使农民懂得合作社的好处，明白合作化道路是他们得救的途径，使得他们在自

① 《马克思恩格斯选集》（第四卷），298页，北京，人民出版社，1975。
② 同①，308页。
③ 同①，310页。

觉的基础上自愿地参加合作社。“如果他们还不能下决心，那就甚至给他们一些时间，让他们在自己的小块土地上考虑这个问题。”①

（2）要坚持示范原则。必须通过典型示范，积极引导农民走合作化的道路。小农的阶级特点，决定了他们最讲求实效。在他们还没有亲眼看到和尝到社会主义大规模生产的好处之前，不管你说得多么好听，也不会让他们轻易相信。因此，只有经过典型示范，逐步推广，才能不违背小农的意志，实现生产关系的变革。

（3）要坚持由低级向高级发展的原则。恩格斯预见到合作社从低级形式向高级形式发展的必然性。他指出：必须“逐渐把农民合作社转变为更高级的形式，使整个合作社及其个别社员权利和义务跟整个社会其他部分的权利和义务处于平等的地位”。② 这就展望了农业合作社发展的前景。

（4）要坚持国家帮助的原则。恩格斯强调，国家必须在物质和财政上对合作社进行帮助。为了农民的利益，必须牺牲社会资金，这并不是白费金钱，而是必需的投资。因为这种物质牺牲可能使花在整个社会改造上的费用节省十分之九。国家对合作社的援助，不仅是金钱，而且还应当有必需的产品，比如机器、人工、肥料等等，只有国家的大力资助，才能进一步发挥好合作社的优越性。

2.《法德农民问题》给新农村建设的启示

《法德农民问题》中关于农民问题的分析，至少给我们在新农村建设中有以下几点启示：

（1）新农村建设要按照经济规律和社会发展规律来进行，

① 《马克思恩格斯选集》（第四卷），311页，北京，人民出版社，1975。

② 同①，310页。

在方法上决不能搞强制命令，而是要通过示范和国家帮助来进行。农民是现实主义者，在他们还没有认识到新农村建设的意义和巨大收益时，必须善于等待和积极做工作，切勿操之过急。纵观我国建国以来农业、农村和农民发展的历史，我们党在土地改革之后，用不到几年的工夫，就把广大小农引向社会主义道路，完成具有伟大历史意义的农业社会主义改造，这是世界历史上的伟大创举。但是，这一道路并非一帆风顺，既有成功的经验，又有失败的教训。个体劳动缺乏自愿联合的积极性，调动集体经济积极性的机制没有很好的建立起来，致使我国农业长期呈现劳动积极性低下、技术停滞、经济增长缓慢的疲软状态。直到改革开放后，制定了发展农业的两个决议，让农民休养生息，把生产资料（土地）的集体所有制同劳动者的个体经营形式结合起来，从而充分调动了 9 亿农民的社会主义积极性，促进了农业生产的发展，农村经济体制改革取得了显著的成效。

（2）小农经济是一种小生产经济，无论在资本主义制度下，还是在社会主义制度下，它都是一种落后的经济形式，是一种旧的生产方式的残余。因此，在现代大生产中它必然要趋于灭亡。我国现阶段仍处在社会主义初级阶段，“非公有制经济是我国社会主义市场经济的重要组成部分”。① 而一定范围内的个体小农经济无疑是社会主义市场经济的重要组成部分。但是我们还要看到，目前我国的农业经济仍是以个体经营为主，在生产过程中往往经受不住外界的冲击，显得十分脆弱。随着我国生产力水平的逐步提高，目前存在的小农经济形式必然要随之改变，新农村建设正是基于这一构想被提上了议事日程。

恩格斯阐述的农业合作经济具有不同的形式和思想，对于正

---

① 江泽民：《高举邓小平理论伟大旗帜，把建设有中国特色社会主义全面推向二十一世纪》，载《人民日报》，1997 年 9 月 22 日第 2 版。

确认识我国新农村建设中实行各种形式的经济合作具有重要的指导意义。新农村建设如同社会主义社会一样，不存在一个固定的模式，它要受历史条件、生产力水平、民族传统等诸多因素的影响。由于我国地区发展不平衡，生产力具有多层次的特点，这就决定了我国农村经济的经济形式也不可能是单一的，在不同地区、不同发展状态，会呈现出具有不同特点的多样性来。

二、列宁对俄国“三农”问题的研究

列宁从俄国革命的实际出发，对农民和农村问题格外关注。俄国十月革命前，村社是社会经济制度的一个重要特点，是俄国传统文化的一个重要组成部分。村社成员集中居住，土地公有并定期重分。传统观点把俄国的村社看成原始公社的遗存和发展。俄国农业一直是“传统农民的家庭自然经济和现代化庄园孤岛的结合”。①

列宁在论及俄国农业发展的道路问题时曾指出，俄国农业改造可能存在两条道路：一条是“普鲁士道路”，即由地主经济缓慢地从农奴制经济转变为资本主义经济。在这种情况下，地主在农业中起主导作用，农民群众则基本要在几十年里遭受最痛苦的剥削和奴役，同时分离出一部分“大农”。这条道路造成农村的两极分化，必然导致村社的崩溃和灭绝。另一条是“美国式道路”，即用革命手段摧毁地主经济，摧毁农奴制残余，在此基础上发展以自由小农经济为基础的农场。列宁在《俄国资本主义的发展》中运用大量材料说明农村的分化和农业资本主义的发展是现实存在的，是俄国农业改革和发展的组成部分。列宁认为：“与我国近半个世纪来流行的理论相反，俄国村社农民是资

① Shanm. T：*The Awkward Class*：*Political Sociology of Peasantry in a Developing Society*. Russia 1910 —1925. Ox－ford. 1972. P174.

本主义最牢固的基础，其所以是最牢固的，是因为农业，特别是农民受习俗传统的压制，受宗法或生活方式传统的压制非常厉害，因此，资本主义的改造作用（生产力的发展，一切社会关系的改变等等）在这里是极其缓慢和逐渐地出现的。”①

列宁强调了废除小块土地所有制和发展大规模经济对于消灭城乡对立的重大意义。他在《国家与革命》一文中将“消灭城乡对立问题”列为“意义深远的问题之一”。列宁认为：“苏维埃政权在完全废除了土地私有制之后，已着手实现一系列旨在组织大规模的社会主义农业的办法。”“由国家组织农艺人才来大力提高农业技术。”另外，列宁在确定农业改造的基本原则时，把小农向社会主义经营过渡的自愿原则提到了首位。

列宁认为农民是一个特殊的阶级：既是劳动者、农业中的小生产者，又是私有者、半投机者。在俄国革命和社会主义建设过程中，列宁对农民问题的认识是随着实践的变化而变化的。通过不同时期不同的农民政策以及农民对革命和建设的不同态度，列宁总结了关于农民问题的经验和教训，认识到生产关系一定要适应生产力的发展，千万不能剥夺农民，科学地解决农民问题是革命和建设中不可缺少的任务。列宁临终前口授的《给代表大会的信》认为，党和国家未来稳定性的威胁主要来自两方面：一是工农联盟的破裂，二是党的分裂。苏联20世纪80年代的历史证明，社会主义并没有提供工农联盟的必然条件，如果不加重视，忽视农民利益，工农联盟的破裂一样不可避免。

列宁多次指出，实行新经济政策的一个重要目的，是为了保持和巩固工农联盟。新经济政策是指1921年到1928底期间俄共（布）实行的经济政策的总称。新经济政策的形成，是列宁将马克思主义的一般原理和俄国具体实际有机结合起来的结果。由于

---

① 《列宁全集》（第三卷），146页，北京，人民出版社，1984。

符合俄国国情，新经济政策的实施取得了巨大成功。邓小平同志也对此作了充分肯定，他说：“社会主义究竟是个什么样子，苏联搞了许多年，也没有完全搞清楚。可能列宁的思路比较好，搞了个新经济政策，但是后来苏联的模式僵化了。”① 列宁实行新经济政策的一个重要原因，是为了尊重占俄国居民大多数的农民的经济利益和要求。农村建设必须尊重广大群众的利益和要求，这是因为：社会主义革命和建设的目的是要解放无产阶级，解放全人类，为群众谋利益乃是其题中应有之意。只有尊重群众，尊重广大群众的利益和要求，才能调动人民群众参加社会主义革命和建设的积极性，社会主义革命和建设也才能取得胜利。新经济政策是一条在实践中不断探索，不断创新中形成的社会主义建设道路。建设社会主义新农村也必须在实践中不断探索包括新农村建设的物质文明、政治文明和精神文明在内的各种社会主义建设方法；在探索过程当中，既要力求决策科学，又要鼓励大胆试验，勇于创新，及时总结经验和教训，在实践中不断将新农村建设特别是民族地区的新农村建设推向前进。

三、中国新农村建设的理论和实践

在中国思想宝库中，农村建设思想不仅源远流长，而且异常丰富，重视农村的理念由来已久。从我国近一个世纪对农村、农业和农民的研究主题和内容来看，既有探索中国农村现代化道路，揭示乡土社会特性的研究；又有深入关注改革开放后中国农村在政治、经济、文化、教育等各方面出现的具体问题的研究。这些问题涉及农村土地制度变迁、乡镇企业、农村教育、农村人口流动、城镇建设、农村社会的分层和整合、农村社会保障、农民心理变迁、农村传统文化、农村政治稳定与发展等各个方面。

① 《邓小平文选》（第三卷），139页，北京，人民出版社，1993。

（一）近现代以来中国的乡村建设理论与实践

我国历史上的乡村建设可以用“曾经一时的轰轰烈烈”来形容，在一系列的实验性活动中，出现了一大批为我们今天所熟知的乡村建设实践活动者，其中包括梁漱溟、晏阳初、陶行知、高阳、黄炎培、卢作孚等人。

1. 梁漱溟的乡村建设理论与实践

20 世纪 20 年代末 30 年代初，梁漱溟在山东邹平搞起了颇具声势和规模的乡村建设运动。他认为，中国农村占据了广大地区，只要农村建立了新的组织，全国新的社会组织就会建立起来。所以解决中国问题必须从乡村入手，以乡村人自身的力量为主，关键在于使政治重心和经济重心都根植于乡村组织和构造之上。在农业发展的路向设计上，他认为应该有农业引发工业，最终在中国实现现代化。在农业发展的路经选择上，他认为应去除农业发展的障碍，包括治安问题、运输问题、农民负担问题、灾害问题等。

乡村建设运动分为两个阶段：1931—1933 年为第一阶段，此阶段的工作主要是思想动员和培训人员；1933—1937 年为第二阶段，即在南京国民政府和山东省政府的支持下，实现县、乡、村的行政改革和社会改进。

梁漱溟强调建立以人为本的经济组织，使得乡村建设走“合作”的道路，在这一发展过程中，一是要靠人的知识和技能，二是要靠物质的投入，最终这些作用是通过组织发挥出来的。梁漱溟在山东邹平的乡村建设的主要实验办法是：把乡村组织起来，建立乡农学校作为政教合一的机关，向农民进行安分守己的伦理道德教育，达到社会安定的目的；组织乡村自卫团体，以维护治安；在经济上组织农村合作社，以谋取“乡村文明”、“乡村都市化”，并达到全国乡村建设运动的大联合，以期改造中国。

2. 晏阳初的平民教育实验

1926年，晏阳初在组织中华平民教育促进总会的基础上，选定河北省定县为平民教育实验区，在认真进行社会调查，诊断出当时中国农村普遍存在的“愚、贫、弱、私”四大病症，然后采用学校教育、家庭教育、社会教育三大方式，来推行“文艺、生计、卫生、公民”四大教育；同时推广合作组织，创建实验类农场，传授农业科技，改良动植物品种，创办手工业和其他副业，建立医疗卫生保健制度；开展农民戏剧、诗歌、演唱等文艺活动。

晏阳初的定县实验是自下而上的学术性研究工作，不与政府发生任何关系。在实际工作中他逐渐开始注意到学术与政治的关系，把目光转向平民教育运动范围以外的政治改革问题，开始尝试自上而下的县政改革并进入建设阶段，但其改革最终因为触及地方势力的利益而宣告结束。

3. 卢作孚的乡村建设经验

卢作孚在重庆北碚进行的乡村建设实验，采取了与梁漱溟、晏阳初等乡村建设实验全然不同的方式，即不是以开展农村教育或乡村体制改革为主的方式，而是以“乡村现代化”为其建设宗旨，采取以经济建设为中心，以交通运输为先行，以乡村城市化为辐射带动，以文化教育为重点的方式。这体现了他由“教育救国”到“实业救国”的思想转变。

卢作孚采取的措施包括：首先，因地制宜，充分利用地方资源和自然环境优势；其次，借助自己身为地方行政长官的权力，引进资金和广泛招揽政界、商界、知识界人才以及地方民众的力量致力于经济建设。他在乡村建设实验中，全力建设经济基础；以整顿治安为保障，农工业生产为基础，综合文教事业和环境建设，整体建设农村社区。

4. 费孝通对中国农村建设问题的研究

费孝通是我国著名的社会学家，其所著的《江村经济》对中国农村问题的分析视角独到，入木三分，成为研究中国农村问题的经典著作。

费孝通认为，中国农村要走向复兴，必须走农村工业化之路。早在20世纪30年代，他就提出一个极富创造性的观点：以恢复农村企业，增加农民收入来解决中国的农村和土地问题。他认为，以城市工业文明为中心，建立资本主义大农业，走西方道路不行；排斥和贬低城市工业文明，以农立国，进行乡村的自我改造，仍走古代东方中国的道路也不行。以后的50多年时间里，他曾经九访江村，认为“中国农村的真正问题是人民的饥饿问题”。[①] 1957年重访江村，在为期20天的调查中，他发现农业生产合作社虽然使农业增产，但农民的收入并未显著增加，其重要原因就是传统的工业减少。村里原有的一个小工厂在战争期间被拆平。因此他认为，许多轻工业并不一定都要集中于少数都市，有些工厂放到原料产地，不仅成本低，而且可以促进农业技术的改造，从而实现工农互相促进。1981年三访江村，发现尽管江村的农业产量有了大幅度增加，但是同时人口也出现了激增，造成人均农产品占有仍然较低。他指出，“在人口这样众多的国家，多种多样的企业不应都集中在少数都市里，而应尽可能分散到广大农村去”，[②] 原因有二：一是大批农业劳动力流向城市，由于中国城市工业不发达，难以容纳众多乡村人口，所以是不现实的；二是大量劳动力流出，势必造成乡村衰退乃至遗弃。因此，发展乡村工业是最有效的出路。

1985年，他提出“草根工业”这一概念，认为“社队工业的这种强盛的生命力和普遍的适应性，使人不能不联想到那野火

---

① 费孝通：《江村经济——中国农民的生活》，200页，南京，江苏人民出版社，1986。

② 《费孝通选集》，238页，天津，天津人民出版社，1988。

烧不尽，春风吹又生的小草，草根深深地扎在泥土之中，一有条件它就发芽，就蓬蓬勃勃地生长。这种社队工业，可以称作草根工业”。他认为这种生长于农村社会内部的“草根工业”，作为一种力量，实现了农业由小农经济向规模经济的过渡。而“在农民接受工业的同时，工业也在接受农民，影响农业，改变农村的面貌”。费孝通认为，仅仅实行土地改革，平均地权并不能最终解决中国农村问题，最终解决这一问题的办法“不在于紧缩农民开支，而应该增加农民收入”，所以“恢复农村企业是最根本的措施”。而通过草根工业，可以促使农业向规模经济发展，工农并举，作为社区政治、经济和文化中心的小城镇应运而生，传统的农民将转变为接受现代工业文明的新型农民，传统的农业社区将转变为城乡一体、工农一体的现代社区，中国的农村因此以独特的方式和道路走向现代化。

总体说来，梁漱溟等人的乡村建设理论和实践是从整个中国发展的宏观角度看待乡土重建，因而赋予其以更多的政治文化意义。乡村建设实验的重要经验在于强调并开创了一条政府支持、学界指导、农民参与的乡村建设之路。其基本思路仍然是改良思想的体现，即以农村作为社会的基础，通过教育的改革与深化实现农民素质的提高，实现农村内在的发展，进而带动中国整体的前行。在乡村建设的过程中，教育是必不可少的方式，并且建设必将是一个长期的过程，需要逐渐分阶段努力，不能一蹴而就。同时，乡村建设的关键是通过调动与引入机制实现农民自身的发展，培养乡村自己的组织力量。

需要注意的是，乡村建设运动过多地强调文化改造的作用以及政权的建设，而将乡村建设转化为政治运动。费孝通则主要是从乡村经济社会转型角度认识问题，因而赋予其更多的经济意义。农村建设中的行政方式、文化方式、经济方式三因素相辅相成，不可或缺。农村建设的三因素，忽略任何一个方面则不成其为真正的农村建设。以生产力提高为目的，以发展经济为中心，配合文化素质的提升与民主建设、科学管理的乡村统一发展才是可行之策。

（二）毛泽东思想与社会主义新农村建设

在长期的革命和建设的实践中，毛泽东作为党的第一代领导集体的核心，对农业、农村和农民问题尤为重视。毛泽东一直把对“三农”问题的解决作为中国革命和建设事业的一个突破口，从而为实现马克思主义和中国实际相结合的第一次历史性飞跃打下了坚实的基础。对农民和农村问题的科学分析，是毛泽东对马克思列宁主义最具特色、最具创造性的贡献之一。

1. 民主主义革命时期毛泽东对农民问题和中国农村国情的分析与研究

毛泽东从近代中国的国情出发，通过对中国社会各阶级的调查和分析，明确提出了农民问题是民主革命的中心问题，正如毛泽东在《新民主主义论》一文中讲的那样：“中国有百分之八十的人口是农民，因此农民问题，就成了中国革命的基本问题，农民的力量，是中国革命的主要力量。”① 毛泽东在《中国社会各阶级的分析》、《中国农民中各阶级的分析及其反抗运动》、《湖南农民运动考察报告》等文章中，不仅明确地提出了农民问题是国民革命的中心问题，农民阶级是中国革命的主力军的思想，而且对农民中所蕴藏的革命性进行了论述。可以说，在当时还没有人能像毛泽东那样来精辟的阐述农民问题的极端重要性。经过土地革命战争和抗日战争，毛泽东通过实践逐步确立了在无产阶级领导下，主要依靠农民的力量夺取中国革命胜利的重要思想，即明确了农民是中国革命的主力军的思想。毛泽东对农民是中国革命主力军的思想作出了完整的表达：“中国的贫农，连同雇农

① 《毛泽东选集》，第二卷，692页，北京，人民出版社，1991。

在内，约占农村人口百分之七十。贫农是没有土地或土地不足的广大的农民群众，是农村中的半无产阶级，是中国革命的最广大的动力，是无产阶级的天然的和最可靠的同盟者，是中国革命队伍的主力军。”① 可见，毛泽东在中国革命中把农民阶级作为无产阶级最可靠的同盟军、中国革命的主力军的思想是十分明确的。

民主革命的基本问题是农民问题，而农民问题的核心则是土地问题。特别是当党把工作重心转移到农村，走农村包围城市，最后夺取政权的革命道路后，如何调动农民参加革命的积极性，依靠农民建立革命武装和革命根据地，则成为中国共产党人亟待解决的一个问题。以毛泽东为首的中国共产党人，把解决农民的土地问题作为解决农民问题的中心工作来抓，成功地解决了这一问题，并在土地改革的伟大实践中逐步完善了解决农民土地问题的方针和路线。基本形成了“依靠贫农，联合中农，限制富农，消灭地主阶级，变封建的土地所有制为农民土地所有制”的土地革命路线，使土地改革得以顺利进行。

抗战时期，为建立抗日民族统一战线，毛泽东提出“共产党愿意停止使用暴力没收地主土地的政策”，② 以实行减租减息为基本内容的土地政策。抗战结束后，针对农村中地主与农民的矛盾日趋尖锐，广大农民迫切要求从地主手里夺回土地，毛泽东主张“改变土地政策，由减租减息改为没收地主阶级的土地分配给农民”，③ 并制定了《中国土地法大纲》，规定“在消灭封建性和半封建性剥削的土地制度、实行耕者有其田的土地制度的原则下，按人口平均分配土地”。④ 毛泽东提出的新民主主义革

① 《毛泽东选集》，第二卷，643页，北京，人民出版社，1991。
② 《毛泽东选集》，第一卷，260页，北京，人民出版社，1991。
③ 《毛泽东选集》，第四卷，1250页，北京，人民出版社，1991。
④ 同③。

命的三大经济纲领中，其中第一项就是“没收封建阶级的土地归农民所有”。至此，中国共产党人的土地路线已日臻成熟。

可以看出，以毛泽东为首的中国共产党人，对农民、农村和农业问题的解决是十分重视的，其方法也是不断创新、逐渐完善并符合实际的。毛泽东把对农民、农村问题的解决和中国革命的发展道路结合起来，最终探索出了一条适合中国国情的，农村包围城市，最后夺取政权的新民主主义革命的发展道路。历史证明，毛泽东首创的关于农村包围城市，最后夺取政权的革命道路，符合中国的国情和中国革命战争发展的规律，特别是把农村作为中国革命的中心，在无产阶级领导下，依靠农民阶级来建立革命根据地、开展土地革命、发展人民武装力量的思想，是对马克思列宁主义的重大发展，成为马克思主义和中国实际相结合而形成的第一次历史性飞跃的重要成果之一。

2. 新中国成立后毛泽东对如何建设社会主义农村的分析和论述

新中国成立后，根据我国的国情，毛泽东从发展国民经济和巩固政权的高度，在总结了国内外建设社会主义经验的基础上，明确强调要重视农民和农村问题，并提出了“农业是国民经济的基础”，变革农村社会生产关系，促进农业生产力的解放与发展，保证国家经济的发展和政权的巩固以及按农、轻、重为序来发展国民经济的战略思想。毛泽东一贯要求全党要以农业大国、人口大国这样的基本国情作为思考问题、制定政策、安排计划、发展国民经济的基本出发点。1957 年，毛泽东在《关于正确处理人民内部矛盾的问题》一文中明确指出：我国有五亿多农业人口，农民的情况如何，对于我国经济发展和政权巩固，关系极大。毛泽东告诫：全党一定要重视农业，农业关系国计民生极大。要注意，不抓粮食很危险，不抓粮食，总有一天要天下大乱。毛泽东在《论十大关系》中论述重工业和轻工业、农业的关系时指出，重工业是我国建设的重点，但是绝不可以因此忽视生活资料尤其是粮食的生产。如果没有足够的粮食和其他生活必需品，首先就不能养活工人，还谈什么发展重工业？因此，他提出要适当地调整重工业和农业、轻工业的投资比例，更多地发展农业、轻工业。1960 年毛泽东进一步指出，农业是国民经济的基础，粮食是基础的基础，加强农业战线是全党长期的首要的任务，发展国民经济要“以农业为基础，以工业为主导”的方针。在农业的发展步骤和方向上，提出了先搞合作化，后搞机械化，逐步实现农业的现代化的思想。毛泽东从理论和实践上，初步解决了我国农业发展的步骤和方向问题。不仅丰富和发展了马克思主义关于农业为基础的思想，而且更具有中国特色。

新中国成立初期，针对我国小农经济普遍存在，不利于国民经济的发展的问题，毛泽东及时提出了对小农经济进行社会主义的改造。按照自愿互利原则，号召农民成立具有某些社会主义萌芽的互助性的组织，在此基础上以土地入股和统一经营为特点，组织起半社会主义性质的农业生产合作社，最终组织起大型化的社会主义性质的农业生产合作社。在这一思想指导下，我国成功地对个体和小农经济进行了社会主义改造，并在农村建立和发展了社会主义集体所有制合作经济和实行按劳分配的制度。可以说，农业和农村社会主义集体经济模式的确立，极大地促进了农业生产条件的改善和农业生产力的提高，使我国原有落后的生产方式和传统农业得到了根本性改造，并能与新的生产关系相适应。

由此可知，毛泽东关于农民和农村问题的一系列基本观点和思想，对中国革命和建设具有重大的理论和实践意义。虽然在建国后毛泽东在农业生产上犯过急躁、冒进的错误，给农业生产也造成了不可估量的损失，但是，从整体来看，其主要观点和思想始终贯穿着我党一切从实际出发，解放思想、实事求是的思想路线，而这也正是毛泽东思想的灵魂之所在。正如毛泽东思想的形成一样，毛泽东的农村建设观与改造观，从中国的国情出发，既是在实践中总结出来的，也是在反对教条主义的斗争中形成的，是马列主义关于农民的经典理论与中国革命和建设实际相结合的重大理论成果。同时，它也为邓小平建设有中国特色的社会主义农民观的形成提供了直接的思想材料和思想基础。

（三）邓小平与建设社会主义新农村的思想

1. 邓小平建设有中国特色社会主义农村思想产生的历史背景

第二次世界大战后，在西方发展经济学的影响下，大多数第三世界国家走上了片面发展工业、发展城市，而忽视农业和农村发展的畸形发展道路，结果使这些国家的经济发展和现代化误入歧途，陷入了严重的困境。广大农村出现了生产停滞、食物短缺、缺医少药、文盲众多、贫困依旧的景象。与此同时，中国等社会主义道路的国家经济发展也遭受了严重挫折。由于缺乏合乎实际的理论指导，在经济发展战略上，只能照搬苏联的“重工业优先发展、农业集体化经营”的模式，结果使工农业之间以及整个城乡经济之间的发展失衡，传统社会的二元经济结构不但没有被突破，反而在计划经济体制下不断强化，农村长期处于贫困状态。

党的十一届三中全会以后，在邓小平的倡导下，广大农民先是搞家庭联产承包制，接着是发展乡镇企业，搞多种经营，发展外向型经济，跨区域流动，建设小城镇。伟大的实践呼唤着相应的农村改革和发展理论。党的十一届三中全会以后，邓小平总结历史经验教训，把建设社会主义新农村的探索推向了新的阶段，并在此过程中逐渐形成了完整的建设社会主义新农村的理论体系。

2. 邓小平关于建设社会主义新农村的主要理论思想

虽然邓小平对于建设社会主义新农村问题没有完整的论述，但从他一系列讲话以及他所主持通过的党和国家的一系列方针、政策中，我们可以领略邓小平关于建设社会主义新农村思想的基本框架。

（1）以粮食生产为核心。在如何建设社会主义新农村这一问题上，首先要确定一个核心。对此，邓小平反复强调，粮食是重中之重，任何时候都不能忽视粮食生产。在改革开放之初，邓小平就提出粮食生产是一个战略问题，把粮食生产作为发展农业和建设社会主义新农村的根本。中国是世界人口大国，必须独立自主地解决粮食问题。邓小平所说，在一个农村人口占绝对多数的国家里，不解决广大农民的温饱问题，也就是没有解决全国人民的温饱问题。如果离开了这个核心，建设社会主义新农村就成了一句空话。

（2）以发展社会主义集体经济为总方向，实现两个飞跃。搞农村改革坚持什么方向的问题，是关系到我们国家和人民的前途与命运的根本性、全局性的大问题。邓小平说："我们总的方向是发展集体经济。"① 他指出，只有坚持在农村发展集体经济，引导农民坚持社会主义公有制，我国农村才会走上共同富裕的道路。"中国社会主义农业的改革和发展，从长远的观点看，要有两个飞跃。第一个飞跃，是废除人民公社，实行家庭联产承包为主的责任制。要长期坚持不变。第二个飞跃，是适应科学种田和生产社会化的需要，发展适度规模经营，发展集体经济。这是又一个很大的前进，当然这是很长的一个过程。"②

（3）发展农业生产力是关键。重视发展社会主义社会的生

---

① 《邓小平文选》，第二卷，315 页，北京，人民出版社，1994。
② 《邓小平文选》，第三卷，355 页，北京，人民出版社，1993。

产力是邓小平理论最显著的特色。早在50年代他就说过："共产党就是为发展社会生产力的，否则就违背了马克思主义理论。"[①]1985年他又强调指出："社会主义的任务很多，但根本一条就是发展生产力，在发展生产力的基础上体现出其优于资本主义，为实现共产主义创造物质基础。"[②]对于农村工作，邓小平指出："我们在一个长时期里忽视了发展社会主义社会的生产力。"[③]他指出，农村"关键是发展生产力，要在这方面为集体化的进一步发展创造条件"。邓小平说："马克思讲过科学技术是生产力，这是非常正确的，现在看来这样说可能不够，恐怕是第一生产力。将来农业问题的出路，最终要由生物工程来解决，要靠尖端技术。"[④]同时他指出："农业问题也要研究，最终可能是科学解决问题。科学是了不起的事情，要重视科学。"[⑤]

（4）以乡镇企业为依托、以小城镇为载体，壮大和发展农村经济。中国是一个农业大国，80%以上的人口在农村。建国以后到党的十一届三中全会之前，传统社会所固有的城乡二元结构非但没有被突破，反而在计划经济体制下被强化了，农村长期处于贫困状态。邓小平坚持实事求是的思想路线，热情地支持和鼓励农民的首创精神，推动了农村家庭联产承包制改革的进程。在邓小平认为，把农民从土地上解放出来，转移到新型的乡镇企业和新兴的城镇，是中国农村的希望所在，是农村走向现代化的必由之路。邓小平把发展乡镇企业视为建设社会主义新农村的一项骨干工程来抓。而乡镇企业的发展，必将促进小城镇的发展，加快农村的经济文化中心的建设。邓小平认为："小城镇的建设一

① 《邓小平文选》，第一卷，148页，北京，人民出版社，1994。
② 同①，137页。
③ 同①，137页。
④ 同①，275页。
⑤ 同①，313页。

定要根据财力和物力的可能，通过试点，逐步展开，注意避免盲目性，防止工业污染。城乡建设部门必须加强对小城镇建设的指导。”邓小平极富创造性地指出了我国农村必然要走以乡镇企业为依托，以小城镇为载体的农村工业化和城市化同步发展的道路。

（5）以社会主义精神文明建设为保证。社会主义精神文明在建设社会主义新农村的过程中具有十分重要的战略地位。社会主义精神文明是社会主义新农村的基本特征，也是农村进行现代化建设和改革开放健康发展的重要条件。在农村的社会主义现代化建设中，物质文明为精神文明的发展提供物质保证，精神文明又为物质文明的发展提供精神动力和智力支持，并保证其正确的发展方向。邓小平历来重视社会主义精神文明建设。他指出：我们要在建设高度物质文明的同时，提高全民族的科学文化水平，发展高尚的丰富多彩的文化生活，建设高度的社会主义精神文明。他反复强调，要一手抓物质文明，一手抓精神文明，要坚持两手抓，两手都要硬。

以上五个方面，构成了邓小平关于建设社会主义新农村思想的体系，它是有机统一、缺一不可、互相作用的。这一思想，具有很强的科学性、创造性、指导性，为我国改革开放后的农村建设和发展指明了方向。

（四）江泽民对建设有中国特色农村思想的继承和发展

以江泽民为代表的党的第三代领导集体，继承和发展了邓小平农业战略地位的思想，强调要从政治高度、从全党工作大局处理好“三农”问题。江泽民在主持中央工作13年来在不同场合发表了一系列讲话，其建设农村、改造农业、引导农民发展的思想蕴含在这些讲话和会议决定之中。以下从农业的战略地位、农村经济体制改革、科教兴农、农村市场化和产业化等四个方面予以提炼和总结。

1. 农业的战略地位

1996年，江泽民指出：“中央所以反复强调农业的特殊重要性，是从我国人多地少这个基本国情，从保持全国经济、社会稳定发展的全局性要求出发的，也是从保持和加强我国在国际竞争中独立自主地位的战略性要求考虑的。”① 工业和农业、城市和农村的协调发展，“关系我国改革、发展、稳定的全局，关系整个现代化事业的成败，关系社会主义政权的巩固。”必须采取坚决有力的措施，促进农业的发展、农民的富裕和农村社会的进步。在1994年3月中央召开的第二次农村工作会议上，江泽民指出：“搞好农业和农村工作，对贯彻中央确定的今年工作基本方针，处理好改革、发展和稳定的关系，具有举足轻重的作用。”“农村稳定了，农业的基础地位加强了，全国才能稳定，改革才能顺利进行，经济才能持续、快速、健康地发展。”江泽民指出，我国国民经济几次大上大下，都是因农业的大起大落引起的，每一个经济发展顺利的时期都以农业形势好转为前提，每一次国民经济发展困难也都首先从农业开始，每一次经济调整也总是首先加强农业。在从计划经济向市场经济过渡的过程中，更应引以为戒。江泽民认为，把农业放在发展国民经济的首位不是一个短期的方针，而是一个长期的方针，经济不发达时要坚持，经济发展了仍然要坚持。

2. 农村经济体制改革

党的十四大明确提出“我国经济体制改革的目标是建立社会主义市场经济体制”，自此以后，农村的改革就是围绕着建立社会主义市场经济体制来深入进行。1995年2月中央第三次召开农村工作会议，江泽民指出：“1993年10月到现在，不到两年时间，中央召开了三次农村工作会议。每次会议都强调农业和

① 见1996年江泽民在河南考察农业和农村工作时的讲话。

农村工作的重要地位。中央为什么反复强调这个问题？主要是因为发展社会主义市场经济是一个新课题，在发展社会主义市场经济中如何把农业搞上去也是一个新课题，需要全党同志认真研究和探索。”江泽民在总结农村经济体制改革的经验时指出：“二十年来，在党的领导下，农村发生了一系列深刻的变化：突破了高度集中的人民公社体制，实行以家庭联产承包为基础、统分结合的双层经营体制；突破了‘以粮为纲’的单一结构，发展多种经营和乡镇企业，全面活跃农村经济；突破了统购统销制度，面向市场，搞活农产品流通；突破了单一集体经济的所有制结构，形成了以公有制为主体、多种所有制经济共同发展的格局。”[①] 1998 年 9 月江泽民又指出：“深化农村经济体制改革，总的目标是建立以家庭承包经营为基础，以农业社会化服务体系、农产品市场体系和国家对农业的支持保护体系为支撑，适应发展社会主义市场经济要求的农村经济体制。”[②]

3. 科教兴农

我国农村科学技术水平落后，农民文化素质的低下，文盲半文盲数量较大，从事农业劳动的人员具有初高中文化水平的仅占15%。以江泽民为核心的第三代领导集体针对这一情况，适时提出了科教兴农战略：实行农科教结合，加强农业科学技术的研究和推广，注重人才的培养，把农业和农村经济增长转到依靠科技进步和提高劳动者素质的轨道上来。提高科技进步对农业的贡献率，为增产粮食，满足食品供应，提高农民收入，保护并改善农村生态环境等提供可靠的保证。

江泽民认为，农业的发展必须依靠两个根本性转变，这是我们的国情所决定的。必须“大力推进科教兴农，发展高产、优

① 摘自《新华月报》，1998 年第 11 期。

② 同①。

质、高效农业和节水农业”。必须大力推进农业和农村科技进步，把经济建设、社会发展真正转移到依靠科技进步和提高劳动者素质的轨道上来，走常规农业技术与高新生物技术结合的道路。加快农业发展，提高经济效益，既要增加农业投入，更要注重转变增长方式，实现农业从粗放型向集约型转变。江泽民多次指出，各级领导和广大干部要在抓好农民思想政治教育的同时，把科学技术普及作为对农民教育的重要内容，积极引导农民学习科技知识，在农村形成人人学科学、人人用科学的良好风尚；一定要利用各种形式有计划有组织地对农民开展科技培训，提高农民接受和应用农业新技术的能力。

4. 农村市场化与产业化

以江泽民为核心的第三代领导集体创造性地运用邓小平农村商品经济的思想，引导农民走向市场，提出要从农业经营体制、农村市场体系和国家对农业的支持和保护体系这几个层面上，继续深化改革。党的十五大报告中提出：“积极发展农业产业化经营，形成生产、加工、销售有机结合和相互促进的机制，推进农业向商品化、专业化、现代化转变。”江泽民指出，目前农村的市场体系还很不健全，农产品和农业生产资料产销之间的联系不够通畅，流通环节多，需要进一步改革农产品和农业生产资料的流通体制。1997年的中央农村工作会议明确提出了农产品流通体制改革的思路：按照社会主义市场经济体制的要求，坚持市场取向，确立以市场为主形成价格的机制，实行多渠道、少环节、开放式经营。同时，江泽民提出，要通过不断探索，逐步建立起有中国特色的对农业强有力的支持保护体系，并使之制度化、法律化。

此外，以江泽民为核心的党中央采取各种措施，加强对农业的保护，对农用生产资料的生产和供应予以补贴和实行优惠；实行粮食保护价制度。

（五）胡锦涛关于社会主义新农村建设的基本理论

中国农村当前的基本情况可以概括为“四个并存”，即：城市面貌日新月异与农村面貌变化不大并存；城市居民收入增长较快与农村居民收入增长较慢并存；工业生产能力过剩与农村需求不足并存；财政资金增长较快与农村资金不足并存。①

党的十六大之后，如何消除城乡二元结构并化解其深层次矛盾，如何实现城乡统筹、协调发展，如何解决日趋严重的城乡差异，促进形成农民持续有效的增收机制成为非常紧迫的课题。中央多次明确指出实现全面建设小康目标的难点和关键点在农村。从2003年开始，中央明确强调“三农”问题是国家建设的重中之重，并且连续强调了四次。党的十六届五中全会以胡锦涛为核心的党的领导集体全面阐述了新农村建设的基本思想内涵和建设要求，这是一个综合的、统管全局的新农村建设的指导思想，符合了科学发展观的内在要求。

概括起来看，以胡锦涛为总书记的党的领导集体在新时期构建的一系列比较完整的农业农村政策体系可以用五个基本来提炼：把解决“三农”问题作为全党和政府工作“重中之重”的基本要求；明确了统筹城乡发展的基本方略；作出了我国已经基本达到“以工促农，以城带乡”发展阶段的基本判断；制定了“多予、少取、放活”和“工业反哺农业，城市支持农村”的基本方针；规划了“建设社会主义新农村”的基本任务。

胡锦涛总书记2004年在党的十六届四中全会上指出，纵观一些工业化国家发展的历程，其在工业化初始阶段均存在农业支持工业、为工业提供积累的普遍性倾向；但在工业化达到相当程度以后，工业反哺农业、城市支持农村，实现工业与农业、城市

① 李炳坤：《扎实稳步推进社会主义新农村建设》，载《中国农村经济》，2005(11)，4~5页。

与农村协调发展，更是一种普遍性的倾向。

从国家总体发展程度上看，2004 年我国国内生产总值达 13 万亿元，财政收入 2.6 万亿元，人均 GDP 早已突破 1000 美元大关，已经初步具备了“工业反哺农业、城市支持农村”的经济实力。回顾过去几年，从中央到地方，围绕农民增收这一主题，通过一系列强有力的措施，直接给农民以实惠，具体措施包括：2004 年全国共安排粮食直补资金 116 亿元；全面放开了主产区的粮食购销和价格，在全国范围内形成了粮食购销市场化和经营主体多元化的格局；明确将部分土地出让金用于农业土地开发；中央财政安排专项资金，对产粮大县实行转移支付等。在这些促进措施的基础上，2004 年农民增收 6.8%、粮食增产 9%，国家进而又出台了进一步促进粮食稳定增产、农民持续增收的政策，着力建立为农民减负的长效机制。但是，回到“三农”层面来看，仍然面临着众多的问题亟待解决。据林毅夫估算，到 2020 年农村人口占总人口的比例即使降到 45%，仍会有近 7 亿人，到 2030 年这个比例下降到 30%，还有 5 亿人生活在农村。

自 2003 年农村税费改革至取消农业税，国家不仅不再向农民收取农业税费，而且给种粮农民以种子和粮食补贴。恰在 2003 年，粮价大涨，农民收入有了较大增长。但从 2004 年开始，农村重新出现卖农产品难、价格低且农民支出加大的现象。随着市场经济的影响和农民对生产生活中公共事务方面私人支出的加大，农村地区尤其是落后民族地区的农民必须面临巨大的收支压力。

简而言之，我国农村建设所面临的社会背景是城乡发展的不协调以及现实巨大的城乡差距。工业化与城市化多年后，社会、经济与文化发展的“城乡差序格局”正在逐渐显露出阻碍国家整体可持续、和谐发展的弊端，主要表现在：在生产力水平上，比较发达的工业生产力水平与比较低下的传统农业生产力水平之间的不和谐；在收入水平上，城市居民收入与农村居民收入水平差距拉大的不和谐；在生活方式上，以城市为主的工业文明与农村落后的农业文化的不和谐；在公共产品供给上，资源与服务在城市的相对富裕和在农村的极度短缺的不和谐。这些都会严重影响全面小康社会的建设与现代化的发展进程。要从根本上遏制城乡社会经济发展差距继续扩大的趋势，就必须按照统筹城乡发展的要求，加大各方面对农村发展的支持力度。在这样的背景下，中央提出建设社会主义新农村的策略无疑将对改变农村等地区的落后面貌、提高农民生活水平、缩小城乡差距、实现社会可持续发展具有重要意义。

综上所述，我国农村建设与发展的理论和实践，是对马克思主义理论的不断创新与发展，是马克思主义中国化的产物。新中国成立以来，对小农经济的社会主义改造，农业生产合作组织，家庭联产承包责任制，乡镇企业建设，科教兴农，农村市场化与产业化，农村税费改革，以工促农、以城带乡等理论和实践，以及以“生产发展、生活宽裕、乡风文明、村容整洁、管理民主”为宏观目标的社会主义新农村建设的提出，都是不断深化农村改革，逐步解决“三农”问题的重大举措。在长期的建设与发展过程中，农村经济发展取得了可喜的成绩，但城乡之间、地区之间发展不平衡的矛盾更加突出，严重制约了国家全面建设小康社会的进程。

总结我国农业和农村发展的历史经验，在社会主义新农村建设中，一定要高度重视农业的国民经济基础地位，充分认识到农业人口占70%的基本国情，特别是农村贫困人口众多的实际，实事求是，做好长远的建设和发展规划。不断总结发展中存在的问题，探索农村建设的新理论，以发展农村生产力为根本，以农村和农民富裕为目标，统筹城乡，积极实施工业反哺农业、城市支持农村的战略，转变农业增长方式，提高农村区域产业素质、效益和竞争力，培养新型农民发展农业，增加农民收入，逐步缩小城乡差距，实现农村经济、社会、文化建设的全面发展。

第二节　农业发展和农村建设的国际经验

一、韩国新村运动

韩国是我国的近邻，境内多山，耕地只占全国国土总面积的22%，平均每户只有1公顷多，人口密度很大。20世纪70年代初，韩国政府和学者们基于国情和农情，经过科学论证，组织实施了“新村运动”建设。

（一）新村运动的背景

韩国在20世纪60年代城乡居民的收入差距明显加大，1962年农户的年均收入是城市居民家庭的71%，而到1970年则下降到61%。1961年，韩国农民约占总人口的60%，其中80%居住在农村。1971年，农村人口约占总人口的54%，农业机械化程度低，农业基础薄弱，农村教育落后，农村人口中存在大量潜在失业人员。1962—1971年间，韩国实施第一二个经济发展五年计划，重点扶持工业，扩大工业产品的出口，政府主导的出口导向型经济发展战略取得了一定的成效，人均GDP从1960年的85美元增至1970年的257美元。政府已有财力支援农业，以缩小城乡、工农、区域之间的差距。为消除贫困，从而达到富国强国的最终目的，韩国开展了新村运动，其最初的主要目的是解决农村问题，即促进农村启蒙、农村经济的发展和农村社会的进步。后来新村运动由乡村扩大到城市，变成了全国运动。

（二）新村运动的主要内容

韩国新村运动开展至今，已取得了超出预期的效果，实现了一个发展中国家跨越式、超常规发展的模式。具体阶段为：

1. 基础建设阶段（1971—1973 年）

这一阶段的目标是改善农民居住条件，由中央内务部直接领导和组织实施，建立了全国性组织“新村运动中央协议会”，形成了自上而下的全国性网络，经过基础建设阶段，初步改变了农村的生活居住条件，调动了广大农民立足家乡、建设家乡的积极性。

2. 扩散阶段（1974—1976 年）

新村运动迅速向城镇扩散，成为全国性的现代化建设活动，新村建设的重点从改善农民居住生活条件发展为居住环境和生活质量的改善与提高，具体措施包括修建村民会馆和自来水设施、生产公用设施，新建住房，发展多种经营。在这一阶段，农民收入大幅度提高，农业实现了连年丰收。与此同时，政府对新村指导员、国家各级公务员、社会各界负责人分批进行新村教育，动员理工科大学和科研院所的教师、科技人员轮流到农村巡回讲授并推广科技文化知识和技术。

3. 充实和提高阶段（1977—1980 年）

随着城乡差距的逐步缩小，政府推进新村运动的工作重点放在鼓励发展畜牧业、农产品加工业和特产农业上，积极推动农村保险业的发展。同时，为推动农村文化的建设与发展，为广大农村提供各种建材，支援农村的文化住宅和农工开发区建设。由于受到国内政局动荡和批评责难的影响，新村运动从政府主导的“下乡式运动”转变为民间自发，更加注重活动内涵、发展规律和有社会实效的群众活动。

4. 国民自发运动阶段（1981—1988 年）

在这一阶段，政府建立和完善全国性新村运动民间组织，培训和信息、宣传工作改由民间组织承担。政府只是通过制定规划、协调、服务，以及提供一些财政、物质、技术方面的支持来继续对新村运动产生影响，新村运动的重点也逐渐转为调整农业结构，进一步发展多种经营，大力发展农村金融业、流通业，改善农村生活环境和文化环境，继续提高农民收入等。农村居民普遍认为，他们的经济收入和生活水平已接近城市居民的生活水准。

5. 自我发展阶段（1988 年以后）

随着韩国经济的迅速发展，繁荣气象从城市开始逐步向四周农村扩散，新村运动也带有明显的社区文明建设与经济开发特征。政府倡导全体公民自觉抵制各种社会不良现象，并致力于国民伦理道德建设、共同体意识教育和民主与法制教育。同时，积极推动城乡流通业的发展。

（三）新村运动取得的成就

新村运动在推动城乡统筹协调发展和区域平衡发展中发挥了巨大作用。1970 年韩国的农业人口为 1440 万人，农业总产值只有 77.7 万美元；1997 年农业人口减少到 450 万人，农业总产值增加到 2844.7 万美元；农业创造的增加值由 1970 年的 58.3 万美元增加到 1997 年的 2009.7 万美元。1970 年农户平均收入为 248.54 美元，1998 年达到 19897.10 美元，并在此基础上逐年稳步增加。[①] 2001 年农业人口的比重下降到 7.7%。同时，新村建设还激发了国民资助建设家乡的积极性和创造性，改变了过去的陈旧意识和观念。

① 吉林统计局：《国外新农村建设的成功经验及启示》，中国统计信息网，2006 年 07 月 31 日。

二、日本的“造村”运动

（一）农村建设的背景

日本和中国一样，属于典型的人多地少国家，耕地面积只占全部国土面积的13.6%，人均耕地面积仅0.39公顷。在20世纪50—60年代，日本经济处于高度成长时期，创造了经济增长史上的“日本奇迹”，成为仅次于美国的第二经济大国。但是，由于片面追求发展工业，引起了工农收入和城乡差距的拉大，地域间差异过大，传统的村落社会迅速崩溃，造成了农村“过疏问题”。

农村“过疏”使得日本农村地区的生活与社会基础弱化，出现了萧条凋敝景象，乡村以农业为主的生产功能愈来愈难以维持。[①] 为了有效地解决这些问题和矛盾，日本政府在1967年3月制订了“经济社会发展计划”，出台了一系列政策措施，谋求消除环境污染，达到经济产业均衡发展、缩小城乡差距，实现区域均衡发展，以适应国际化经济发展趋势。在农业及农村方面，将新农村建设置于农业及农村现代化的核心位置，强调全力推行综合农业政策。20世纪70年代末，日本政府又发起了造村运动，以振兴产业为手段，振兴逐渐衰败的农村，促进地方经济发展。[②]

（二）“造村”运动的简要过程和特点

从历史的角度看，日本的新农村建设和造村运动经历了两次大规模的建设活动，前后历经数十年，具有长期性和综合性的特点。

---

① 陈晓华：《城市化进程中乡村建设的国外经验与中国走向》，载《经济问题探索》，2005（12），17页。

② 陈磊、曲文俏：《解读日本的造村运动》，载《当代亚太》，2006（6），29页。

在新农村建设的主攻方向上，首先将提高农业经营现代化水平作为主要目标。为此，政府大量投资，继续加大农业生产和农民生活的基础设施建设力度，强化农田水利建设，大搞暗渠排灌、农用道路及农业防灾等建设。在改善生活环境方面，提出了“把农村建成具有魅力的舒畅生活空间”的目标，大力推进保护农村自然环境，改建和新建农民住宅，提高自来水及下水管道普及水平，为农民建立集会活动场所，充实学校、医疗单位。建立农村保障制度并加大扶持强度，全面缩小城乡差距。

造村运动是在新农村建设的基础上发起的，始于20世纪70年代末，也被称之为造町运动。在造村运动中，最著名的就是由平松守彦于1979年开始的“一村一品”运动。所谓“一村一品”运动，实质就是在政府引导和扶持下，以行政区和地方特色产品为基础形成的区域经济发展模式。该模式是地方（县、乡、村）根据自身的条件和优势，发展一种或几种有特色的且在一定的销售半径内名列前茅的拳头产品，以振兴“1.5次产业”。

在农村建设方面，无论是新农村建设，还是造村运动，其基础是以日本国内的农业保障为目的，通过各级政府机构与农业协会等民间组织，结合农业和工业生产促成农村多种产业形态，加快农业产业化建设，走“内源式”发展道路，提升日本农业的整体竞争力。日本的新农村建设和造村运动重视配套体系的建立，在政策上有明确的土地规划和投资体制、严格的环境保护机制和农民参与机制。

在现阶段，日本政府结合现实特点和面临的问题采取了支持农业发展的新措施：加大对山区农业发展的扶持力度，缓和地区之间发展不平衡的矛盾，提升日本农业的整体竞争力；增加培训基金支持人才能力建设；改善农业生产条件，重视农村环境建设；加快农业产业化建设，走“内源式”发展道路；维护农业保险政策框架不变，增强农业保险防灾补损的能力；改革农协组织，提高管理效率，增强服务功能。①

（三）主要成效

日本通过新农村建设与造村运动，使得以传统农村工业为基础的工业在农村发展起来，在农民人数下降的同时，兼业化程度很高，以非农业收入为主的农民占日本农民的大多数，对地区的经济结构、地方财政和居民生活产生了巨大影响。大大加快了农业与农村现代化进程，农业生产能力明显提高，农民收入水平急速上升。农业生产总值由1967年的41661亿日元增至1979年的115640亿日元，增幅高达177.6%。1979年的农户平均纯收入达到533.3万日元，比城市工薪家庭高出12.7%。②

从总体上看，日本经过二十多年的造村运动，使农村发生了巨大的变化。一是消除了城乡差别。由于日本政府注重对农村基础设施的投资，因此从生产生活的基础设施方面看，农村与城市没有任何差别。二是增加了农民收入。根据经合组织的统计，2002年日本农户的收入已经超过城市家庭，户均550万日元，相当于4.4万美元，其中非农收入在农户的比例高达86%。三是为非农产业开拓了农村市场，刺激了农村多元化的消费。日本的经济发展动力主要来自于内需，对出口的依存率一直保持在15%以下，其中的重要原因之一，是农民的富裕带动了农村强大的购买力。③

日本的新农村建设和造村运动虽然取得了巨大成效，但也存

① 陈春英：《富有特色的日本农村建设》，载《城乡建设》，2005（10），62～63页。

② 李锋传：《日本建设新农村经验及对我国的启示》，载《中国国情国力》，2006（4）。

③ 陈磊、曲文俏：《解读日本的造村运动》，载《当代亚太》，2006（6），34～35页。

在着某些不足。一是农业从业人口减少和农村老龄化的问题依然突出。尽管日本的农村和城市无论在经济上还是生活水平上已经没有明显的差别，但是农村的年轻人依然向往城市，向往城市的现代生活。农村年轻人的流失，导致农业从业人口严重不足，后继无人，其直观反映就是农业劳动力平均年龄的逐渐增大。二是耕地面积锐减，农产品自给率严重不足。1960—2000 年期间，日本耕地面积由 607 万公顷减少到 490 万公顷；粮食自给率由 80% 降到 28%。三是造村运动对生态环境有一定影响。在一个有限的自然环境与社会水准之下，要持续经济的成长是不可能的。

三、印度克拉拉邦的人民科学运动和人民计划运动

（一）农村建设背景

印度国土面积 327 万平方公里，人口近 10.5 亿，耕地约 1.2 亿公顷。是发展中的人口大国，存在着人口和资源之间高度紧张的基本国情和城乡二元结构的基本体制矛盾。印度是联邦制国家，全联邦没有明确实施过类似于我国的新农村建设计划，但印度西南角的克拉拉邦实施的人民科学运动和人民计划运动，与我国的新农村建设具有许多相同之处。克拉拉邦有人口 3300 万，农村人口占 80%，“人民计划运动”是开展了 34 年的“人民科学运动”的一个飞跃，其主要目标是邦政府增加对基层的财政拨款，让民众真正“当家做主”，改善自己的生活。

（二）基本内容及成效

印度克拉拉邦的人民科学运动和人民计划运动开始于 1962 年，至今已有四十多年的历史，大体可分为 4 个阶段：

1. 1962—1978 年，宣传发动阶段

其目标是用基层人民熟识的语言来宣传科学。先从讲学、出

版、传播科学信息的展览等开始，进而建立科学学会和开展教师培训，后来发展到对环境、发展、健康、教育等一般问题的讨论和关注。1972 年，全邦发起大讨论，质疑传统发展途径，提出另类发展新方向。1974 年，采纳了“为社会革命而科学”的口号，认为科学的目的就是为了推动社会革命。1978 年，正式更名为“人民科学运动”。

2. 1978—1986 年，科学普及和农村社区建设的试验阶段

1978 年，人民科学运动在全邦 990 个乡中的 600 个乡建立了“农村科学论坛”，并与许多团体合作，以民间艺术与街头剧场等形式作媒介，宣传科学的理念和另类的发展战略，影响了全邦所有的村。

3. 1986—1996 年，科学实践阶段

人民科学运动在社区建设中发现，社区的整体发展必须靠民众积极参与，几名积极分子所起的作用十分有限。而社区居民大多数不识字让运动的领导人头痛不已。1986 年，人民科学运动调整策略，将工作重点放到推动全民识字上，让识字的人不仅能看书读报，还培养他们的能力，以改造生存的环境。

4. 1996 年开始了克拉拉邦“人民计划运动”

其震撼之处在于：邦政府将邦财政预算 18%～20% 拨交乡、镇地方议会直接支配使用，让乡、镇议会拥有实权，让大批公务员听命于地方议会。克拉拉邦的财政预算分为经常支出和发展项目经费两大块，各占一半。

推行“人民计划运动”后，政府有限的财政资源被运用到人民最迫切的很多领域，很多生产、互助团体迅速发展，克拉拉邦的教育、医疗、卫生条件迅速得到改善。据统计，1997—1999 年间，在“人民计划运动”的推动之下，克拉拉邦兴建了 10 万间房、24 万个厕所、5 万口水井、1.7 万个公众水龙头、8000 多

公里公路，还清洗了1.6万个池塘，将30万英亩荒地改为耕地。①

（三）主要特点

印度人民科学运动和人民计划运动是由民间发起的，在相当长一段时间内政府的作用不突出，但进入人民计划运动阶段后，克拉拉邦政府重新修订了乡、镇自治法律，规定乡之下成立村自治组织，每年法定召开四次村大会；乡议会不能直接使用发展项目经费，必须由村大会提出项目方案，提交乡议会会同专家小组审批。成立专门发展民用科技的研究中心，专门研究和推广多种农村适用技术。不断尝试推动用本地原料、能源生产日常生活的必需品，减少对外来原料、产品的需求，促进本地区经济的发展。

印度人民科学运动和人民计划运动在培养民众的自信和自尊方面也有不少创新，其主要方法是为民众提供参与的舞台，让民众在参与社会生活中得到提升。它推行的社区项目，无论是水利还是土砖建筑，都不会是几名水利专家或建筑师来策划推行，而是尽可能动员全社区参与，包括商讨社区有什么需求、不同需求之间有什么矛盾差异，认识项目的目标、技术原理和可能成果，动员社区不同阶层实际参与，通过参与来学习、教育、提升。

四、美国现代农业的六大标志

1. 完善的农业立法

美国的农业立法在实施过程中具有至高无上的法律效力，保障了农业实践和农村建设的发展。美国在由传统农业向现代农业

---

① 黎光寿：《乡村建设在印度：来自“喀拉人民科学运动”的报告》，载《公益时报》，2004年03月09日。

转变的过程中，相继制定并实施了一整套农业方面的法律和法规。进入20世纪30年代以来，美国国会每5年就要修改一次农业法，以适应农业的发展。到目前为止，美国已先后制定出31个不同的农业方面的法规，对农业税收、土地使用、土地所有权、合同、信贷、生产资料供应、产品运输、加工企业和环保等作出了明确的规定。

2. 发达的农业教育

美国的每个州至少都有一所以农科为主的大学，这就将农业教育落到了实处。美国的州立大学每年都要培养和输送一大批高级农业人才充实到政府农业管理、农业教育、科研、推广机构、涉农企业等部门，有的还直接去当农场主。美国的农民绝大多数具有高中以上文化程度，并且已有一批具有学士和硕士文化程度的农民。①

3. 健全的农业科研与推广

美国农业部下设农业科研局，雇有2600多名科学家从事长短期农业研究工作，年农业科研经费约6.24亿美元。在州一级，州立大学内设有农业试验站，主要为本州的农业发展提供研究和试验，同时与联邦研究中心合作。此外，农业公司和非盈利机构也从事农业的科研与推广工作。三个层次的研究工作相互补充和完善，确保农业科研成果源源不断。

4. 充分的市场机制

美国的经济是市场经济，市场机制在农业经济发展中起着重要作用，是美国农业发展的动力。其市场化表现在：（1）土地资源市场化；（2）劳动力资源市场化；（3）农牧产品市场化。

---

① 曹俊杰、刘国华：《发展现代农业：国际经验与中国模式》，载《世界经济与政治论坛》，2004（4）。

5. 运用高新技术

为保持农业的高速发展，美国不惜代价大力组织科研攻关，在农业的高新技术领域获得了重大突破，具体表现为：（1）大力开展遗传工程研究与生物技术利用；（2）狠抓计算机与信息技术的普及；（3）进行遥感、遥测研究与推广自动化技术。

6. 环保、资源和社区开发

美国是一个农业资源极为丰富的国家，水利、森林和草原资源都很丰富。但为了保持农业的持续发展，他们很重视资源的保护和开发，政府鼓励将森林和水力资源丰富的地方开发为农业旅游区，此外，政府还通过补贴农民，鼓励他们将沼泽地和生产力水平低的农田退耕还林。①

五、法国的振兴农业农村行动

（一）振兴农业农村行动的背景

19 世纪中叶时，法国仍然是一个小农经济占主导地位的农业大国；19 世纪下半叶，法国虽然完成了工业革命，成为发达的现代化工业大国，但直到 1960 年，法国农村依然落后：农村消耗的能源主要通过燃烧薪柴、煤炭、动物粪便和生活垃圾等产生，这种简单的燃烧方法不仅产生的能量有限，资源消耗也相当大，还造成环境污染；第二次世界大战后，法国进入经济高速发展时期，但农业发展滞缓，城乡差别进一步扩大，出现了从农村向城市的大规模移民潮，农村曾一度无人耕种，整个国家面临严重的“吃饭问题”，不得不进口大量的粮食和食品。为了振兴农业和农村，法国自 1960 年以来制定并贯彻实施一系列有利于农村可持续发展、农业条件改善和农民生活水平提高的法规政策。

---

① 周振东：《美国农业发展状况及其启示》，载《乡镇经济》，1999（1）。

（二）主要过程及成效

法国为了促进农业发展，于1960年颁布了《农业指导法案》，加大了对农业的补贴，不仅为农民购买农田和农业机械提供各种优惠的贷款，而且还在农产品价格上给予丰厚的补贴。同时，强调要“依靠发展和普及技术进步成果提高农业生产率”，在全国建立了一批农业科研机构和农业高等院校，在每个省建立了农业中学。形成了教育、科研和技术推广相结合，不同层次相配套的农业教育体系。2000年，法国又制定并实施了《2000—2006年全国农村发展计划》，加强了执行兴农扶农政策的力度。[①]

为缩小农村与城市的差距，法国在20世纪60年代制定了农村可持续发展政策，依靠技术进步促进农村资源合理开发利用，改变农村能源结构则是其中重要的一环。首先，政府加大对农村电力设施建设的投入，使电网覆盖全法国的各个村庄。政府还通过对农业的各项补贴，保证农民用得起电。其次，法国政府支持农村发展生物能源，如沼气的开发利用、各种生物能源新技术的研发与利用等。第三，扩大能源型作物种植，既解决农业种植面积过剩问题，又实现能源来源多样化。法国政府2005年初又开始实施一项战略计划，目标是在2007年以前，使法国的生物柴油等液体生物燃料产量较2005年提高3倍，从而使法国成为欧洲液体生物燃料的第一生产大国。

法国振兴农业农村的政策实施，不仅使法国在70年代成为农产品出口国，而且还使法国的乡村社区重新获得了罕见的生命力：70年代后期到80年代初期，乡村人口的数量不再下降；80年代以后，乡村人口开始回升。与此同时，农业劳动者的数量继续下降。这就使“乡村人口”和“农业人口”之间的分离进一

① 张富良：《法国兴农政策及其启示》，载《学习时报》，2006（152）。

步强化，乡村人口的结构发生变化。1962—1990 年的 30 年间，在乡村住户中，农业劳动者从 33.8% 减少到 9.9%，中高级干部从 3.9% 增加到 14.9%，职员和工人从 25% 增加到 27.6%，各类退休人员从 28.5% 增加到 40.7%。①

上述五个国家，韩国和日本是我国的近邻，在文化和地域方面与我国息息相通；印度是发展中的人口大国，在农村发展状况和人口结构上又与我国具有典型的相似性；而美国和法国又代表了现代农业发展的主流和发展趋势。纵观他们的农业发展与农村建设，可以发现，其农村建设都无一例外地被当做一项长期的农业农村战略来考虑，被当做系统工程来抓。无论是韩国和日本的以政府为主导的做法，还是印度以民间组织和地方组织为主要力量的办法，抑或美国和法国以立法为基础，运用农业新技术、维护农业生态环境的策略，都具有广泛的社会基础，能够立足于农村发展的实际需要，施行分阶段的目标管理办法，动员社会各阶层力量积极参与。

我国新农村建设过程中，可借鉴上述国家的成功经验，科学选择适合本国国情、地区区情的多元化新农村建设模式，合理规划，找准突破口，形成一套层次分明、长短结合、有机统一的完整政策体系；准确定位政府和民间组织在新农村建设中的角色，做到“政府主导、农民主体、干部服务、社会支持”；构建正确的农村发展激励机制，加大投入，改善农村教育现状，重视对农民的引导与教育；探索加大农村公共产品投入的长效机制，缩小城乡在基础设施建设、农村教育等公共服务方面的差距。

---

① 张强：《推进乡村建设：实现城市现代化的途径》，载《北京观察》，2005(4)。

第三节　甘肃民族地区新农村建设进程中面临的问题

一、甘肃民族地区的发展现状

甘肃省地处黄河上游。东接陕西，东北与宁夏毗邻，南邻四川，西连青海、新疆，北靠内蒙古，并与蒙古国接壤。甘肃全省总土地面积45.4万平方公里，居全国第七位。甘肃地貌复杂多样，山地、高原、平川、河谷、沙漠、戈壁等类型齐全，交错分布，地势自西南向东北倾斜。地形呈狭长状，东西长1655公里，南北宽530公里，复杂的地貌形态，大致可分为各具特色的六大地形区域：陇南山地、陇中黄土高原、甘南高原、河西走廊、祁连山地、河西走廊以北地带。甘肃民族地区位于西北诸江河的上游或源头，是西北森林、草原、冰川的主要分布地带，自然环境比较恶劣，耕地大都是山地、坡地，水土流失严重，劳作粗放，科技含量较低，粮食生产很不稳定。在甘肃民族地区的21个县市中，9个属高寒阴湿县，2个属干旱县。大部分地区山高坡陡，土地贫瘠，气候恶劣，冰雹、雨涝、霜冻、干旱等自然灾害频繁。①

近年来，甘肃民族地区的社会经济取得了巨大成就，临夏州2007年实现国内生产总值72.92亿元，同比增长11.4%；甘南

① 李兴江、唐志强：《甘肃民族地区新农村建设的难点和重点问题研究》，载《甘肃省经济管理干部学院学报》，2007年6月第20卷第2期。

州2007年实现国内生产总值35.37亿元，比上年增长12.1%，发展速度较快。但是，受区位因素、历史因素和改革开放后国家梯度开发发展战略的影响和限制，甘肃省民族地区经济发展水平总体上落后于全省平均水平，同东部发达省区相比，差距就更大。从统计资料来看，2007年，甘肃省少数民族地区城镇化水平仅为16%，而全省平均水平达到31.6%，远远低于全省平均水平，处在初级城镇化阶段。全省国内生产总值为2702.4亿元，人均10346元，而民族地区国内生产总值为149.57亿元，人均4676元，低于全省水平，更低于全国水平。作为甘肃主要的民族自治地方甘南州，2007年全州国内生产总值为35.37亿元，经济总量仅占甘肃省的1.3%，人均国内生产总值占甘肃省平均水平的一半，远远低于全国平均水平，综合经济实力一直排在全省末位。[①] 民族地区财政收入总量偏小，支出需求大，收支矛盾突出，财政运行仍处于捉襟见肘、举步维艰的境地。由于财力所限，社会保障、扶贫救灾、医疗保险、法定支出及公用经费都不能足额安排，住房公积金、职工教育经费、工会会费等财政对个人的补贴无力安排。同时，近年来，虽然甘肃民族地区一直要求超编地方人员负增长，但由于经济发展整体落后，就业渠道狭窄，财政供养人员膨胀较快，致使财政人员供养负担日趋严重，财政赤字挂账数额较大。

甘肃省是西部贫困省份，14个市州自然条件差异很大，农村经济发展水平很不平衡，尤其是在民族地区，广大农村经济发展相对缓慢，城乡差距突出，城市的聚集和辐射功能十分有限，工业反哺农业、城市支持农村的基础条件比较薄弱。农村内在的封闭性以及资源和生产要素流动性差，农业产业化经营水平低，扶贫任务艰巨。甘南全州八县市有5个国家扶贫开发工作重点县

① 甘肃年鉴编委会编：《甘肃年鉴（2008）》，北京，中国统计出版社，2008。

和一个省级贫困开发工作重点。根据2005年的扶贫标准计算，2005年甘南金州农牧民人均纯收入在625元以下的绝对贫困人口仍有12.15万人，年人均纯收入625~865元之间的低收入人口有12.62万人，占农牧村总人口的45.28%。[①] 加快扶贫攻坚仍是农村建设中面临的首要任务。

甘肃民族地区农业经营方式落后，农田水利设施不足而且标准低。农业经营方式落后，抵御自然灾害和市场风险的能力十分有限，农民组织化和生产集约化程度低。农村基础设施建设和公共事业发展严重滞后，农村劳动力总体素质偏低。甘南2005年，全州人均受教育年限为4年，青壮年文盲率高达11.4%。提高农民素质的任务十分艰巨。

二、甘肃民族地区农村中存在的问题和特征

1. 甘肃民族地区农村贫困面广，贫困人口比重大，贫困度较深。

甘肃民族地区贫困分布面广，主要民族聚居地临夏和甘南两州16个县（市）中，有12个属国家扶贫重点县（见表4-1）。贫困人口多、贫困程度深、返贫率高是民族地区明显特征。像临夏州，除临夏市外，7个县都是国家扶贫开发工作重点县。农村人口中人均纯收入不足1300元的贫困人口尚有140万人左右，贫困面高达79.56%。因病因灾返贫人口多，返贫率高，正常年景返贫率在10%以上，灾害年景最高可达30%，高于全国3.1%和592个国家扶贫开发工作重点县8.8%的返贫率。[②]

---

① 杜隽：《少数民族地区新农村建设思考——以甘肃省甘南藏族自治州为例》载《和田师范专科学校学报》，2008。

② 高勇：《把各族群众的呼声带到全国人代会上去——全国人大代表甘肃民族工作组视察临夏纪行》，载《人民之声报》，2009年第9期四版。

表 4－1　甘肃省民族地区贫困县分布情况（以县为单位）

地区范围	贫　困　县
甘南州	临潭县、舟曲县、卓尼县、夏河县、合作市
临夏市	临夏县、和政县、积石山县、东乡县、广河县、康乐县、永靖县
武威市	天祝县
天水市	张家川县

资料来源：《民族自治地方国家扶贫工作重点县一览表》。

从表 4－1 可以看出，甘肃省民族地区 14 个贫困县（市）绝大部分分布在甘南和临夏两州，其数量占两州县（市）总数量的比重高达 75%。

贫困地区由于受自然条件差异及发展起点低等诸多因素的影响，长期以来贫困地区经济发展处于较低的水平。2007 年，14 个国家级贫困县实现国内生产总值 103.03 亿元，其中只有 3 个县的国内生产总值超过 10 亿元，有 11 个县的国内生产总值在 3 亿～10 亿元之间（见表 4－2）。

表 4－2　2007 年甘肃省民族地区国家级贫困县国内生产总值

县　名	国内生产总值（亿元）	县　名	国内生产总值（亿元）
永靖县	15.96	和政县	5.25
天祝县	15.08	临潭县	4.45
临夏县	10.26	积石山县	5.18
广河县	6.42	夏河县	4.18
康乐县	6.48	舟曲县	3.86
合作市	8.03	卓尼县	3.6
东乡县	5.41	张家川县	8.87

资料来源：《甘肃年鉴（2008）》，北京，中国统计出版社，2008

甘肃农村贫困人口大致分布情况见表4－3。从表中我们可以看出，贫困人口的分布呈现为区域集中的格局，主要分布于甘南州和临夏州，合计达34.64万人，占甘肃省贫困人口总数的5.5%。

表4－3　甘肃省民族地区农村贫困人口的地区分布

地区	甘南州	临夏州	张家川县	天祝县
贫困人口数（万人）	17.64	17	1.6	3.14
占州（县）人口比重（%）	26%	8.6%	4.9%	14.7%

资料来源：《甘肃年鉴（2008）》，北京，中国统计出版社，2008。表中数据按照相关区域划分整理计算。

2. 民族地区生产方式落后，商品经济和专业化生产不发达

甘肃民族地区地处偏远，土地贫瘠，自然灾害频繁，交通不便，信息闭塞，教育水平低，科技落后，文化卫生事业不发达，经济基础薄弱，社会保障水平十分低下。贫困地区一般是人口多且素质不高，其生产方式传统，生产手段落后，产业结构单一，仍以自给自足和第一产业为主。民族地区农村第一产业内部以种植业和牧业为主，农业是主要就业渠道和收入来源，非农产业普遍不发达，失业和半失业大量存在，市场规模较小，市场发育程度低下，生产经营分散，空间集聚性较弱。民族地区投资环境恶劣，资本形成能力严重不足，投资效益低下，生态严重失调。不仅如此，农业的要素条件和市场条件越来越不利于民族地区的农业发展，而进行传统的农业改造又缺乏相应的资金、技术支持。产业结构的单一和低层次性，产业发展的原始化状态，成为民族地区农村实现“生产发展、生活宽裕”目标的障碍。

尽管甘肃民族地区在农村的产业改造与调整方面做了很大努力，并且也取得了一定的成绩，但是资源依然不能得到有效的优

化配置，缺少合理的地域分工，各地产业结构单一，主业不突出，大部分地区的经济结构仍呈现Ⅰ、Ⅲ、Ⅱ型。2007 年贫困监测调查资料显示，贫困地区的非农产业主要以初级农副产品的加工和采矿业为主，不仅规模小，起步低，而且整体的技术水平落后，其投入产出比也很低。

3. 民族地区农民收入水平低

2007 年，甘肃省农民人均年纯收入为 2329 元，而民族地区的农民人均年纯收入为 1688 元，远远低于甘肃省的平均水平。农民人均年纯收入达到全省平均水平的只有 6 个县市。其中，人均纯收入最高的阿克塞县为 6288 元，最低的是东乡县，只有 1209 元（见表 4－4）。根据贫困监测报告显示，贫困地区农民收入有三分之二来源于家庭经营第一产业，其次靠外出打工收入。农业产业化程度低，农产品的深加工面窄量小，农民从农业中取得的收入难以增长。贫困地区农民由于自身素质比较低，就业机会减少，打工收入比例也很低。2007 年，民族地区 14 个贫困县的城乡居民储蓄存款为 67.27 亿元，县均 4.80 亿元。超过 10 亿元的只有 1 个永靖县，其中储蓄额最少的是东乡县，仅为 1.9 亿元。①

表 4－4　2007 年甘肃省民族地区各县农民人均纯收入

县名	农民人均年纯收入（元）	县名	农民人均年纯收入（元）
临夏市	3478	合作市	1772
积石山县	1330	玛曲县	2855
临夏县	1643	碌曲县	2463

① 甘肃年鉴编委会编：《甘肃年鉴（2008）》，北京，中国统计出版社，2008。

续表

县名	农民人均年纯收入（元）	县名	农民人均年纯收入（元）
康乐县	1538	临潭县	1498
永靖县	1553	卓尼县	1568
广河县	1631	舟曲县	1479
和政县	1442	夏河县	1828
东乡县	1209	迭部县	1675
阿克塞县	6288	肃南县	5006
张家川县	1600.12	肃北县	6003
天祝县	1969.61		

资料来源：《甘肃年鉴（2008）》，北京，中国统计出版社，2008。

4. 思想观念差异较大，开放程度较低

由于民族地区山高地远，许多地区交通信息不灵，人们习惯于封闭守常，满足于小安求稳，市场观念、效益观念、竞争观念、人才观念等方面较为薄弱。并且由于受长时间的自成体系思想的影响，各地区各自为战，行政分割、地方保护主义严重，从而导致许多地区的经济都作为相对独立的地域单元在各自的框架内运行，很少有经济合作与往来，没有形成一个真正完整、统一、开放、竞争、有序的市场体系，阻碍了生产要素的合理流动和资源的优化配置。民族地区农村文化、教育、卫生等各项事业的发展均大幅度落后于其他地区，直接阻碍了当地农民综合素质的提升和对发展机会的把握，形成民族地区发展过程中的 PPE 怪圈（贫困—人口过度增长—环境退化），在此基础上，形成 RAP 恶性循环（社会发育程度低—传统产业比重大、经济结构单一—农民文化素质低、农村更加落后），更为严重的是上述怪圈和恶性循环通过耦合形成希克斯恶性循环关系链，抑制了民族地区农村社会自身的纠错能力，限制了其自身发展、创新能力的培养。

5. 生态环境脆弱

生态环境脆弱是民族地区自然环境的基本特点。甘肃省民族地区是贫困人口相对集中分布的地区，自然条件严酷，农业基础设施建设滞后，抗御持续干旱能力很低，靠天吃饭状况未得到根本改变。临夏州、甘南州也是全省经济落后地区，其人均 GDP 在全省 14 个地州市中均列在末位，表现出强烈的区域贫困特征。

如前分析，甘肃贫困地区主要集中在民族地区。民族地区由于生态脆弱、自然灾害频繁、生态环境恶劣等问题既不利于人类居住，又不利于贫困人口赖以解决温饱问题的农业生产，这既是民族地区贫困落后的重要原因，又是一些贫困人口初步脱贫以后，又大面积返贫的根源。甘南高原区由于超载过牧、采樵挖药、淘金捕猎等活动，草场出现了严重退化、沙化和盐碱化的“三化”现象，优良牧草减少，草原鼠虫害难以有效遏制。临夏州存在着“十年九旱”“水贵如油”的说法。民族地区是自然灾害发生率最高的地区，一般常见的有洪、旱、霜、雹、震、病等多种自然灾害。而且受灾程度非常严重，有时会出现粮食绝收的现象，严重制约了当地农业经济的发展。2007 年甘南州自然灾害频发，迭部、碌曲、合作、临潭、夏河、卓尼、玛曲八县市均遭受了不同程度的强降雨和冰雹侵袭，同时碌曲和夏河两县还发生了火灾，给群众生产生活造成了严重损失。据统计，受灾贫困村数 275 个，受灾面积 17. 77 万亩，绝收面积 3. 9 万亩，倒塌房屋 256 间，死亡牲畜 2. 86 万头（只），减产粮食 1470. 9 吨，受灾人口 19. 6214 万人，死亡 1 人，因灾返贫致贫 2. 3304 万人，直接经济损失达4930.42万元。[1]

三、甘肃民族地区进行新农村建设的制约因素

甘肃民族地区建设社会主义新农村，与过去“摆脱贫困，追求温饱”相比，一些深层次问题更加难以解决。准确寻找甘肃民族地区新农村建设的制约因素成为解决问题的先决条件。

1. 自然条件差，基础设施建设严重滞后

甘肃民族地区大多分布在革命老区、深山地区、高寒阴湿地区和水土流失严重地区，这些地区生态环境脆弱，地形复杂多样，中国四大生态脆弱带，即高寒、沙漠、黄土、多山都有分布。水土流失、沙漠化、草原退化、生物多样性减少、水资源短缺及沙尘暴频繁发生等问题十分突出。甘南州位于甘肃省西南部，总面积4.5万平方公里，地处青藏高原东北边缘，甘、青、川三省交界处，自治州辖合作、夏河、碌曲、玛曲、舟曲、迭部、卓尼、临潭7县1市，其中玛曲、夏河、碌曲、卓尼、合作4县1市是以牧为主的纯牧业县，迭部县是以农牧综合经营的农牧结合县，临潭县、舟曲县是以农为主的农业县。境内多山，地势西北高，东南低，地形复杂，平均海拔3000米，最高为迭山主峰4920米，最低为舟曲爪子口1172米。年平均气温1.1℃~12.9℃，极端最高温35.2℃，极端最低温-29.6℃，年平均湿度58%~66%；无霜期30~200天，年降雨量400~800毫米，80%集中于5—9月。草地类型有高山草甸地型、亚高山草甸草地型、亚高山灌丛草甸草地型、林间草甸草地型、山地草原草地型等。临夏州内山谷多，平地少，地势西南高，东北低，由西南向东北递降，呈倾斜盆地状态，平均海拔2000米。临夏自治州大部分地区属温带半干旱气候，年平均气温6.3℃，最高气温

---

① http：//www.fupin.gansu.gov.cn/zxzx/1188179084d5417.html

32.5℃，最低气温－27.8℃。临夏州有耕地面积240881公顷，占总土地面积的29.35%，人均耕地0.136公顷。“三田”（梯田、砂田、沟坝地）面积24293公顷，仅占总耕地的12.8%，其余近80%仍为坡旱地。光、热、水、土资源等组合常常不匹配，土地的人口承载能力较低，可供利用的土地资源并不丰富，自然环境恶劣，自然灾害频繁发生。多数地区干旱缺水，水土流失严重，农业生产设施建设滞后，抗御持续干旱能力很低，靠天吃饭状况未得到根本改变，艰苦的农业生产条件导致了整个地区的贫困。

甘肃民族地区基础设施落后成为新农村建设的重要制约因素。从交通来看，甘肃民族地区农村在铁路、公路、高等级公路等交通设施建设方面远远落后于全省水平，有的县市仅有一两条主要公路通行，而且公路等级低、弯路多、路况差。从邮电通信业务来看，受地理条件和收入条件所限，农村的邮电通信业务量远远低于全省平均水平。总体上看，造成这一状况的主要原因在于，民族地区地方政府财政紧张，大多数还只是“吃饭”，财政并没有足够的资金用于基础设施建设。

近年来，国家在农村通水、通路、通电、改厕、改圈、建设生态家园等方面投入了大量资金，也取得了显著的成效，但在不少地方污染更加严重。究其原因，一是一些污染企业由发达地区向民族地区转移，使部分民族地区工业污染明显加大，有的甚至危及周边农户正常的生产与生活。二是随着农村消费习惯的改变与生活水平的不断提高，农村废物、垃圾（尤其是塑料薄膜等白色垃圾）增多，又无专用垃圾场堆放，造成生活污染较过去明显加重。三是由于农村青壮年劳动力减少，山区越来越多的农户舍弃农家肥，改用化肥；舍弃人工除草，改用化学除草；加之病虫害增多，农村化肥、农药、除草剂等化学污染日趋严重。忽视了生态系统资源供给与净化能力，造成一系列生态经济问题，给民族地区的经济增长带来了负面影响。

恶劣的自然条件和严重滞后的基础设施建设成为严重制约甘肃民族地区进行新农村建设的客观因素，具体体现在：一是连接民族地区农村与中心城市的基础设施都需要巨大投资，而民族地区财政本身就困难，这就使民族地区很难接受到经济增长的大中城市的辐射带动作用。二是民族地区县内的教育、卫生和能源等基础设施难以形成规模经济，使其运行成本过高、效率低而难以为继。三是社会经济活动的交易费用高，一些正常活动因代价过高而无法进行。如民族地区子女上学问题，由于路远，不少学生被迫中途辍学。在商品交易过程中，由于运输成本高，使民族地区商品失去了竞争能力。

2. 农民收入结构单一，增收难度大

人均纯收入是农民感受最直接，也是制约甘肃民族地区农村进行新农村建设的最重要的“瓶颈型”制约因素。根据恩格尔定律，一个国家越穷，每个国民的平均收入中（或平均支出中）用于购买食物的支出所占比例就越大，随着国家的富裕，这个比例呈下降趋势。从恩格尔系数看，甘肃民族地区农村还很贫穷，如甘肃临夏州 2007 年农村的恩格尔系数仍高达 48.27%，甘南州更是达到了 59.2%。①

建设社会主义新农村，不是一个简单的目标，而是许多实实在在的工作。这些工作，大部分需要用物质做基础，需要经济实力做后盾，这都是民族地区目前所缺乏且难以办到的。究其原因，农民收入低、农民社会保障缺失、政府投入不足是影响民族地区改造滞后的重要因素。从全球看，政府对农业的投入主要以农业补贴方式进行。我国建国后对农业长期处于“负保护”状态，是世界上少数几个未给予农民直接补贴的国家之一。国家财

① 甘肃年鉴编委会编：《甘肃年鉴（2008）》，北京，中国统计出版社，2008。

政对农业投入的比重不仅年年下降，而且真正用于农业和农村经济结构调整的部分很少。

民族地区农民收入增长难度加大。现阶段，民族地区农民收入主要来自两块，一块是家庭种、养殖业，另一块是打工劳务收入。在种植、养殖业方面，进入新世纪后，随着农产品供求状况的根本改变、市场经济的不断完善以及国家支持农业发展的政策发生变化，民族地区传统的农产品在激烈的市场竞争中日趋被动。由于受粮食等农产品短缺的影响，多年来农业发展主要以提高产量为目标，从而使农业生产在解决了粮食等农产品供给不足的同时，在品质和种植结构上与市场需求存在较大差距，依靠传统的家庭种、养殖业增收不仅十分困难，搞不好将来还有下滑的可能。同时，农业产业化经营程度低，农产品的深加工面窄量小，农民从农业生产中取得的收入难以增长。

20 世纪末，由于农业科学技术的发展、国家扶贫力度的加大、打工潮刚刚兴起，以及市场等因素影响，农民收入较以前有所增加，对温饱问题的解决及少数农民提前实现低水平的小康生活，发挥了重要作用。但是，由于民族地区群众自身素质比较低，加之交通不便，信息闭塞，外出打工机会少，这方面的收入比例也很低。与此同时，一方面诸如子女上学教育等开支飞速增长，抵消了收入增长的正效应，另一方面，打工经济随着全国打工人数的增多，竞争也越发激烈，对打工者素质，尤其是知识与技术素质要求越来越高，而这正是民族地区打工农民的“软肋”。因而，实现农民的全面增收存在很大难度。

3. 地方财力匮乏，支持新农村建设的资金有限

建设社会主义新农村离不开各级财政部门的财力支持。城乡统筹、以工补农、发展农村公共事业，是新时期建设社会主义新农村的重要手段。在工业发达、经济实力雄厚的县市，这点能够做到，但在工业基础薄弱、经济欠发达的民族地区，有限的地方

财力难以为农村大量的硬件设施、公共事业建设提供配套的资金保证。而没有相当的硬件设施建设与公共事业建设，建设社会主义新农村就难以落到实处。

另外，民族地区在新农村建设中争取国家支持有一定难度。建设社会主义新农村，国家会从多方面予以支持，但国家支持是有条件、有重点、有限度的。“先易后难、突出重点”是国家项目实施的一般原则，社会主义新农村建设也不例外。经济发达地区由于农村基础好、配套资金充足、建设条件成熟、示范作用强，在争取国家支持上占据明显优势。民族地区则相反，一是许多农民才刚刚摆脱贫困、求得温饱，有的甚至还在贫困线上徘徊，基础太差；二是地方财力弱，缺乏足够的配套建设资金；三是民族地区一般地理位置较偏远，交通信息相对不便，缺乏示范效应，因而在争取国家支持上往往处于劣势。就是争取到国家扶持，建设难度也相对较大。

4. 社会保障体系缺失，难以实现建设内涵的实质性突破

社会保障具有防止农村非贫困成员沦为贫困阶层以及帮助贫困成员摆脱困境的双重功能。长期以来，农村的社会保障问题始终没有在政策上引起足够的重视，农民总是被排除在社会保障体系之外，他们的生老病死没有得到公平对待。在农村社会保障中除计划经济时代存续下来的社会优抚、社会救助，由于是财政拨款而延续下来外，养老、医疗保险仅在部分农村地区实行，即便是建立了养老、医疗保险的地区，其基金来源也很不稳定。目前，农村养老保障在由家庭养老向社会养老变迁的过程中，会出现养老金的隐性负债。而财政资金又难以到位，基本医疗、失业补助等社会保险项目的社会保障资金仍以费的形式征收，很难取得被征收单位和个人的有力配合和支持，导致保险金征收困难，收缴率低，与实际需要相比缺口较大。受人口年龄结构的影响，今后几年民族地区农村老年人口增加较多，人口老龄化的压力较

大，现行社会保障制度既要解决经济结构调整和深化改革所带来的问题，又要面临着人口老龄化加快的严峻挑战。

5. 农村劳动力整体素质不高，剩余劳动力转移困难

建设社会主义新农村，不仅对物质文明提出了较高的要求，对精神文明建设也提出了更高的要求，这就要求农民素质有相应提高。事实上，生产发展、生活宽裕、乡风文明、村容整洁、管理民主，无不以有较高的农民素质为保证。但目前民族地区在提高农民素质上，缺乏有效的措施与手段。

近年来，尽管甘肃省一直非常重视提高农村人口素质，但是由于经济条件限制和农村人口数量过于庞大等原因，民族地区农村劳动力素质仍然不高。主要表现在两个方面：一方面是民族地区农村人口及劳动力的文化程度低，农村具有初中以下文化的人口占了绝大多数，农村人口文化程度普遍偏低。与此同时，综合素质较高的青壮年农民大批外出打工，由于留在农村人口的老、弱、妇、幼所占比例较大，使长期滞留于乡村的农民整体素质下降，在接受、理解、掌握及推广应用新的科学技术和新工艺方面有很大局限性。要使这部分人综合素质有明显提高较为困难。另外，民族地区人口居住分散，人口不易集中，开展各项教育活动客观上难度较大，电视是民族地区农民了解国家大事、学习各类知识、提高综合素质最简洁、有效的工具，但越是收入较低的民族地区，购买电视、接收节目付出的成本越高。农业劳动力素质低下，成为农业科技成果转化的制约因素之一，这些实实在在的困难与问题，都严重制约着农民素质的提高，进而制约着新农村建设的步伐。另一方面，农村劳动力普遍缺少必要的技术培训。造成农业产出水平和经济效益低，也使剩余劳动力向非农业部门转移的时候，很难进入技术含量高，收益好的就业领域，无法获得较高的劳动收入，最终影响农村剩余劳动力转移和农民收入水平的提高。农村劳动力文化素质不高，农民科技文化素质偏低，

给农民在接受新观念、获取信息、提高技能、参与市场竞争等方面带来了极大障碍，使之难以冲破传统农业和小农意识的束缚，从而使农业生产率低下，农民收入增长自然也就十分缓慢。

纵观各个国家和地区，劳动力发展的趋势基本都是由于工业化的发展使原来在第一产业中的劳动力逐渐转入第二产业。而且工业化的启动给劳动力创造了充分的就业空间，使农业剩余劳动力不断向城市转移，也就是说在外延型经济增长阶段，工业规模急剧扩大，所需劳动力大量增加，为农村剩余劳动力向城市转移提供了就业机会。当经济增长由外延型向内涵型增长转变的时候，社会上的大部分人口已经进入城市，大部分劳动力已经在工业中就业。随着工业发展，劳动者在第一产业中就业的比重也会逐年下降，这些劳动力会逐渐被第二、三产业吸纳。如一些发达国家现在第三产业中就业的比重，一般已达60%～70%，有的甚至接近80%，在不少发展中国家，也要占40%多甚至一半以上。但甘肃省民族地区由于城市化、工业化水平低，由于轻工业、基础工业的落后，使农村劳动力无法向城市积聚并逐步转移，主要依托城市发展的第三产业发展也不充分，至今劳动者在第三产业中就业的比重仍然很低。这种格局不仅造成了农业生产长期低速增长，而且也使农业内部的剩余劳动力不断积累，从而使城乡二元经济结构特征更加突出。

6. 现代人文环境氛围淡漠，旧有思想抑制创新观念的形成

受旧的社会形态、文化传统的严重影响，甘肃民族地区旧的社会形态和文化传统等严重阻碍其经济发展，部分好的扶贫项目得不到当地农户的支持，“等、靠、要”的思想还相当普遍，以致国家向这些地区输送的科技人才和资金项目在此难以发挥应有的作用。保守封闭的生活方式使部分民族地区的农民“乐于天命”，大多数农民不了解外面发生的各种深刻变化。即使部分农户或干部带头致富，也认为是“别人命好”。同时，民族地区素

质较高的“能人”为获得更大的发展空间、享受更舒适的环境，越来越多的农村人口远赴发达地区打工或移居城市，城镇干部又不能长期住村，致使村级干部队伍素质在一定程度上存在滑坡现象，给民族地区新农村建设工作带来很大的负面影响。

第四节　甘肃民族地区新农村建设的基本思路与策略

一、甘肃民族地区进行新农村建设的基本思路

建设社会主义新农村为甘肃民族地区的发展提供了新的历史机遇。“三农”问题是全国普遍存在、甘肃民族地区尤为突出的问题，中央提出建设社会主义新农村，旨在加大解决“三农”问题的力度，这就为甘肃民族地区的发展提供了新的历史机遇。因为，这些问题是甘肃多年想解决、应该解决而仅仅依靠自身力量又无力解决的制约甘肃民族地区发展的十分关键的问题。

切实加强农业和农村基础设施建设，是推进社会主义新农村建设的重大措施。这关系到投资方向和结构的调整，是由城市建设为主向更多地重视农村建设的重大转变；关系到扩大国内需求，特别是开拓农村市场；关系到提高农业综合生产能力，改善农民生产生活条件，改变农村落后面貌；关系到拓宽农村就业门路，增加农民收入。要进一步调整投资方向，加大对农业和农村基础设施建设投入。这就为农业和农村基础设施建设欠账多的甘肃多争取国家投资、多解决具体问题、增强农业和农村造血功能，提供了一个大好机遇。面对这一机遇，我们应该及时全面地向中央反映甘肃民族地区农村的真实情况，拿出我们的总体设

想、实施计划和重点项目，请求中央从政策、资金、人才和物资等方面给以全方位的支持。如在不适合人居的偏远山区继续实行退耕还林、退牧还草政策，使分散居住的一家一户的农民能够适度集中；国家为每一个行政村投资修建一条标准村道；国家给建设符合统一规划要求民居的农民资助一定的水泥等建筑材料；政府为每一个行政村免费培养一个新农村建设指导员、农业技术员和经营培训员。经过若干年的艰苦努力，力争使甘肃民族地区农村的基本生存条件有一个初步的改善，使每一个行政村能真正成为一方农民政治、经济、文化、社会生活的活动平台与交往空间。使每一个自然村都能真正成为每一农户安居乐业的理想场所。使每一个农民都能找到一条稳定获得收入、逐年增加收入的正常渠道，在此基础上使甘肃民族地区生产持续发展，生活逐年改善。

甘肃民族地区的新农村建设，不仅要借鉴发达地区新农村建设的成功经验，同时还要根据我国市场经济运行机制，结合民族地区的实际情况进行改革和创新。

1. 认清民族地区新农村建设的艰巨性和长期性，因地制宜地采取相关政策策略，有步骤、有计划地推进社会主义新农村建设

要充分认识到民族地区农村贫困的长期性和反贫困的艰巨性。虽然绝大多数贫困农户的温饱问题已基本解决，但这绝不意味着问题的结束。从前文分析可以看出，甘肃民族地区农村在进入新世纪以来，仍然处于“三高”（贫困发生率高、贫困强度指数高、返贫率高）状态，一部分绝对贫困人口生活在条件十分恶劣的地区。由于解决温饱的标准低，因此已基本解决温饱的农民还处在极易返贫的处境。同时，广大民族地区农村恶劣的自然环境，封闭的社会环境，低下的人口综合素质绝非一朝一夕所能改观，它需要经过几代人的艰苦努力才能实现。必须分阶段因地制

宜的组织民族地区实施新农村建设。

按照甘肃省发改委的规划，“十一五”期间，在农村建设和发展方面，继续完成通电、通水、通邮、通路、移民等方面的工作，进一步扩大和完善基础设施和生态环境建设，奠定生态环境、交通通信等基础设施和人力资源开发的基础。通过大力发展无公害农产品、绿色食品、有机农产品，注重特色产业，加强劳务输出，力争使民族地区农村经济有较大发展，生活实现相对宽裕，农村面貌显著改观，文化生活相对丰富，乡村建设得到加强。以此为基础，调整优化产业结构，发展民族地区县域经济，使人口素质明显提高，形成较强的自然发展能力，通过区域经济的建设发展缩小地区差距，力争使绝大多数贫困人口接近或达到小康生活水平。

民族地区新农村建设不仅仅是增加贫困人口的收入，发展基础设施，确保基本的生活条件，而且要使贫困人口获得生存所必需的机会和选择权。应该由过去单纯关注贫困户的收入和村容村貌，更多地转向关注软环境的建设，比如获取所需要的知识，提高农民获取、吸收、交流、创造知识的能力；创造就业机会和实现收入增加的机会，提高民族地区农民的营养卫生健康等。政府需要制定一个综合性的新农村建设政策扶持体系，并且要注意把经过实践检验的政策措施和成功经验适时地推广运用，使新农村建设在政府政策扶持的基础上强化农民的自组织能力，因地制宜、不拘一格地推进新农村建设。

2. 多渠道筹集资金，大幅度增加民族地区农村建设的资金投入是建设新农村最重要的推动力

由于民族地区新农村建设的难度更大，农户发展能力的建设比提高其收入需要的扶持更多，因此各级政府投入资金的强度应该更大。要多渠道筹集资金，不仅要包括政府的，还要动员民间资源，不仅要包括国内的，还要动员国际资源。特别需要注意的

是，中国加入世界贸易组织之后，贸易和投资条件都发生了重大变化，民族地区要尽可能在WTO组织条款的保护范围内制定吸引投资和贸易的优惠条件，降低门槛，减少国内外企业和个人到民族地区投资和贸易的交易成本。人事部门要制定合理的政策，鼓励发达地区的技术人才和管理人才，或短期或长期地到民族地区工作，使民族地区在新农村建设的初期在得到国家资金支持的基础上，可以借助外部的资本。

民族地区新农村建设的资金应随着国家、地方政府经济实力和财力的增强而不断增加。新农村建设的资金要重点用于基础建设，包括硬件和软件建设两个方面。既要加强民族地区的基础建设，又要优先提供民族地区人口的就业机会，以有利其创造收入。

3. 有所为，有所不为，统一部署，突出重点，注重实效是民族地区建设新农村的关键

由于甘肃民族地区主要集中在民族地区、水土流失严重地区和自然生态环境恶劣的地区，而极端民族地区和民族地区又具有极大的敏感性和政治上的示范效应，新农村建设的社会效应大，所以要重点解决极端民族地区和民族地区的新农村建设。硬件建设中农村基础设施投资大、周期较长、作用长远，必须重点解决；软件建设中提高农民基本素质，必须优先考虑。在小城镇建设和公共产品提供上，集中财力重点突破那些关乎农民发展和切身利益的项目，把那些依靠自己就可以富裕文明起来的农民的积极性充分调动起来；把那些确实需要政府帮助扶持的农民真正从极端贫困中解脱出来。

“减负增收”是近年来解决“三农”问题最重要的着眼点，已经取得了重要成果。但是问题仍然相当严重，任务仍然十分艰巨。对甘肃民族地区的农民而言，致贫的原因主要是：家中无劳力，收入无门，因学致贫，因病致贫，因婚致贫，因灾致贫，在

民族地区宗教负担过重也是一个原因。因此，减轻农民负担目前应该在降低农民支出上下功夫。如果不能有效降低农民支出，增收的作用就无法发挥。从解决农民最迫切的需要出发，一方面要通过加大对农村人口的教育投入，增加农村未来劳动力的职业技术教育，通过大量的较高水平的农村劳动力转移，把农村劳动力从甘肃贫瘠的农村土地上解放出来，并实现一定水准的工资收入和切实的劳动力转移，从根本上完成农村劳动力从资源流向资本流转化的质变过程。另一方面通过对甘肃民族地区农村现有农业资源和特色农产品的合理匹配，高效发挥甘肃农业多样化的资源优势，规避甘肃民族地区农业基础差的资源劣势，在合理利用和保护生态资源的基础上，最大限度地发挥农业资源潜力，使农业资源效益最大化。

4. 科学合理地转移极度贫困人口是民族地区进行新农村建设的必然选择

甘肃民族地区农村极度贫困的原因是多方面的。缺少信息，适宜生存的条件差，交通等基础设施无法提供等形成最严重的制约，而人均占有可利用资源太少也是主要原因之一。因此，转移农村极度贫困人口是新农村建设中的一个选择。转移一部分贫困农民，结合新农村建设，谋求新的发展路子，减少人口对资源的压力，转移农村剩余劳动力，实现资源合理配置，加快民族地区农村的反贫困步伐。要在国家和地方的中长期经济和社会发展规划中，将民族地区农村剩余劳动力转移程度作为最重要的宏观经济和社会指标予以列入详细规划。要将民族地区农村剩余劳动力转移纳入劳动社会保障部等就业行政管理部门的统一管理中，改变过去只管城市的市民就业，只作城市就业计划的状况。

今后的移民工作，一要坚持自愿的原则。移民搬迁的主体是移民，必须在移民自愿的前提下进行，这是尊重少数民族风俗习惯、宗教信仰的需要，也是确保移民主动参与，自觉建立自我发展能力的需要。二要处理好移民的土地问题。土地是农民最基本的生产资料和心理保障，特别是民族地区的农民，由于历史和现实的原因，对土地的依赖性更强。

5. 全面破除城乡二元结构，实现城乡统筹发展是民族地区建设新农村的根本着眼点

城乡二元结构不仅仅是经济结构，而且也包括城乡二元社会结构、文化结构和社会组织地位结构。城乡二元结构的实质是农民的公民地位问题。因此，全面破除城乡结构的最终目的在于从政治、经济、文化和社会事务各个方面全面实现农民的公民地位。“生产发展、生活宽裕、乡风文明、村容整洁、管理民主”五个方面的要求，实质上就是为了全方位破解城乡二元结构，实现城乡共同进步和农民全面发展。新农村战略既不同于区域现代化建设总体战略，也不同于城镇化、工业化战略。其战略重点是建设农村、发展农业、提升农民，实现农村、农业、农民的科学发展、全面发展、安全发展、持续发展。

建设社会主义新农村的根本指导思想是科学发展观，破除城乡二元结构的世界观和方法论也是科学发展观，而科学发展观的核心是坚持以人为本。以人为本就是“把人当人”和“使人成人”。在民族地区建设社会主义新农村的过程中坚持以人为本就是要让贫困的农民享有每一个公民都应该享有的公民待遇，就是全面地提升农民生活水平。因此，必须从打破城乡分设的户籍制度入手，实行城乡统一的户籍管理，从身份上消除对贫困农民的歧视，逐步使贫困农民及其子女在入托、上学、就业、入伍、流动、出国、社会保障等方面与城镇居民享受同等待遇，努力消除歧视农民和导致农民产生自卑心理的社会根源和体制因素。

解决城乡二元结构问题的关键在于解放和发展农村生产力。只有进一步解放农村生产力，才能真正解放农民；只有真正发展农村生产力，也才能真正全面发展农民。发展民族地区的经济是

根本但不是唯一，在进一步解放和发展农村生产力的同时，还必须进一步完善农村生产关系，巩固农村的社会主义经济基础，完善农村上层建筑。社会主义新农村建设不是新村庄建设，尤其是在甘肃民族地区，发展生产，夯实社会基础，丰富其文化内涵显得十分重要。结合甘肃农村实际，建设社会主义新农村应以物质文明为保障，精神文明为基础，具备一定的高效生产协作体制，具有公共物品保障体系，与自然生态和谐共处协调发展的农村社会结构，可以概括为“生态农村、高效农村、安全农村、健康农村、文明农村、公共农村”。它既传承了以往“三农”问题一直关注的增加农民收入，加速农村产业化建设和提升农民生活水平等经济要素，同时也着重强调了对农民生活质量、精神状态以及政治地位的关注。这也就是前面提到的物质文明、精神文明、政治文明、社会文明都搞好了，才是社会主义新农村。

6. 提高农民自组织和农业自我发展能力是保证新农村建设质量的着力点

尽管提出建设社会主义新农村的大背景是统筹城乡、以工哺农、以城带乡，但任何事物的发展归根结底都是自我发展，内因始终是变化的根据。因此，积极创造条件、培育内在动力、完善体制机制，增强自我发展能力是解决“三农”问题的根本。

受几千年传统农业社会观念和过去相当长一个时期价值导向的影响，民族地区农民中相当一部分存在严重的小富既安、温饱既安的心理，对生存条件和生活水平要求很低，只要能够吃饱穿暖，有点小钱应付日常支出，就认为是生活可以过得去了，谋求生活有一个大的改善和力求彻底摆脱低水平生活的欲望和动力明显不足。因而，首先，要进一步引导农民坚决破除小富既安、温饱既安的观念，增强自我发展的意识。这就要求我们各级政府通过典型示范、宣传教育和着力引导，使广大农民提高生活需求、增强发展信心，从根子上培植农村发展的动力源。要使农民从等待、观望中摆脱出来，不怕千辛万苦、千方百计谋求自身发展。其次，从农村教育入手着力培养自我发展能力强的新型农民。充分利用国家减免农村义务教育学杂费的机遇，真正普及农村九年义务教育，下决心防止农村适龄青少年失学，农村初中高中要适当增加一些有利于增强自身生存发展能力的技能课程，使农村中学生在校学习期间就可以成为家庭生活的好帮手，毕业之后，如不能考入高等学校，留守农村能务农，外出打工有技能。第三，大规模分类别培训农民，使所有劳动力都有一技之长。民族地区新农村建设成功与否的关键在于农民，农民的问题关键在于是否具有参与市场经济竞争的能力和资本（人力资本），而能力和资本又在于通过学习获取相关技能和专业知识。对民族地区劳动力进行培训，创造其参与学习的机会是解决目前农业发展、农村发展和农民发展的问题之所在。只有使绝大多数甘肃农民通过接受教育学习有一技之长，稳定收入和持续增加收入的问题才有望解决，而一旦农民收入有了基本的保障，城乡差别就可以开始缩小。大规模、成建制培训和转移农民，是推进城镇化、工业化和建设社会主义新农村共同的必然选择。培育劳务品牌，形成劳务公司，既是民族地区农村发展的需要，也是城市发展的需要。第四，加强农村社会建设，增强农民组织化程度。人民公社有很多问题，但唯一没有问题的是它要组织农民且确能组织起来。建设社会主义新农村过程中组织农村的问题，是增强农村农业和农民自我发展能力的重要实现途径和手段。应该综合运用经济、行政、法律、社会等多种手段组织农民，提高农村社会的组织化程度。在不同地区可以重点采取不同的方式：在城市郊区、沿黄灌区和河西地区等比较发达的地方，应主要通过农业产业化组织农民；在中部南部山区和民族地区，应主要通过行政手段组织农民。

二、甘肃民族地区新农村建设的基本原则和实现途径

（一）甘肃民族地区新农村建设的基本原则

甘肃民族地区新农村建设是甘肃新时期现代化进程中的重大历史任务，必须全面贯彻落实科学发展观，统筹城乡经济社会发展，实行工业反哺农业、城市支持农村、先进地区带动落后地区和“多予少取放活”的方针，按照新农村建设的总体部署和“生产发展、生活宽裕、乡风文明、村容整洁、管理民主”的总要求，以发展民族地区农村经济为中心，以增加农民收入为目标，以解决农民最关心、最直接的问题为切入点，以改善农村生产生活条件为主要内容，协调推进民族地区经济建设、政治建设、文化建设、社会建设和党的建设，促进农村经济社会全面、协调和可持续发展。

具体来说，应坚持以下基本原则：一是坚持以发展民族地区农村经济为中心，提高农民的创收能力，大力发展特色经济和劳务经济，促进民族地区农民持续、稳定地实现增收。二是坚持以人为本，尊重农民的主体地位，不断创新农村生产生活的运转机制，着力解决农民生产生活中最迫切的实际问题，让农民得到实惠。三是坚持科学规划，因地制宜，分类指导，有计划有重点有步骤地稳步推进新农村建设。四是坚持发挥各方面的积极性，依靠农民辛勤劳动、国家扶持和社会力量的广泛参与，使新农村建设成为全社会的共同行动。

（二）甘肃民族地区新农村建设的实现途径

1. 加大扶贫力度，调整扶贫策略，切实解决民族地区农民脱贫致富的需要

贫困问题长期以来是制约甘肃解决“三农”问题的最大障碍。民族地区农民由于贫困程度比较严重，生产生活中遇到的困难很多，单靠其自身能力难以在农业生产和其他经济活动中摆脱

贫困。解决其温饱和脱贫致富奔小康问题，是民族地区新农村建设首先要跨越的难关。为此，民族地区的各级政府部门，必须继续打好扶贫工作的“攻坚战”和“持久战”，在抓好“整村推进”，着力开辟新农村建设主战场的同时，对于特别困难的农户，要建立帮扶工作长效机制；把对特困户的帮扶和救助纳入“三农”工作的整体规划，有步骤、不间断地帮助他们脱贫致富；要在农业生产、子女教育、劳动就业、社保医疗等方面，对特困户予以更多的照顾；要动员社会力量向贫困户献爱心，建立长期和定期的帮解困计划，让他们尽快走出困境，迈向正常发展道路。

因此，坚持开发式扶贫方针，加大扶贫投入，积极推进整村扶贫，重点搞好移民扶贫、产业扶贫、劳务扶贫和社会帮扶等工程显得尤为重要，它是新农村建设能否顺利实现的重要先决条件。

2. 拓宽经济发展渠道，促进农民增收

发展农村经济、增加农民收入是新农村建设的首要任务，也是新农村建设的重要基础。以扶贫和减负为基础，坚持“多予、少取、放活”的政策，拓展经济发展渠道，大力发展县域经济是民族地区“发展生产、改善生活”的重要手段。

为了夯实民族地区新农村建设的基础，民族地区应该围绕农业增产、农民增收、农村经济发展的目标，加快农村产业结构调整，扩展生产发展渠道，多角度、多层次增加农民收入的增长点。一是在加大农村基础设施投入与建设中，采取劳务补助和以工代赈相结合的办法增加村民的劳务性收入；二是发展农村工业化，引导发达地区产业往民族地区农村转移，扩大农民的非农就业收入；三是大力发展高效农业，建立以市场为中心、以农田为基地、以农业合作组织为媒介的农业经济产业体系，让农民在提高农产品价值中增加收入；四是大力发展特色产业，着力提升一批具有各地特色的农产品，在走专业化、基地化、标准化生产经营之路过程中增加收入；五是大力扶持龙头产业，重点发展具有辐射和带动农民增加收入功能的重点企业，引导农民和企业建立“风险共担、利益共享”机制，在提高抵御市场风险能力中促进农民增收；六是围绕农产品开发培育一批运销大户，大力发展中介组织，在搞活市场流通中促进农民增收；七是大力发展农产品加工业，从根本上解决农业产出效益低的问题，在深加工中增加农民收入；八是突出抓好劳务输出，建立健全农民工就业培训体系和管理服务体系，引导农村富余劳动力在向非农业转移中增加收入。

3. 抓好基础设施建设，改善和提升民族地区的生产生活条件

没有良好的农村基础设施，就没有农业和农村经济的可持续发展，就没有农民收入和生活水平的提高。根据民族地区农民的意愿，在新农村建设起步阶段，民族地区的农村基础设施建设应突出如下10个重点：一是加快农村饮水安全工程建设，切实解决缺水民族地区的人畜饮水问题；二是加快农村电网覆盖工程建设，让贫困边远山区的农民尽快用得上电；三是抓紧农村道路建设，尽快让贫困山区农民从“无路”的困苦中解放出来；四是大力加强农田水利建设，增强民族地区农民抵御自然灾害的能力；五是加快农村公共卫生医疗建设，切实解决民族地区缺医少药和农民“看病难”问题；六是加强农村教育事业建设，确保贫困山区适龄儿童都能接受国家义务教育；七是加快农村通信、通邮和广播电视建设，尽快畅通贫困山区的信息渠道；八是大力加强耕地质量建设，提高民族地区耕地土壤的基础地力；九是大幅度增加农村沼气建设规模，以沼气带动民族地区农村“改圈、改厕、改厨”和生态保护；十是积极推进农村社会保障基础设施建设，确保民族地区农民的民生安全。

4. 发挥多方积极性，积极筹措民族地区新农村建设资金

资金投入不足是推进新农村建设迫切需要解决的核心问题。当前，解决民族地区新农村建设增加资金投入总量问题，应该从三个方面去努力：一是遵循一个投入原则，即把向民族地区增加的投入总量，控制在政府财力可承受的标准之内，以此强化政府的责任，确保加大投入总量的真正落实。二是妥善处理四个关系，即国家政策扶持与农民自力更生的关系，发挥政府财政投入的主渠道作用；创新体制机制与增加资金投入的关系，更多地采取“以奖代补”、“项目补助”等新办法引导和鼓励农民开展新农村建设；搞好试点示范与面上推广的关系，切实摸索出可行、实效和农民满意的“投入路子”；加强工作指导与突出个性特色的关系，针对不同特点采取不同的资金筹集方式。三是努力发挥好四个积极性，即各级政府要发挥好财政投入主体的积极性，发挥好农村集体组织和农民投入的积极性，发挥好社会资金参与的积极性，发挥好信贷资金投入的积极性。

5. 加大技能培训，提升农民发展与创业能力

当前民族地区的农民培训工作必须做到六个改变：一是必须改变“应付了事”的培训态度，以高度的责任感和过硬的工作标准为农民提供优质的技术培训服务；二是必须改变“暂时肤浅”的培训目的，面对不断变化的市场环境，着眼提高农民的观察能力、应变能力、风险承受能力和竞争能力；三是必须改变“单一类同”的培训内容，把培训分为“补缺式培训”、“适应性培训”、“竞争性培训”和“实用性培训”四大类，确保参训农民各得其所；四是必须改变“主次不分”的培训对象，突出培训重点，着力培养和建立起有技术、懂经营、敢竞争的骨干队伍，即能带领农民致富奔小康的“带头人队伍”，能为农民服务的“农民技术员队伍”，能安心农村建设的“科学种田队伍”，具有创业和创新精神的“农民企业家队伍”以及能建筑、修理

的“能工巧匠队伍”；五是必须改变“陈旧老套”的培训方式，遵循技能传授的客观规律，把知识传授的一般规律同农民接受能力的特殊性统一起来，致力创新形式多样的培训方法；六是必须改变“大包大揽”的培训经费来源，发挥政府、社会和个人多方积极性，不断提高经费投入水平，确保培训经费保障的持续稳定。

6. 做好村容村貌整洁，改善农民生产、生活环境

做好村庄整建、改变村容村貌是新农村建设的重要内容之一。甘肃民族地区村容村貌的建设要结合当地实际，做好“一村一图”的规划，突出各个村庄特点和地方特色，增强规划的可操作性和农民的可接受性；要以“五通”（通路、通水、通电、通电视、通邮）、“两建”（建住房、建沼气）为重点，以“五有”（有污水处理池、有垃圾池、有禽畜圈养点、有公共厕所、有集体娱乐场所）为目标，分期分段逐步推进；要从农民最急迫、最直接、最关心的实际问题入手，使政府的必要扶持与发动农民投入相结合，广泛调动农民参与的积极性，发挥村民的参与和监督作用；要处处为维护农民利益着想，以农民愿意不愿意、高兴不高兴、赞成不赞成作为村庄整建的根本出发点和落脚点，避免搞形象工程，使甘肃民族地区的村容村貌的改观能真实地体现当地经济的发展。

7. 加强农村民主管理，逐步完善乡村治理机制

加强农村民主管理，建立健全充满活力的村民自治机制，完善村民自治制度是增强农民民主意识和自治能力，最大限度地体现“管理民主”建设目标的重要保证。一是在工作目标上要着眼“三个保证”，即充分调动农民的积极性和创造性，切实保证农民在基层的经济、政治、文化和其他社会事务中当家做主；逐步完善村民自治制度，切实保证村民自治在法制轨道上积极稳妥地推进；健全村党支部领导村民自治的科学制度，切实保证党在

农村领导地位和执政基础的巩固。二是在工作操作层面上要完善“五种制度”。即完善民主选举制度、民主决策制度、民主管理制度、民主监督制度、培育农民权利意识制度，不断提高农民的法律意识、自治理念和建设新农村的主人翁观念。三是始终不渝地加强法制建设，适应形势变化修改完善“村规民约”和“村民自治章程”，把村民对于新农村建设自治的各项事务纳入法律的轨道，为村民民主管理提供足够的法律制度保障。

8. 强化教育引导，解决乡风文明弱化问题

农村乡风文明建设是新农村建设的基本内容之一。解决民族地区农村乡风文明逐步好转问题：一是提高认识，切实把“乡风文明”作为新农村建设的精神文明大事来抓，用社会主义思想去占领农村意识形态；二是建立机制，明确责任，相互衔接，切实解决有人抓和合力抓的问题；三是强化载体，以丰富多彩的活动吸引农民群众参与；四是引导自我约束，把《公民道德建设实施纲要》、《乡规民约》、《文明准则》和“八荣八耻”的内容变为农民的自觉行动；五是典型引路，为农民树起学习仿照的标杆，促进乡风文明在农村扎根；六是以人为本，加快乡风文明建设的思想观念。

9. 提供法律支持，解决农民合作经济组织弱小问题

由于各种原因，目前民族地区农村合作经济组织的发展存在着许多亟待解决的问题。为了适应民族地区新农村建设的客观要求，必须从五个方面去努力：一是从政策法律上进一步确定农民合作经济组织的合法地位，健全组织章程和管理制度，严格依照法律规定开展经济活动；二是制定优惠的鼓励政策，鼓励农业龙头企业、农业科技人员参加服务组织，为合作组织提供资金保障和技术服务；三是加强服务指导，帮助其走好“自主经营、因地制宜、分类指导、自负盈亏、自我积累、自我发展”的路子；四是加快人才培养，主要是对合作经济组织带头人进行培训，使

他们更好地发挥带领农民致富的坚强作用；五是正确处理农民合作经济组织与政府的关系，政府应该着重加大对其进行扶持、引导、服务和规范的力度，而对于合作组织的内部事务不包揽、不干预，尊重农民“自愿、互助、合作”的自主权和经营权。

10. 增强奋发图强勇气，全面发挥农民的“主体”作用

农民信心不足和勇气不够，是建设新农村的最大障碍，各级政府在坚持工业反哺农业、城市支持农村、“多予少取放活”等政策的同时，必须加大对民族地区农民的思想教育力度，增强他们的“主人翁”和“责任感”，充分调动他们建设新农村的积极性和创造性。一是加大宣传各级党委、政府为解决民族地区经济社会发展所作出的努力，让广大干部农民深切感受到党和国家对他们的关心和厚爱；二是要把广大干部群众建设新农村的责任感和紧迫感激发出来，变“要我建”为“我要建”，变“等等看”为“抓紧干”；三是要把广大干部群众建设新农村的勇气树立起来，激发农民奋发努力的决心和热情；四是要把广大干部群众的陈旧观念转变过来，尽快树立起建设新农村所迫切需要的科技意识、竞争意识、创新意识、互助意识和流动意识等新观念；五是要把广大农民的苦干实干精神焕发出来，牢固树立比发达地区付出更多的努力、苦干更长时间的思想去实现既定目标；六是要把乡村干部、党员的模范带头作用充分发挥出来，把他们的聪明才智贡献出来，带领农民群众为实现新农村建设宏伟目标进行不懈的努力。

第五章　科学发展观与和谐社会建设中的相关基础理论研究

本章主要对如何贯彻落实科学发展观、构建民族地区和谐社会做了一些基础理论研究：第一节重点阐述了科学发展观的提出及其重大意义，强调民族地区自觉坚定贯彻落实科学发展观对和谐社会建设的重要性；第二节突出了民族地区进一步发展要培育和完善市场经济体制，重视竞争因素，通过竞争强调发展是落实科学发展观的切入点；第三节论述了贯彻科学发展观和科学技术发展的关系，科学发展观的最终目的是我国的持续稳定发展，而我国今后的发展主要依靠科技创新；第四节谈了廉政建设，廉政建设是和谐社会的重要内容，也是科学发展观的要求；第五节从落实科学发展观的主动性方面谈了实事求是这一思想路线。第六节从国民收入的公平分配角度论述了和谐社会建设。

深入贯彻落实科学发展观，需要从多方面作出不懈努力。一是要始终坚持党的“一个中心、两个基本点”的基本路线。深刻认识以经济建设为中心是兴国之要，四项基本原则是立国之本，改革开放是强国之路。要把以经济建设为中心和坚持四项基本原则、坚持改革开放统一于中国特色社会主义的伟大实践，为科学发展提供坚强政治保证。二是要积极构建社会主义和谐社会。按照民主法治、公平正义、诚信友爱、充满活力、安定有序、人与自然和谐相处的总要求和共同建设、共同享有的原则，着力解决人民群众最关心、最直接、最现实的利益问题，保障社会公平正义，不断促进社会和谐，努力形成全体人民各尽其能、各得其所而又和谐相处的局面，为科学发展创造良好社会环境。三是要继续深化改革开放。把改革创新精神贯彻到治国理政的各个环节，毫不动摇地坚持改革方向，完善社会主义市场经济体制，推进各方面体制改革创新。既要加快重要领域和关键环节的改革步伐，又要提高改革决策的科学性，增强改革措施的协调性，为科学发展提供强大动力和体制保障。四是要切实加强和改进党的建设。把提高党的执政能力、保持党的先进性体现到领导科学发展、促进社会和谐上来，落实到引领社会发展进步、更好地代表和实现最广大人民的根本利益上来，使党的思想、组织、作风、制度和反腐倡廉建设更加符合科学发展观的要求，为科学发展提供可靠的政治和组织保障。

科学发展观要落到实处，必须高度重视竞争这个要素。竞争理论是马克思主义政治经济学的重要内容，竞争也应该是生产力的要素之一，在这个隐性要素的作用下，生产力的其他要素更好地结合到了一起。正是竞争推动着科学技术不断向前发展，在生产力的发展中起着越来越重要的作用。从我国的发展历程来看，传统的计划经济很大的弊端就是忽视了竞争，改革开放以来我们取得的成就和实行市场经济、鼓励竞争是直接相关的。现在，我们提出了建设社会主义和谐社会，和谐也离不开竞争，解决我国很多现实社会问题需要竞争，今后我国经济的持续发展也需要竞争。

科学发展观，第一要义是发展。马克思主义历来重视生产力的发展，邓小平同志提出了“科学技术是第一生产力”的思想。科技进步使生产力迅猛发展，但也产生了“全球问题”，而解决这一问题就要坚持科学发展观，重视科学技术在发展中的作用，通过科学技术的发展解决我们面临的一系列问题。

近年来，党风廉政建设和反腐败斗争取得了重大成果，党政机关和干部队伍中腐败现象蔓延的势头得到有效遏止。但是，我国现在仍处于腐败现象的多发期和高发期，大案、要案时有发生，反腐败形势仍十分严峻。十七大报告中“反腐倡廉建设”的提法，说明我们党已经认识到反腐败斗争的长期性，试图找到解决腐败问题根本方法。第四节对我国腐败现象进行了深层次的分析，指出了我国腐败的基本特征，认为我国反腐败的目的是保障广大人民的利益，并提出了通过信念教育和民主建设根治腐败的建议和对策，以期达到有效治理腐败的目标。

实事求是，是我党的思想路线的核心。能否坚持实事求是，关系到改革开放和社会主义现代化事业的成败。然而，我们仅仅有一个坚持实事求是的良好愿望是不够的，因为实事求是并不是一个抽象的原则和简单的出发点，而是一个充满矛盾的艰难复杂的过程。在实事求是实现过程中，往往要受到多方面因素的制约。既有来自实事求是活动结构要素——主体、客体和中介的制约，又有来自实事求是活动环境的制约。正是由于这些制约因素的作用，使得一些人虽然主观上想实事求是，但在实践中却偏离了实事求是的轨道，实践中经常出现“说易行难”的情况。在工作生活中要做到实事求是，关键是要有求真务实的态度，始终把人民利益放在第一位，这样才能自觉主动地坚持实事求是。

国民收入分配是一项十分复杂的系统。改革开放以来，我国的收入分配由过去的平均主义开始转向收入分配差距扩大。我国作为社会主义国家，在市场经济中如何坚持以马克思主义的收入分配公平理论为指导，正确处理我国现阶段的公平与效率的关系，缓解突出的社会问题，已成为构建社会主义和谐社会的一个重要内容。

第一节　科学发展观与民族地区和谐社会建设

近几年以来，甘肃省民族地区经济社会全面发展，城乡面貌发生了很大变化。在民族地区，随着城镇化进程的加快，促进城乡统筹发展的任务更加紧迫；随着资源环境压力日益加大，推进节能减排和生态建设，增强可持续发展能力的要求更加迫切；随着城乡居民收入的提高，人民群众在提高生活质量、改善人居环境等方面有了更高的要求；随着政府职能的不断转变，在提高社会管理和公共服务能力方面，被赋予了新的任务和更高的要求。这些都迫切要求我们必须学习实践科学发展观，努力开创甘肃省民族地区发展新局面。

一、科学发展观的提出

发展观是一定时期经济与社会发展的需求在思想观念层面的聚焦和反映，是一个国家在发展进程中对发展及怎样发展的总的和系统的看法。确立什么样的发展观，是世界各国面临的共同课题，它也是伴随各国经济社会的演变进程而不断完善的。人类社会在第二次世界大战以后发展经济学产生的时候，才形成对发展的比较明确、系统的看法，也才有了所谓发展观。在此之前，基本上只有财富增长或经济增长思想。发展观并非一成不变，而是随着社会经济发展的实践而不断演进，只是在对社会经济发展有了全面、深刻的认识的基础上才提出了科学发展观。从世界范围来看，发展观大致上经过了三个阶段的演进，形成了三类不同的发展观：GDP 发展观（20 世纪 70 年代以前）、新发展观包括全面发展观、可持续发展观（20 世纪 70—90 年代）以及科学发展观（新世纪）。

2003年10月，党的十六届三中全会，审议通过了《中共中央关于完善社会主义市场经济体制若干问题的决定》。明确提出，坚持以人为本，树立全面、协调、可持续的发展观。确立了科学的发展观。这一新的发展观，被著名国情研究专家胡鞍钢称之为中国“第二代发展战略”。胡鞍钢在接受新华社记者采访时表示，所谓“第一代发展战略”是1978年后邓小平首先提来的，主题是加快发展、不平衡发展，倡导“一部分人先富起来”，改革的目的是解放生产力，发展生产力。“第二代发展战略”则强调发展的全面、协调和可持续，倡导共同发展、共同分享的“共同富裕论”，实施五大协调发展战略，特别是突出了以人为本，从而解决了“发展目的是什么”的问题。

科学发展观是对我们建立和完善社会主义市场经济体制实践经验全面、深入的总结，它的提出进一步明确了完善社会主义市场经济体制的目标、指导思想和原则，是对建成完善的社会主义市场经济体制和更具活力、更加开放的经济体系所做的战略部署。实践证明，在人均国内生产总值处于1000～3000美元之间的时期，往往是“黄金发展期”与“矛盾凸显期”并存的时期。改革开放以来，我国经济社会发展取得了历史性的伟大成就，胜利实现了现代化建设“三步走”战略的第一、第二步目标，人民生活总体上达到小康水平。但是，现在达到的小康还是低水平的、不全面的、发展很不平衡的小康。在这样一个特殊的发展时期，如何解决好城乡差别问题、区域发展差距问题以及经济与社会发展不协调等问题，全面推进经济建设、政治建设、文化建设与和谐社会建设，是对我们党的执政能力特别是驾驭社会主义市场经济的能力的考验。党中央在这个时候树立科学发展观，是为了更好地解决改革发展关键时期遇到的各种问题，全面推进中国特色社会主义事业。

二、科学发展观的重大意义

1. 科学发展观是中国特色社会主义理论体系的最新成果

马克思主义是人类思想史上最伟大的理论，是推动社会进步、实现人类解放最锐利的思想武器。中国共产党成立之初，就郑重地把马克思主义写在自己的旗帜上，在把马克思主义基本原理同中国革命、建设和改革的实践相结合过程中，先后创立了毛泽东思想、邓小平理论、“三个代表”重要思想和科学发展观等重大战略思想。在这一系列理论成果中，邓小平理论、“三个代表”重要思想和科学发展观等一系列重大战略思想是马克思主义中国化的最新成果，党的十七大把它们概括为中国特色社会主义理论体系。在中国特色社会主义理论体系中，邓小平理论是开创之作，“三个代表”重要思想是重要组成部分，科学发展观等重大战略思想是这一理论体系的重要创新成果。它们既相互贯通又层层递进，体现了改革开放新时期我们党理论创新成果的科学性体系和阶段性成果的内在统一。党的十七大报告指出：“科学发展观，是对党的三代中央领导集体关于发展的重要思想的继承和发展，是马克思主义关于发展的世界观和方法论的集中体现，是同马克思列宁主义、毛泽东思想、邓小平理论和‘三个代表’重要思想既一脉相承又与时俱进的科学理论，是我国经济社会发展的重要指导方针，是发展中国特色社会主义必须坚持和贯彻的重大战略思想。”这一重要论述，对科学发展观作出了明确而科学的评价，深刻地揭示出科学发展观在中国特色社会主义理论体系和党的事业发展全局中的历史地位和指导意义。

2. 科学发展观是我国新形势下必须坚持和贯彻的重大战略思想

科学发展观立足社会主义初级阶段基本国情，总结我国发展实践，借鉴国外发展经验，适应新的发展要求提出来的，是我们党在深刻发展变化着的国际国内大背景下，顺应当今世界的发展潮流，在适应新形势、应对新挑战、完成新任务的伟大实践中应运而生的，是全面建设小康社会的强大思想武器。

十七大报告指出："进入新世纪新阶段，我国发展呈现一系列新的阶段性特征，主要是：经济实力显著增强，同时生产力水平总体上还不高；社会主义市场经济体制初步建立，同时影响发展的体制机制障碍依然存在；人民生活总体上达到小康水平，同时收入分配差距拉大趋势还未根本扭转；协调发展取得显著成绩，同时缩小城乡、区域发展差距和促进经济社会协调发展任务艰巨；社会主义民主政治不断发展，同时民主法制建设与扩大人民民主和经济社会发展的要求还不完全适应；社会主义文化更加繁荣，同时人民精神文化需求日趋旺盛，人们思想活动的独立性、选择性、多变性、差异性明显增强；社会活力显著增强，同时社会建设和管理面临诸多新课题；对外开放日益扩大，同时面临的国际竞争日趋激烈，统筹国内发展和对外开放要求更高。"新中国成立以来，特别是改革开放以来，我国取得了举世瞩目的发展成就。同时，我国仍处于并将长期处于社会主义初级阶段的基本国情没有变，人民日益增长的物质文化需要同落后的社会生产之间的矛盾这一社会主要矛盾没有变。随着经济体制深刻变革、社会结构深刻变动、利益格局深刻调整、思想观念深刻变化，我国的发展既蕴涵着巨大的发展潜力和发展空间，也承受着来自人口资源环境等方面约束的巨大压力。当前我国正处在改革发展的关键阶段，经济社会发展出现了一些过去未曾凸显的阶段性特征，这些新的阶段性特征就是社会主义初级阶段基本国情在新世纪新阶段的具体表现。实现什么样的发展、怎样发展，突出地摆在了我们面前。科学发展观正是为了解决新问题提出来的，它针对我国发展过程中一些领域和方面出现的发展不够平衡问题，着眼于把握发展规律、创新发展理念、转变发展方式、破解发展难题，进一步提出了解决城乡、区域、经济社会、人与自然发展不平衡、不协调的思路，深刻反映了我国经济社会发展进入关键时期的新要求。要在新的历史起点上开拓中国特色社会主义更为广阔的发展前景，就必须把科学发展观作为经济社会发展的重要指导方针，更加自觉地走科学发展道路。

3. 科学发展观是我国构建和谐社会的战略思想

在当代中国，我们党的历史使命是领导全国各族人民建设中国特色社会主义，实现中华民族伟大复兴。为了推进中国特色社会主义事业，我们党不断思考和研究这一事业所包含的各方面的目标、任务，逐步形成和完善我国经济社会发展的总体布局。党的十二届六中全会明确提出我国社会主义现代化建设的总体布局是：以经济建设为中心，坚定不移地进行经济体制改革，坚定不移地进行政治体制改革，坚定不移地加强精神文明建设，并且使这几个方面互相配合，互相促进。党的十五大、十六大进一步明确了我国社会主义经济建设、政治建设、文化建设全面发展的目标和政策，深化了对总体布局的认识。党的十六大以后，在科学发展观的指导下，我们党提出了构建社会主义和谐社会的重大战略任务，进一步形成了中国特色社会主义经济建设、政治建设、文化建设、社会建设“四位一体”的总体布局，丰富和完善了中国特色社会主义发展道路、发展模式、发展战略。因此，科学发展观对于发展中国特色社会主义具有长远的指导意义，是发展中国特色社会主义必须坚持和贯彻的重大战略思想。

三、增强贯彻落实科学发展观的自觉性和坚定性，构建甘肃民族地区和谐社会

高度重视理论建设，是我们党的优良传统；用发展着的马克思主义指导新的实践，是我们从胜利走向胜利的基本经验。“党

的理论创新每推进一步，理论武装就要跟进一步。”① 科学发展观是在全面建设小康社会实践中形成的重大理论创新成果，对于我们党和国家事业的发展来说，当前和今后很长时期内最关键的是坚持用科学发展观武装头脑、谋划发展、解决问题、推动工作。我们要深入学习领会科学发展观，全面把握科学发展观的科学内涵、精神实质和根本要求，进一步增强贯彻落实科学发展观的自觉性和坚定性。少数民族地区的和谐社会建设，不仅具有全国的一般性问题，还有其特殊性，认真学习领会科学发展观并自觉加以贯彻落实显得更为重要。

实现社会和谐，建设美好社会，始终是人类孜孜以求的社会理想。构建社会主义和谐社会是中国共产党人不懈奋斗的目标。我们党把马克思主义基本原理同中国社会主义建设、改革开放的具体实践相结合，在实践中不断深化对构建社会主义和谐社会的认识。构建和谐社会与科学发展观是辩证统一的。构建社会主义和谐社会强调从和谐的角度求发展，是科学发展观的目标指向；科学发展观强调从发展的角度求和谐，是构建社会主义和谐社会的指导方针。

科学发展观强调“以人为本，全面、协调、可持续发展”。当前，甘肃少数民族地区经济社会发展总体比较落后，且发展不平衡，这是在少数民族地区建设和谐社会的最大障碍。虽然在中央和发达地区的大力扶持下，特别是在西部大开发战略带动下，甘肃少数民族地区经济社会有了很大的发展，但与省内其他地区和东部沿海地区仍然有较大差距。我省少数民族地区的贫困状态，最主要和最直接的表现是经济发展的落后，经济发展水平的落后在严重地制约社会水平的发展。所以，民族地区要实现经济社会和谐发展，必须牢记社会主义的根本任务，紧紧抓住经济建

① 胡锦涛：《在学习〈江泽民文选〉报告会上的讲话》，2006 年 8 月 15 日。

设这个中心，实现经济又好又快的发展。要达到这样的目标，必须坚持科学发展观，重点要在转变经济发展方式、完善社会主义市场经济体制方面取得重大新进展。因此，民族地区的各级党委、政府，必须进一步解放思想，继续深化改革开放，促进城乡协调发展、区域协调发展和民族协调发展；建立保障社会公平正义的制度，保障各民族人民在政治、经济、文化、社会等方面的权利和利益；继承和弘扬各民族的优秀文化，建设和谐文化，巩固社会和谐的思想道德基础；激发社会活力，增进社会和民族的团结和睦，保障社会安定有序。

可持续发展是科学发展观的重要内涵，也是构建社会主义和谐社会的根本途径。科学发展观坚持可持续发展，就是要促进人与自然的和谐，实现经济发展和人口、资源、环境相协调，坚持走生产发展、生活富裕、生态良好的文明发展道路。“人与自然和谐相处”正是按照科学发展观构建社会主义和谐社会的一个重要目标。如果生态环境受到严重破坏、人们的生产生活环境恶化，如果资源能源供应高度紧张、经济发展与资源能源矛盾尖锐，就必然影响人与人的和谐、人与社会的和谐。目前，许多少数民族的贫困地区自然条件恶劣，发展环境差，一方水土难以养活一方人，贫困面大，贫困发生率高，贫困程度深，大多呈整体贫困状态，加上社会发育程度低，劳动力素质普遍低下，自我发展能力弱。这是少数民族地区构建和谐社会的又一个难点。近年来，我省民族地区经过“扶贫攻坚大会战”、“兴边富民行动”等一系列旨在改善少数民族地区发展条件的重大行动，尤其是在西部大开发的带动下，大部分少数民族地区发展条件得到明显改善，经济取得了一定程度的发展。但是由于受自然、历史和社会等因素的制约，目前大部分民族地区的经济发展对资源的依赖性比较大，资源型产业占了很大的比重。同时，民族地区普遍存在“重发展，轻环保”的观念，致使资源消耗严重，对环境破坏大，局部地区甚至出现了严重的生态恶化现象，对可持续发展造成了严重威胁。因此，必须转变观念，树立科学发展观，吸取一些发达国家和地区“先污染，后治理”的教训，绝不能以牺牲环境来换取 GDP 的增长，切实以科技为先导，以效益为优先，建设资源节约型、环境友好型社会，在加速发展经济的时候，搞好环境保护，实现可持续发展，提高发展的质量和效益，否则构建社会主义和谐社会只能是空谈。

总之，科学发展观是甘肃民族地区构建和谐社会的指导思想，必须增强深入贯彻落实科学发展观的自觉性和坚定性，确保我省民族地区全面建设小康社会宏伟目标的顺利实现。

第二节　贯彻科学发展观应重视竞争在生产力发展中的作用

党的十七大报告强调：“科学发展观，第一要义是发展，核心是以人为本，基本要求是全面协调可持续，根本方法是统筹兼顾。”① 发展，始终是我国的根本任务。改革开放三十年来，中国经济社会取得长足进步，但一些反映公平与效率的方向性、体制性问题也逐渐暴露，要推动我国经济社会又好又快发展，有必要梳理影响生产力发展的各种因素，找到制约我国生产力发展的主要因素，从而推动生产力的进一步发展。

一、马克思主义有关生产力要素的论述

生产力是人类在生产过程中征服和改造自然，并获得适合自

① 胡锦涛：《高举中国特色社会主义伟大旗帜 为夺取全面建设小康社会新胜利而奋斗》，北京，人民出版社，2007。

己需要的物质资料的能力，物质资料的生产离不开三个基本的生产要素：人的劳动、劳动资料和劳动对象。物质资料的生产过程，就是上述三要素结合在一起发生作用的过程，就是劳动者通过有目的的活动，借助于劳动资料，使劳动对象发生预定变化的过程。在这个过程中，劳动者是生产上的主观因素，起着主导作用。劳动资料和劳动对象是客观因素，是进行生产必须具备的物质条件，劳动资料和劳动对象共同构成生产资料。马克思有这样的论述："根据劳动的过程，我们看不出它是在什么条件下进行的：是在奴隶监工的残酷的鞭子下，还是在资本家的严酷的目光下；是在辛辛纳图斯耕种自己的几亩土地的情况下，还是在野蛮人用石头击杀野兽的情况下"，"我们不必来叙述一个劳动者与其他劳动者的关系。一边是人及其劳动，另一边是自然及其物质，这就够了"。[①] 马克思说得再明白不过了，上面所说的生产力要素是"劳动过程的简单要素"。至于社会生产力要素，马克思说过："劳动生产力是由多种情况决定的，其中包括工人的平均熟练程度，科学的发展水平和它在工艺上应用的程度，生产过程的社会结合，生产资料的规模和效能，以及自然条件。"[②] 可见，社会生产力是一个复杂的体系。

随着经济的不断发展，生产力系统的要素也在增加，生产力系统结构也更加复杂。人们普遍认同的生产力要素有管理、信息、分工和协作，还有，也是最重要的一个要素，就是科学技术。"科学技术是生产力"是马克思主义的基本原理。马克思曾指出："生产力中也包括科学"，并说："固定资本的发展表明，一般社会知识，已经在多么大的程度上变成了直接的生产力。"[③]

---

① 《资本论》，第一卷（上），209 页，北京，人民出版社，1975。

② 同①，53 页。

③ 《马克思恩格斯全集》，第 47 卷，572 页，北京，人民出版社，1972。

马克思还深刻地指出："社会劳动生产力，首先是科学的力量"；"大工业把巨大的自然力和自然科学并入生产过程，必然大大提高劳动生产率"。①

1988年9月，邓小平同志提出了"科学技术是第一生产力"② 的论断。科学技术不是生产力的单独的要素，它是通过对生产力的其他要素进行渗透，使这些要素加倍地发挥作用，从而推动生产力发展的。科学技术一旦渗透和作用于生产过程中，便成为现实的、直接的生产力。现代科学技术发展的特点和现状告诉我们，科学技术特别是高技术，正以越来越快的速度向生产力诸要素全面渗透，同它们融合。科学技术的进步可以使生产工具不断得到改进和更新，用效率更高的技术装备武装国民经济的各个产业部门；科学技术的进步可以提高劳动者的素质，包括文化知识水平和专业劳动技能；科学技术的进步还可以提高劳动对象的利用水平，发挥劳动对象的新的用途。随着科学技术的迅猛发展，在现代化大生产中已显得越来越重要，并已成为推动生产力发展和进步的第一要素，在经济增长中，科学技术所做的贡献越来越大，发达资本主义国家这个比例已经超过了80%。有一些专家认为：生产力＝精神要素×物质要素，物质要素指的是劳动力、劳动资料和劳动对象这三个基本要素，而精神要素则指科学技术、管理和信息等生产力要素。甚至有人认为，生产力＝(人的劳动＋劳动资料＋劳动对象)^{科学技术}，只有这样，才能体现出科学技术的重要作用来。从现实情况来看，生产力的发展，出现了加速发展的态势，这正是由于科学技术处在幂的位置引起的。"科学技术是第一生产力"这个论断，得到越来越多的人们的认可。

---

① 《马克思恩格斯全集》，第23卷，424页，北京，人民出版社，1972。

② 《邓小平文选》，第三卷，274页，北京，人民出版社，1993。

二、竞争在生产力发展中的巨大作用

1. 竞争在生产力体系中是不可或缺的一个因素

是什么原因促使生产力不断地向前发展？马克思在《资本论》说："各种经济时代的区别，不在于生产了什么，而在于怎样生产，用什么劳动资料生产。劳动资料不仅是人类劳动力发展的测量器，而且是劳动借以进行的社会关系的指示器。"① 在劳动资料中，最重要的莫过于劳动工具。劳动工具的状况直接影响着生产力的状况，制约着生产力可能发展的程度；劳动工具作为人类生产技能、经验和知识的物化形式，它是人类劳动力发展的测量器和社会生产关系变化的指示器。然而，在生产力的发展中起主导作用的不是劳动工具，而是劳动者。掌握了一定的劳动经验和技能的劳动者，对生产力的发展起决定性作用。生产资料要由人来改变和使用，生产工具也要由人来创造和改进，离开了劳动者再好的劳动工具也无从发挥作用，劳动者是社会生产力中最根本的力量。可是，在现代生产力的发展中，劳动者素质的提高，劳动资料的革新，自然资源的开发，新的原材料发明和利用，生产力各个要素的合理配置和组织等等，都依赖于科学技术的发展与进步。从对生产力发展的重要性上来讲，人们普遍接受"科学技术是第一生产力"这一论断。劳动工具为什么能不断地改进和创新？劳动者的素质为什么不断提高？科学技术为什么能够迅猛增长？这其中有一个因素始终被我们忽视了，那就是竞争。奴隶社会、封建社会生产力发展缓慢，是因为竞争不充分；资本主义社会经济高速增长，科学技术日新月异，正是由于充分竞争带来的。竞争也应该是生产力的要素之一，这个要素能使生产力的其他要素发挥尽可能大的效用，从而持续地推动生产力加

① 《资本论》，第一卷（上），204 页，北京，人民出版社，1975。

速发展。

2. 竞争是资本主义社会生产力迅猛增长的主要原因

竞争对资本主义社会生产力的推动作用，我们要从三个方面来理解。第一，竞争机制是市场机制的主要内容，是价值规律发挥作用的表现。竞争、供求和价格是市场机制发挥作用的三个重要参数，正是通过竞争机制，市场经济才发挥着资源配置的作用，调节着生产者的生产经营行为，导致商品生产者优胜劣汰。第二，竞争使资本主义社会的劳动生产率和科学技术不断地得到了提高。根据马克思的观点，商品的价值是由生产商品的社会必要劳动时间决定的，如果资本家的个别劳动时间低于社会必要劳动时间，那么资本家会获得更多的超额剩余价值。要降低个别劳动时间，就要设法提高他的劳动生产率，这就要求资本家采用先进的技术。用先进技术生产的商品的个别价值就会小于社会价值，但在市场上仍然按社会价值出售。在市场竞争中，正是被垄断使用的先进技术以它高于社会平均水平的劳动生产率，才使他所生产的商品的个别价值小于社会价值，并因这一差额的出现而形成一定量的超额剩余价值。其他资本家为了获得同样多的剩余价值，纷纷效仿。一旦这种先进技术普及了，有关商品的社会价值也开始下降到上述个别价值的同一水平了，超额剩余价值也就随之消失了。但与此同时新的更先进的技术又问世了，于是新一轮在更高水平上追逐超额剩余价值的现象又产生了，并继续为激烈竞争的市场所默认。于是，资本主义的劳动生产率和科学技术不断地在竞争中得到了提高。第三，竞争使单个资本的规模不断增大。资本家追求剩余价值的目的，并不是简单地为了占有和消费，而是为了资本的增殖。资本主义的特征是扩大再生产，资本积累则是资本主义扩大再生产的源泉。资本家为什么要不断地进行资本积累来扩大生产规模呢？一方面是由于资本对剩余价值的无止境地追求，只有不断地进行积累扩大生产规模，才能获得更多的剩余价值，这是资本积累的内在动力；另一方面，市场竞争规律决定了资本家只有不断地进行积累，才能保持自身的竞争力，不被其他资本所吞并，这是资本积累的外在压力，是竞争规律作为外在的强制力量支配着资本家的个人行为。

传统的计划经济的弊端是忽视了竞争。虽然计划经济在我国建国初期经济恢复起到了巨大作用，但随着经济的进一步发展，其弊端日益暴露出来。我们经常提到的计划经济体制的弊端：政企职责不分，国家对企业统得过多过死；分配中存在着严重的平均主义的现象；在所有制结构和经营方式上的单一化等。这些弊端归纳起来，就是一点，忽视了竞争。在计划经济体制下，国民经济运行的调节，主要是通过行政手段和指令性计划，实行实物指标的管理，忽视价值规律和市场的调节作用。凡事要有计划，严格遵守基本建设和产供销程序，财务上实行收支两条线，产品实行统购统销的做法，表面上看管理模式很严格、很细致，实质上却丢掉了生产力发展的最重要东西，即忽略了市场的规律、生产的效率、生产与消费的辩证关系，造成了物资严重短缺、资源得不到合理配置和国家人力物力的极大浪费，也严重挫伤了企业和职工的积极性和主动性。另外，计划经济时期对外经济关系上基本上是闭关自守，这也意味着我们没有参与国际竞争。实践证明，不参与国际竞争与合作，会偏离世界经济发展的潮流。

三、完善公平高效的竞争机制是落实科学发展观的切入点

1. 竞争是落实科学发展观要义的关键所在

改革开放以来，我们始终以经济建设为中心，在改革、稳定和发展的关系中，把发展放在突出的地位。随着经济的发展，我们要解决的是经济的持续稳定发展问题、产业结构的优化和升级问题，找到一条适合我国经济发展的道路。十七大报告指出：

"科学发展观，是立足社会主义初级阶段基本国情，总结我国发展实践，借鉴国外发展经验，适应新的发展要求提出来的。进入新世纪新阶段，我国发展呈现一系列新的阶段性特征，主要是：经济实力显著增强，同时生产力水平总体上还不高，自主创新能力还不强，长期形成的结构性矛盾和粗放型增长方式尚未根本改变；社会主义市场经济体制初步建立，同时影响发展的体制机制障碍依然存在，改革攻坚面临深层次矛盾和问题……"① 科学发展观第一要义是发展，目前，我国的改革开放到了一个新的阶段，发展面临新的挑战。要解决发展过程中出现的一系列新的矛盾，我们必须重视竞争这个生产力要素，在市场经济体制下，通过高效公平的竞争机制，不断地推动科技创新，优化和升级产业结构，增强竞争力，实现国民经济又好又快发展。

2. 竞争是解决当前诸多社会问题的一把钥匙

我国改革开放的实践经验表明：凡是竞争相对充分的地方，这些地方的经济就更有生机和活力；加入 WTO 后，那些压力大、竞争激烈的行业和部门，这些年发展也普遍较快。我国改革从农村突破，实行联产承包责任制，解决了广大人民群众的温饱问题，在城市进行了企业经营机制改革，搞活了国有企业，人民生活水平得到明显提高。可见，由于引入了竞争机制，调动了人民群众的积极性，才使国民经济高速增长，社会事业全面发展，商品种类繁多，满足了群众多样化的需求。从另一方面来看，目前突出的一些社会问题也是因为竞争不充分或不公平竞争造成的，例如，对东部沿海地区实行了特殊政策，造成沿海经济发展快，使我国区域发展不平衡；由于农村土地流转和现行的户籍制度，限制了生产要素的流动，三农问题长期得不到解决；某些行

---

① 胡锦涛：《高举中国特色社会主义伟大旗帜 为夺取全面建设小康社会新胜利而奋斗》，北京，人民出版社，2007。

业（如电信、电力、金融、保险、石油、交通、教育、医疗等）竞争不充分，造成行业间、企业间收入差距的扩大，导致人们“看病难”、“住房难”、“上学难”等一系列社会问题突出。科学发展观的核心是以人为本，在社会主义国家，发展的最终目的是为了满足广大人民的需要。尽管这些问题要在发展中逐步解决，但问题解决的思路更多的还是要靠市场的力量。这就要求在国家的宏观调控下，通过公平有序的竞争，为人民创造更多的就业机会，生产优质廉价的消费品和提供高效便捷的服务，来缓解和根治这一系列突出的社会问题。

3. 竞争也是我国构建和谐社会的需要

我们可以看看发达资本主义国家发展的轨迹：在竞争的推动下，科技不断发展，工业经济转型为知识经济；资本规模迅速扩张，从国内垄断走向大型跨国公司；市场也日益完善，从形成国内统一的大市场到经济全球化。今后，我国的经济可持续发展也要自觉遵循市场经济的内在规律。现阶段，我国的商品和以前相比已经很丰富了，资金比较充裕，在投资的推动下，经济高速增长。但我们也应该看到，经济高速增长的背后，暗流涌动，局部热点不断：能源和资源备受追捧、房地产和股市大幅震荡。当前，我们正面临全球性金融危机的冲击，应对这次危机，我们应高度认识市场经济中资本的逐利性和冲动力，要求我们高度重视竞争这个生产力要素，合理引导，积极参与经济全球化。科学发展观的根本方法是统筹兼顾，“统筹城乡发展、区域发展、经济社会发展、人与自然和谐发展、国内发展和对外开放，统筹中央和地方关系，统筹个人利益和集体利益、局部利益和整体利益、当前利益和长远利益，充分调动各方面积极性。统筹国内国际两个大局，树立世界眼光，加强战略思维，善于从国际形势发展变化中把握发展机遇、应对风险挑战，营造良好国际环境。而培育公平有序的竞争机制，是实现诸多统筹的要点。社会主义国家的竞争不同于私有制国家的竞争，我们完全可以提倡良性的竞争来调动各方面的积极性，克服私有制竞争的弱肉强食和垄断，实现社会主义和谐社会。从辩证的角度看，竞争与和谐是对立统一的，没有竞争就没有和谐，竞争中有和谐的合作，和谐中不乏极具挑战力的竞争，这应当是市场走向成熟表现出来的魅力。要全面建设小康社会，构建和谐社会，实现“三步走”的发展战略，从根本上说，都离不开竞争。

第三节　科学发展观和科学技术的发展

胡锦涛总书记在《努力把贯彻落实科学发展观提高到新水平》一文中指出：“提高自主创新能力，建设创新型国家，是国家发展战略的核心，是提高综合国力的关键，是实现又好又快发展的重要途径，是贯彻落实科学发展观的必然要求。”贯彻科学发展观，实现经济社会又好又快发展，就必须高度重视科学技术在生产力发展中的作用。

一、科学发展观是关于发展的理论

1. 发展生产力是马克思主义的一项基本原则

历史唯物主义认为，生产力是人类社会发展的最终决定力量，一切社会关系、社会制度和社会观念的产生、发展、变革和消灭，归根到底是由生产力发展引起的。马克思恩格斯在《共产党宣言》中提出，无产阶级夺取政权以后，要“尽可能快地增加生产力的总量”。[①] 从整个人类社会历史进程看，生产力始终是促进人类社会向前发展的决定性因素。生产力的不断向前发

① 《马克思恩格斯选集》，第二卷，272页，北京，人民出版社，1995。

展不仅是人类生存和发展的基本要求，也是社会制度是否优越的根本体现。

坚持用发展的办法解决前进中的问题，是我国社会主义建设的一条基本经验。早在新中国成立前夕，毛泽东就提出了著名的生产力标准的观点。他指出：“中国一切政党的政策及其实践在中国人民中所表现的作用的好坏、大小，归根到底，看它对于中国人民的生产力的发展是否有帮助及其帮助之大小，看它是束缚生产力的，还是解放生产力的。”① 改革开放以来，我们党在正确分析了我国国情的基础上确定了社会主义初级阶段的根本任务，邓小平同志指出：“中国解决所有问题的关键是要靠自己的发展。”② 大力发展生产力是我国长期坚持的一项基本国策。江泽民同志进一步指出：“党要承担起推动中国社会进步的历史责任，必须始终紧紧抓住发展这个执政兴国的第一要务，把坚持党的先进性和发挥社会主义制度的优越性，落实到发展先进生产力、发展先进文化、实现最广大人民的根本利益上来，推动社会全面进步，促进人的全面发展。”③

2. 科学发展观丰富和发展了马克思主义发展观

发展观是关于发展的本质、目的、内涵和要求的总体看法和根本观点。离开发展，就无所谓发展观。党的十六届三中全通过的《中共中央关于完善社会主义市场经济体制若干问题的决定》，正式提出了“坚持以人为本，树立全面、协调、可持续的发展观，促进经济社会和人的全面发展”。十七大进一步指出：“科学发展观，第一要义是发展，核心是以人为本，基本要求是

① 《毛泽东选集》，第三卷，1079 页，北京，人民出版社，1991。

② 《邓小平文选》，第三卷，265 页，北京，人民出版社，1993。

③ 江泽民：《在庆祝中国共产党成立 80 周年大会上的讲话》，北京，人民出版社，2001。

全面协调可持续，根本方法是统筹兼顾。”① 这是以胡锦涛为总书记的党中央从新世纪党和国家事业发展全局出发，在深刻分析了新时期我国发展面临的新形势和总结了国内外经济社会发展中的经验教训的基础上，进一步回答了什么是发展、为什么发展和怎样发展的重大问题，赋予马克思主义关于发展的理论以新的时代内涵和实践要求。

科学发展观，坚持了“发展是硬道理”的战略思想，紧紧抓住发展这个执政兴国的第一要务，同时强调要着力把握发展规律、创新发展理念、转变发展方式、破解发展难题，努力实现以人为本、全面协调可持续的科学发展。科学发展观使马克思主义的发展理论更加具体，它以谋求发展为起点，以研究发展为主题，以揭示发展规律为手段，在发展内涵、发展动力和发展道路方面对马克思社会发展观进行了系统的理论创新。

3. 我国发展面临的新形势要求我们科学发展

现阶段，随着改革开放和现代化建设的步伐进一步加快，我国的发展既面临着历史性机遇又面临着严峻的挑战。改革开放以来，我国经济发展取得了举世瞩目的巨大成就，但不可否认，也存在一系列突出的矛盾和问题：我国的经济和社会的发展不平衡，发展不够全面，城乡差距、地区差距、居民收入差距持续扩大；就业和社会保障压力增加；社会事业发展滞后，人口、环境、资源的矛盾加剧；经济增长方式落后，经济整体素质和竞争力不强等。科学发展观正是针对当前我国经济、社会发展中存在的突出问题和矛盾提出来的。

我国已经实现了初步小康，正在向全面小康迈进。但要实现全面小康的宏伟目标，必须转变经济增长方式。中国人口多、资

① 胡锦涛：《高举中国特色社会主义伟大旗帜 为夺取全面建设小康社会新胜利而奋斗》，北京，人民出版社，2007。

源相对不足已经成为制约经济发展的主要因素，过去由于过多地注重经济增长的速度，这种低水平低效益的增长，造成了资源和能源的大量消耗、环境严重污染、生态进一步恶化。依靠科学技术的进步，走一条又好又快发展的路子，成了我国解决发展过程中带来的一系列问题及进一步发展的唯一选择。

二、科学技术在当今经济社会发展中的巨大作用

1. 科学技术是先进生产力的集中体现和主要标志

马克思在他那个时代就已经清醒地认识到科学知识在生产力发展中的作用，他非常明确，生产力和科学是不可分的，“生产力中也包括科学”。马克思关于科学技术是生产力的观点，为不断演进的社会实践所证实。邓小平所处的时代是科学技术取得重大成果和突飞猛进的时代，在现代科学技术发展的新形势下，他主张一定要用新的思想去对待马克思主义。他指出：“世界形势日新月异，特别是现代科学技术发展很快。现代的一年抵得上过去古老社会几十年、上百年甚至更长的时间。不以新的思想、观点继承、发展马克思主义，不是真正的马克思主义者。”基于他对现代科学技术飞速发展的深刻思考，使他认识到科学技术越来越成为重要的生产力，再说科学技术是生产力已经不够了。他说：“马克思讲过，科学技术是生产力，这是非常正确的，现在看来这样说可能不够，恐怕是第一生产力。”①

在现代，科学技术在生产力发展中的地位和作用越来越重要，在经济增长中所占的比重越来越大，已经成为现代生产力的生长点、突破口和决定因素，是先进生产力的集中体现和主要标志。先进生产力是生产力大系统中最为活跃的部分。江泽民纵观新世纪的发展大势，继承马克思主义关于科学是生产力的基本原

① 《邓小平文选》，第三卷，275页，北京，人民出版社，1993。

理，结合世界科技发展的新态势和我国科技发展的新情况，江泽民同志在“七一”讲话中指出：“科学技术是第一生产力，而且是先进生产力的集中体现和主要标志”，这一新论断是对马克思、邓小平生产力理论的进一步深化。

2. 认识形式的变革突显出科学实验的重要性

人类通过实践活动认识世界和改造世界，通过实践活动不断推动生产力的发展。人类实践活动的具体形式是丰富多样的，其中，物质生产活动、处理社会关系的活动和科学实验活动是基本的实践形式。物质生产活动是处理人类和自然的关系的实践活动，是人类生存和发展的基础，是人们从事其他一切实践活动的前提，它决定和制约着其他各种形式的实践活动，是最基本的实践活动。科学实验是改造自然和社会的准备性、探索性的实践活动，这是在一定的科学知识指导下，具备一定的设施而去探索客观世界奥秘的实践活动。它源于生产实践，又高于生产实践，对于人们更深刻地认识自然、改造自然发挥着重要的作用。

科学实验在现实社会实践中起着越来越重要的作用，特别是在现代社会化大生产中和科学技术迅速发展的条件下，许多生产中的问题离开科学实验是无法解决的。在以往的认识活动中，人们从直接的生产实践中总结经验，改进技术，人们的大多数认识来源生产实践。科学与生产的关系，基本形式是“生产—技术—科学”，即在生产技能中提炼出技术，技术再上升为科学理论。但现代，转变成了“科学—技术—生产”，绝大部分技术上的创新，首先是在科学理论上有了新的突破。随着科技进步，人们的认识手段不断改进，人们对客观事物的认识向纵深发展，要认识大至 10^{28} cm 以外的星体、小至 10^{-16} cm 的夸克，仅靠我们的感官去认识世界是远远不够的，必须借助先进的技术手段。现代科学技术变得越来越复杂、越来越精密，技术对科学的依赖性愈来愈强，科学实验也越来越以技术作为自己的物质手段，这就决定了实践中人们的认识越来越离不开科学实验。同时，由于计算机等实验条件的改善，我们可以更多地模拟现实环境，有很多工作可以在实验室完成。可以肯定的是，今后的生产实践，更多的是提出认识的需要，而认识的完成和技术的改进主要依靠科学实验，科学实验对生产实践的推动作用会不断加强。

3. 科学技术的迅猛发展推动了经济和社会的转型

科学是“历史的有力杠杆”、“最高意义上的革命力量”。[①] 近代以来发生的科技革命极大地推动了社会历史的进步。以蒸汽机的发明为主要标志第一次科技革命推动了西欧资本主义国家生产迅速过渡到机器大工业，为资本主义生产方式的建立奠定了物质基础；以电力的发明为标志的第二次革命，电力取代蒸汽机成为新的动力，使人类社会进入电气时代；20 世纪中期以后出现的第三次科技革命，以原子能的利用、电子计算机和空间技术的发展为主要标志，特别是信息技术、新材料、新能源、生物工程、海洋工程等高科技的出现，推动了人类社会由工业经济形态向信息社会或知识经济形态的过渡。

知识经济理论形成于 20 世纪 80 年代初期。知识经济，通俗地说就是“以知识为基础的经济”。从内涵来看，知识经济是经济增长直接依赖于知识和信息的生产、传播和使用，它以高技术产业为支柱，以智力资源为首要依托，是可持续发展的经济。从劳动工具发展史来看，农业经济是使用手工工具的劳动密集型经济，工业经济是使用机器的资本密集型经济，知识经济则是使用计算机的知识密集型经济。农业经济的发展主要取决于劳动力资源，工业经济主要取决于自然资源，知识经济主要取决于智力资源。在现代社会生产中，知识已成为生产要素中一个最重要的组成部分，以此为标志的知识经济将成为 21 世纪的主导型经济形态。

① 《马克思恩格斯全集》，第十九卷，372 页，北京，人民出版社，1963。

三、贯彻科学发展观最终要依靠科学技术的发展

1. 科技发展带来的“全球问题”

科学技术像一把“双刃剑”，既能通过促进经济和社会发展以造福于人类，同时也可能在一定条件下对人类的生存和发展带来消极后果。科学技术的发展标志着人类征服自然的能力的增强，意味着能够更多地创造出人们所需的物质财富，对社会发展的积极作用是不容置疑的。但是，由于对科学技术的发展引起的生产力快速发展，也给人类的生存和发展带来了一系列问题。马克思在考察资本主义条件下科学技术作用时指出：“在我们这个时代，每一种事物都好像包含自己的反面……技术的胜利，似乎是以道德的败坏为代价换来的。随着人类愈益控制自然，个人却似乎愈益成为别人的奴隶或自身的劣行为的奴隶。甚至科学的纯洁光辉仿佛也只能愚昧无知的黑暗背景上闪耀……现代工业和科学为一方与现代贫困和衰颓为另一方的这种对抗，我们时代的生产力与社会关系之间的这种对抗，是显而易见的、不可避免的毋庸争辩的事实。”① 科学技术在帮助人类不断创造出光辉灿烂的物质文明和精神文明，科技革命在彰显人类认识自然和改造自然的巨大能力的时候，世界上不同国家和地区的人们开始被一些普遍存在的社会问题所困扰：人口增长过快、粮食短缺、能源和资源枯竭、环境污染和生态破坏等问题日益突出。人们把这样一些在规模上具有全球性，在性质上涉及全人类的利益，在解决时要求全世界范围内作出协同一致的努力的重大社会问题，称作“全球问题”。

2. 科学技术的发展是解决发展带来的一系列问题的关键

“全球问题”的出现，深刻地反映了人类与自然的矛盾，从

① 《马克思恩格斯选集》，第一卷，775页，北京，人民出版社，1995。

一定意义上说，这些问题是由于科学技术广泛应用于自然而又失去控制所引起的，它涉及社会制度、社会管理组织以及各种社会认识和实践的复杂问题。我们应当看到，科学技术的双重作用，是和市场经济密切联系的。市场经济的竞争机制，促使科学技术迅速发展，另一方面，市场经济不能解决外部不经济问题，这就使得经济社会发展与人口、资源、环境不协调。“全球问题”表面上看是科技发展的结果，但其实质是我们对发展规律没有完全认识清楚导致的，我们不能因此而否定科学技术的发展，我们只是需要一个“自觉”的政府。社会主义市场经济完全有可能解决这一难题，而解决的根本途径恰恰要依赖科学技术的发展。贯彻科学发展观，一方面我们要避免发达国家发展过程中出现“先污染、后治理”的老路，走一条新型工业化道路；另一方面，我们重复发达国家的发展之路从现实条件看已经不可能，我们只能通过科学技术的发展来解决发展过程中出现的问题和今后发展中面临的一系列问题。发展是一个充满矛盾的运动过程，科学技术发展带来的双重作用取决于人，科技本身是中性的，我们不能因为“全球问题”而否定科技的发展，而是要坚持科学发展观，用科技的发展去解决发展中出现的问题。

3. 贯彻落实科学发展观必须推动科学技术的发展

科学技术是社会发展的重要动力，当今世界科学技术发展突飞猛进，一个国家、一个民族若能在科学技术上不断进取，就有可能实现社会经济的跨越式发展。中国是个人口大国，更是一个人均资源拥有量位居世界后列的贫国，资源短缺现象正日趋严重。人口增长对资源、环境造成越来越大的压力，成为我国的经济和社会发展的严重制约因素。资源紧缺，尤其是不可再生资源面临耗竭是“全球问题”中的另一个重要方面。以往我国的在发展观上存在问题，粗放型经济增长方式和科技水平相对落后，使人口和资源的矛盾比较突出，导致了环境污染加剧、生态平衡遭到破坏。解决“全球问题”有赖于多方面的努力和条件，要用科学发展观指导人们与自然和谐相处，通过科技进步，使我国的人口负担成为人力资源，提高资源的利用率，是我国经济社会持续协调发展的根本途径。

贯彻科学发展观，最终的目的是促使我国经济社会的进一步发展。历史发展的经验表明，哪个国家抓住了科技革命的机遇，哪个国家就会实现超越式发展。改革开放以来，我国始终跟踪世界高科技的发展，经过三十多年的发展，我国综合国力明显增强，我国要实现经济社会的进一步发展，必须依靠自身的科技创新。胡锦涛指出：“要始终把增强自主创新能力作为调整产业结构和转变发展方式的中心环节，大力推进原始创新、集成创新和引进消化吸收再创新，着力突破制约经济社会发展的关键技术，更加自觉、更加坚定地走中国特色自主创新道路。”① 科学技术是经济社会发展的一个重要资源，是引领未来发展的主导力量。大力发展科学技术，是我们在激烈的国际国内竞争中抓住机遇、赢得主动的条件，是贯彻落实科学发展观、实现全面建设小康社会宏伟目标的关键所在。

第四节　对廉政建设的深层思考

胡锦涛总书记在十七大报告中强调：“中国共产党的性质和宗旨，决定了党同各种消极腐败现象是水火不相容的。坚决惩治和有效预防腐败，关系人心向背和党的生死存亡，是党必须始终

① 胡锦涛：《努力把贯彻落实科学发展观提高到新水平》，载《求是》，2009 (1)。

抓好的重大政治任务。”[①] 从根本上讲，反腐败斗争是一场人民战争，不仅依靠民众，而且归根到底也是为了民众！我们必须首先澄清这样一些重大问题：衡量检验反腐败的标准是什么？反腐败的出路在哪里？反腐败的目的是什么？等等。对于这些重大问题的回答，都必须围绕着广大人民的利益来思考。我们固然需要制度、教育、监督为主要内容的反腐体系，但更需要以维护和保障人民利益为核心价值的民主反腐。

一、现阶段我国腐败的主要特征

科学地定义“腐败”，是开展反腐败斗争的基本条件之一。但对“腐败”作出准确定义是很困难的，国际货币基金组织将腐败定义为：“腐败是滥用公共权力以谋取私人的利益。”这个定义尽管简明、揭示了腐败的本质，但在腐败行为主体与外延的界定、裁定的标准与尺度等方面均有其局限性，不完全适合我国转型社会的特殊情况。北京师范大学于风政提出这样一种观点：“腐败是国家机关和国有企业的公职人员与他人合谋，违反法律和社会公认的行为规范，滥用公共权力和公共资源，为私人和私人小圈子牟取私利或为某一单位、某一行业谋取特殊利益而损害公共利益及其他公民个人利益的行为。”[②] 在这里之所以提这个定义，不是说它有多严谨与具体，而是因为这种提法概括了现阶段中国腐败现象的特点：

1. 腐败行为的主体是公职人员

在发达资本主义国家，“金融寡头”操控着国家的政治经济，腐败的主体是一些大财团。而在我国，最重要的经济资源仍

① 胡锦涛：《高举中国特色社会主义伟大旗帜 为夺取全面建设小康社会新胜利而奋斗》，北京，人民出版社，2007。

② 于风政：《论“腐败”的定义》，载《新视野》，2003（5）。

在政府控制之下，市场准入障碍多，公平竞争和法治的环境没有形成，政务不透明，因而为公职人员的腐败提供了广阔的市场。

2. 腐败的表现形式仍以权钱交易为主

在我国现行的体制下，公职人员掌握着极多极大的公共权力和公共资源，腐败的主要形式便是以权力换财富。自20世纪80年代中期我国出现大面积腐败以来，上至控制着政策制定、大型项目、银行信贷、土地资源、税收优惠、市场准入等权力的中高级政府官员，下至控制着中小私营企业发展条件的基层干部以及税务所、工商管理所、派出所等公共职能部门的普通工作人员，始终是腐败市场上最活跃的群体。

3. 绝大多数重大腐败案件侵犯的直接客体是国有财产

在私有制的社会里，多数腐败行为侵害的直接客体是公民个人或私营企业（机构）的利益。而我国正处于转型期，社会的基本任务是国有企业的产权改造与转移，这本来是抑制与消除腐败的重大措施，但产权改造和转移造成巨大的腐败机会。有的管理者故意低估国有企业的价值，提供虚假的国有企业亏损信息，向有意行贿的购买者、租赁者提供内部信息，违反规定程序搞“暗箱”操作，或连带转移原国有企业享有的垄断权力或优惠政策，从中牟取巨额好处，造成国有资产大量流失，这是直接侵犯国有财产。低价出让国有土地和其他自然资源，指令国有银行发放没有还贷保障的贷款，以虚报造价或降低质量要求的方式发包公共工程，随意减免税收，协助国营或私营企业走私贩私等等，从中收取贿赂，直接损害的客体也是国家或全民的利益。在国有企业内部腐败也很严重。在政企不分的体制下，国有企业的管理实际上是行政权力的延伸，国有企业的管理人员实际上是公职人员。有些管理人员在对外经济交往中，有意把本企业应得的利益转移到私营企业，从中捞取好处，或者直接贪污，监守自盗，成为国有企业内部的“蛀虫”。由于侵害的是国有财产，广大人民似乎觉得与己无关，听之任之，致使腐败蔓延。

腐败本质上都是对公共权力的滥用。现阶段的腐败除上述特征外，还出现了比较隐蔽的集体性、集团性腐败。党政机关、国有企业的负责人采用偷税漏税、开办官办企业、设立依附于国有企业的集体企业用以转移国有企业收益和利润等手段，以牺牲国家和全民利益为代价，为本单位和小集体谋取特殊利益。行业垄断也会造成社会腐败。我国的电力、电信、金融、石油、航空、铁路等都是大型公司、国有企业，有能力通过影响国家的政策与立法的途径来维护和实现其垄断性利益。这些企业的高管同政府官员有着历史上形成的密切关系，凭借其对国民经济的巨大影响和对资源与市场的垄断就可以使政府制定对他们特别有利的法律、法令、条例与政策，维持垄断价格。由垄断产生的超额利润主要为本行业员工所得。行业垄断借助政府的力量阻止市场进入，破坏公平竞争，阻碍经济发展，使国家的权力为一部分人服务，是一种政治性的腐败。除了权钱交易，权色交易、人事腐败也日益突出。时下，跑官、要官、买官、卖官、骗官在一些地方盛行。无官求有官，小官求大官、冷官求热官、“踩杠”者求保官。为求官求财，行贿手段花样翻新。因而，选人不凭才干，用人不凭实绩，荐人不凭公认，任职不依程序，一切以价定职，以钱授“衔”。把用人看做是自己家事一样，用所谓自己的人。普遍发生的人事腐败属于制度性腐败，它所形成的庇护与被庇护人网络，是集团性腐败乃至形成犯罪集团的基础。

腐败现象的上述特点表明，把腐败简单地看做是贪污受贿，显然是一个误区。在现代社会生活中，腐败就像是一个有机体那样腐烂、变质。正如其本意，“太仓之粟陈陈相因，充溢露积于外，腐败不可食?”① 就其语义而言，是谓腐烂。在现象层面上，

① 班固：《汉书·食货志》，(卷24) 515页，长沙，岳麓书社，1993。

“腐败意味着一个社会充斥着公务人员的贪污、腐化、行贿受贿、敲诈勒索、挥霍浪费社会公共财物、假公济私等丑恶现象，以致党的路线、方针、政策不能贯彻，官僚主义严重，思想滑坡、道德失衡，社会风气败坏。”①

二、我国反腐败的根本目的

近年来，党和政府加大了反腐败的力度，注重反腐败体系建设。但我们看到，现状却成了“腐败已经是一种常态，清廉却成了另类”。腐败更加隐蔽，加大了反腐败的难度。越反越腐败，没有达到预期的效果，这和反腐败目的不明确有直接关系。人们把反腐败等同于惩治贪官、巩固执政党的执政权威，从这种出发点是无法根治腐败的，腐败分子前赴后继，呈蔓延趋势。况且，我们现在的反腐败主要是反贪污受贿，那么诸如“政绩工程”、决策失误、挥霍浪费、碌碌无为等行为无从反起，而恰恰是这些行为造成的损失更大。从本质而言，腐败危害的是党和国家的根本利益，侵犯的是人民群众的利益，因此执政党才会对腐败现象高度重视，民众才会对腐败恨之入骨。从表面上看，腐败侵蚀的主要是公共权力和国有财产，直接危害到党和政府的执政地位，但是归根到底，腐败的代价需要整个社会和广大民众埋单。因此，我认为反腐败的最终目的是维护社会公平公正、保障国家和人民的利益不受侵犯。判定反腐败斗争的成败，主要是看反腐败斗争是否维护了广大民众的正当权益，而不能简单地以抓了几名贪官、查处几个案件为判断依据。只有当广大民众的权益得到了切实维护，社会得以稳定持续发展，反腐败斗争才称得上取得了真正的成功。

---

① 魏明铎：《抓住有利时机，坚决惩治腐败》，载《反腐败纵横谈》，45页，北京，北京大学出版社，1994。

"腐败作为一种社会历史现象，古今中外许多社会都有。从本质上说，腐败现象是剥削阶级和剥削制度的产物。"① 从倡廉的本质看，它是马克思主义政党的世界观和性质的外在表现。我们要从反腐倡廉是实现党的政治纲领的需要、是密切党同人民群众联系的需要、是巩固党的执政地位的需要的高度来充分认识其重大的政治意义。中国历史上，统治阶级反腐败的本质特征是官本反腐败。他们也大多知道治民先治吏的道理，在统治秩序出现危机的时候，往往期望通过惩治官吏腐败来重振朝纲，但是，他们反腐败的出发点是统治集团的自身利益，依靠力量是官僚阶层的孤军作战，执政基础是统治者与人民根本对立的政治制度，其结果必然是：重典治吏仍不能挽救封建社会病入膏肓的定局，边惩边犯，成为封建王朝人亡政息的征兆。十七大报告中重申的"权为民所用、情为民所系、利为民所谋"体现了我们党"执政为民"的政治主张，继承了传统民本思想的合理内核，并在当前建立教育、制度、监督并重的惩治和预防腐败体系中得以贯彻，这意味着我国的反腐体制将进一步从官本反腐向民本反腐转变。反腐败不能仅仅"为了反腐败而反腐败"，更不能模糊、误解反腐败的根本目的。反腐败必须紧紧围绕其根本目的才不致迷失方向，否则，反腐败就可能沦为作秀，就可能流于形式，就可能让民众依然失望。

三、我国根治腐败的新思路

通过以上分析，我们大概理清了反腐败的思路：

1. 要下决心治理腐败

针对党内存在的腐败现象和不正之风，党中央、国务院十分

① 江泽民：《推动党风廉政建设和反腐败斗争的深入开展》，载《江泽民文集》，（第三卷）人民出版社，2006。

重视，把反腐败作为关系执政党生死存亡和中华民族前途命运的一件大事来抓，查处了像成克杰、胡长清、王怀忠、李真等一大批腐败分子，反腐败斗争的势头相当强劲。但这样的斗争并没有起到明显的震慑效果。为什么呢？因为人们没有感受到中央反腐败的决心。有很多人认为抓几个大贪官表明了中央反腐败的决心，我不这样认为。腐败在我国已经成了社会风气，要扭转这样的社会风气，就要下大决心，常抓不懈。改革开放以来，我们以经济建设为中心，忽视了廉政建设，甚至认为反腐败会影响经济发展，一手硬一手软，姑息养奸，终成大患。有很多人认为有些贪官落马只是运气不好，我们在办案过程中也存在“抓大放小”的情形，所以好多人抱有侥幸心理。十七大要求：“坚持深化改革和创新体制，加强廉政文化建设……坚决查处违纪违法案件，对任何腐败分子，都必须依法严惩，决不姑息！”惩治腐败必须要下这样的决心，要有恒心，决不能一阵风，走过场。

2. 要加强政治思想工作，增强共产主义信念

随着改革开放的不断深入，各种利益诱惑明显增多。一些公职人员放松了人生观、价值观的改造，思想蜕化变质，背弃了理想信念。理想信念是一个人的精神支柱、奋斗动力和前进目标。如果丧失了理想信念，就会失去正确的政治立场，在关键时刻，就会辨不清方向、站不稳立场，以至走向腐败。现实中的种种腐败现象，归根到底就是价值观、人生观出了问题，个人主义、利己主义、权力至上、拜金主义、享乐主义等盛行，抛弃了“为人民服务”的宗旨，所以工作中没有把群众利益放在第一位，工作缺乏主动性。现在我们开展的反腐倡廉工作，注重惩防结合，而预防中侧重制度建设，我认为加强思想政治工作、增强信念才是治本之举。制度固然重要，如果信念动摇，还是会钻制度的空子的。所以，反腐败制度是保证，教育是基础。反腐败斗争是一项大工程，教育要常抓不懈，使我们的公职人员牢固树立正

确的世界观、人生观、价值观，始终保持清醒的头脑和正确的政治方向。增强他们的自律意识，筑牢拒腐防变的思想防线。守住人生底线，不做有损人民利益之事，不碰道德品质和法纪条规的高压线。领导干部要慎用手中权力，在权力的运行中，要清醒认识到权力不是一种荣耀和光环，而是一份沉甸甸的责任和使命。

3. 应逐步完善民主制度

应该承认，随着发展市场经济，腐败现象接连不断地发生，而且越来越严重，甚至涉及许多高级的领导人。造成腐败的原因是多方面的，其中最为重要的一点，就是权力过于集中，而又得不到有效的制约和监督。所以解决这个问题，还得从完善制度方面入手。很多人认为反对腐败是执纪执法部门的事，与民众无关，但光靠这些部门是无法从根本上解决腐败问题的。检察、监察、反贪、纪检、审计等专业部门纪检监察机关作为党的反腐败专门工作机构，主要任务应当是协调各方做好反腐倡廉工作，而且这些部门本身也需要监督。少数地方参与反腐败的部门纪检、监察、法院、检察院都成为当地效益最好的单位之一，个别地方甚至出现“猫鼠一体”现象，有些反腐英雄倒在腐败脚下等，把反腐败部门和机构纳入被监督的体系当中十分必要。1945 年 7 月，黄炎培访问延安时曾问毛泽东，共产党能不能保证执政以后避免腐化，打破历史上屡屡出现的“其兴也勃焉”、“其亡也忽焉”，“人存政举”、“人亡政息”的周期率。毛泽东回答说：“我们已经找到了新路，我们能跳出这周期率。这条新路，就是民主。只有让人民来监督政府，政府才不敢松懈；只有人人起来负责，才不会人亡政息。”① 腐败现象说到底，就是把用于为公共服务的权力作为个人或集团牟取私利的工具。它将使公众利益

① 薄一波：《若干重大决策与事件的回忆》，（上卷）156～157 页，北京，中共中央党校出版社，1991。

受到严重损害，同时还严重败坏社会风气，使一些本来能正常办的事情办不了。腐败现象还严重破坏市场经济的运行规则，扰乱经济秩序。因此，任何腐败现象和不正之风侵害的都是公众的根本利益。一个执政党，固然要高度重视反腐败工作以维护其政治地位，但是，公众是改革开放和现代化建设的主力军，当然也是反对腐败现象的主力军，也是自身利益的维护者。只有推进民主改革进程，通过大力宣传，使公众对反腐败工作始终保持极大的热情，以此推动反腐败斗争的深入开展，才能取得反腐败斗争的胜利，真正维护广大人民和国家的利益。

第五节　实事求是要突出自觉性和主动性

“解放思想、实事求是、与时俱进”是我们党的思想路线，但这个人人皆知的方法论在实践中得不到很好的贯彻，正如胡锦涛总书记在十七大报告中指出的：“在看到成绩的同时，也要清醒认识到，我们的工作与人民的期待还有不小差距，前进中还面临不少困难和问题，……党的执政能力同新形势新任务不完全适应，对改革发展稳定一些重大实际问题的调查研究不够深入；一些基层党组织软弱涣散；少数党员干部作风不正，形式主义、官僚主义问题比较突出，奢侈浪费、消极腐败现象仍然比较严重。我们要高度重视这些问题，继续认真加以解决。”从中反映的问题是我们在贯彻实事求是思想路线的时候缺乏自觉性和主动性。

一、实事求是是我党思想路线的核心内容

实事求是，是马克思列宁主义毛泽东思想和邓小平理论的精髓，是马克思主义唯物论、辩证法和认识论的基本原则，也是我党思想路线的核心内容。“实事求是”本是一句古老的中国格

言。最早见于《汉书·河间献王传》，言称汉景帝之子河间献王刘德“修学好古，实事求是”。1941年5月，毛泽东在《改造我们的学习》一文中把这一原指治学态度的格言从哲学的高度作了新的解释，赋予了它新的含义，指出：“实事”就是客观存在着的一切事物，“是”就是客观事物的内部联系，即规律性，“求”就是我们去研究。从此，“实事求是”便成为表达辩证唯物主义和历史唯物主义方法论基本要求的原则，成为我们党的马克思主义思想路线的根本点。

改革开放的新时期，邓小平总结建国以来我们党的成败得失，面对“两个凡是”的错误主张，提出了“解放思想，开动脑筋，实事求是，团结一致向前看”的口号，丰富了“实事求是”思想路线的内涵。党的十二大依据邓小平对党的实事求是思想路线的完整表述，在党的章程（总纲）中郑重规定：“党的思想路线是一切从实际出发，理论联系实际，实事求是，在实践中检验真理和发展真理。”进入新世纪，江泽民针对世情、国情、党情的深刻变化，指出：“马克思主义具有与时俱进的理论品质。”党的十六大党章对思想路线进行了更完整的概括，这就是：“坚持解放思想，实事求是，与时俱进。党的思想路线是一切从实际出发，理论联系实际，实事求是，在实践中检验真理和发展真理。全党必须坚持这条思想路线，积极探索，大胆试验，开拓创新，创造性地开展工作，不断研究新情况，总结新经验，解决新问题，在实践中丰富和发展马克思主义。”

以胡锦涛为总书记的党中央对实事求是思想路线进行了创造性升华。胡锦涛同志强调：“求真务实，是辩证唯物主义和历史唯物主义一以贯之的科学精神，是我们党的思想路线的核心内容，也是党的优良传统和共产党人应该具备的政治品格。”“在全党大力弘扬求真务实精神、大兴求真务实之风”、“要实践‘三个代表’，全面建设小康社会，就要牢固树立协调发展、全面发展、可持续发展的科学发展观”。这是新世纪新阶段实事求是的科学内涵，形成了实事求是的重要理论成果。

二、在实际生活中实事求是思想路线难以贯彻的原因

思想路线，也叫认识路线，是指一定的哲学世界观和方法论在实际工作中的运用和体现，是人们在思想认识上所遵循的方向、道路、原则和方法。实事求是，包含了行事者的学识、经验、思想方法、道德品质。它看似简单，实行起来却有许多难处。在实际生活中，我们很难做到实事求是主要有这样几方面的原因：

(1) 思想方法不对头，存在教条主义和经验主义。教条主义表现为凡事唯书唯上。想问题、办事情习惯于找本本、等文件，只会照抄照转上级精神，不善于在结合实际上下工夫，缺乏开拓进取意识，在改革开放中迈不开步伐，甚至成为事业发展的阻力。经验主义表现为满足并夸大个人感性经验的作用，贬低或忽视理论的作用。坐井观天，故步自封，用片面的经验指导实践。其结果是以偏概全，在复杂情况下，往往迷失方向，陷入主观盲目性中，在新的变化着的实践中碰壁或失败。

(2) 主观不符合客观，存在急功近利和因循守旧。急功近利表现为不顾客观条件，不讲客观规律，凭热情决策，热衷于攀比速度，急于求成，爱搞“一刀切”、“一律化”，看起来很坚决，实际上行不通，往往欲速则不达，甚至适得其反。因循守旧表现为遇事畏难悲观，无所作为，认为这也办不到，那也不可能。思想停滞僵化，落后于客观形势。结果是坐失良机，延误革命和事业的发展进程。

(3) 立场和态度有问题，弄虚作假、党性不强。不是从事物发展的客观需要和人民利益出发，而是为了迎合或满足某种主观的需要行事。表现为说假话、大话、空话，看脸色行事，弄虚

作假，阳奉阴违。这样的结果是空谈误事误国，败坏社会风气，助长了党内不正之风。比如，在分析现状时，尤其是在本单位、本部门情况比较好的情况下，往往看到成绩多，对存在的问题和矛盾重视不够；在工作决策时，有的不是从本单位、本部门的实际出发，而是照搬上级指示，看不到形势变化，一旦用这些错误的思想方法指导工作，肯定会给党和人民的事业带来损害。党性不强，在坚持真理方面就底气不足，就不敢实事求是。现在确有一些领导干部在是非面前明哲保身，明知不对，少说为佳。不讲党性讲关系，不讲正气讲和气，因此，正确的不敢理直气壮地坚持，错误的不敢旗帜鲜明地抵制，患得患失，缺乏光明磊落、大无畏的求实精神。

三、贯彻实事求是思想路线的途径和对策

首先，要牢固树立“为人民服务”的宗旨，突出实事求是思想路线的自觉性和主动性。作为我们党的崭新理论创新成果，科学发展观具有求真务实的理论品质。求真务实是一种科学精神，必须充分体现科学发展观的要求。要做到实事求是，就必须科学的态度，尊重事物发展的客观规律，不做违背客观规律的事情。还要有科学的世界观、方法论。用科学的方法看待问题，分析问题。决策、执行都需要尊重科学，并有科学的方式和机制做保障，否则容易出现偏差。没有科学的价值取向，就不可能有科学决策。求真务实又是一种价值取向，必须认真落实群众利益无小事的思想。我们坚持实事求是，归根到底是为人民群众谋利益的。所以，要坚持实事求是必须树立为大多数人谋利益的人生观、价值观，在实际工作中，要站在人民群众和国家立场上考虑问题，在利益发生矛盾时，个人利益服从集体利益，眼前利益服从长远利益，局部利益服从全局利益。如果，一切从个人利益出发，患得患失甚至以权谋私，哪里还会坚持实事求是呢？无私才

能无畏，坚持实事求是的胆识和力量根源于人民群众之中。只有清楚地认识到人民利益高于一切，才能具有实事求是的理论勇气和实践勇气。

实事求是的原则应当是“求真”与“求善”、追求真理与追求价值的统一。“求真”无疑是实事求是的根本要求的原则；“求善”则是实事求是的根本目的，是实事求是的另一层含义。对于实事求是而言，“求真”与“求善”、真理与价值的原则是辩证统一的。只有把“科学精神”和“人文精神”统一起来，人们才能自觉主动地做到实事求是。

其次，要走群众路线，尊重实践、尊重群众。人的正确认识只能来源于实践，实践是推动认识发展的最终决定力量，实践又是认识的目的和检验认识的标准。要做到实事求是，就必须尊重实践。而人民群众是实践的主体，社会本身的发展过程也就是人民群众本身的实践过程。尊重实践就必须尊重群众，必须尊重群众的愿望和群众的首创精神。这也是实事求是思想路线的根本体现。

实践的观点是马克思主义认识论首要的和基本的观点。一切科学的理论，都是从实践中来，又回到实践中去，接受检验，指导实践，同时在实践中发展自己。尊重实践，在实践中探索，在实践中统一思想，在实践中总结经验。当前，我国已进入新的发展阶段，面临着许多新情况、新任务，如果在对客观规律把握不准的情况下盲目决策，必然导致主观和客观相脱离，而调查研究正是连接主观和客观的桥梁和纽带，是实事求是的实践基础。因此，必须大兴调查研究之风，牢固树立“没有调查，就没有发言权”，也没有指导权、决策权的观点，深入到基层去，深入到实践中去，深入到群众中去，深入到困难较多的单位中去，了解情况，听取意见，摸索规律，总结经验。只有这样，才能真正做到客观与主观相统一。

群众路线是党的根本工作路线。以毛泽东为代表的中国共产党在长期斗争中形成了一切为了群众、一切依靠群众和从群众中来、到群众中去的群众路线。一切为了群众，一切依靠群众，讲的是中国共产党的群众观点，是群众路线的核心内容。如果说一切为了群众讲的是目的，就是为什么要这样做，那么一切依靠群众则讲的就是手段的问题，就是如何去做、采取什么方式去做的问题。一切为了群众，全心全意地为人民服务，是党的根本宗旨，是党一切工作的根本出发点和归宿，是无产阶级政党区别于其他政党的显著标志。从群众中来，到群众中去，讲的是中国共产党的领导方法和工作方法，是群众路线的又一重要内容。从群众中来，到群众中去的领导方法，是同“从实践中来，到实践中去”的认识过程完全一致的，是马克思主义认识论在领导工作中的创造性运用。

再次，要加强制度建设，不断推进民主进程。实事求是的实现，不是个体的孤立行为，而是牵涉整个社会各层面、多个体的互动，有很强的社会性，因此，改革有关制度，完善机制，创造实事求是的良好社会环境十分重要。邓小平指出：“我们过去发生的各种错误，固然与某些领导人的思想、作风有关，但是组织制度、工作制度方面的问题更重要。这些方面的制度好可以使坏人无法任意横行，制度不好可以使好人无法充分做好事，甚至会走向反面。”这一精辟论断除了说明制度的重要性，还说明制度有好坏之别。为此我们要改革现行政治体制，如干部人事制度，增强考察提拔的透明度，广泛走群众路线，真正把德才兼备、实事求是的人选到领导岗位上来。要加强民主法制建设，坚持民主集中制，完善集体领导制度，健全党内民主，为实事求是创造良好的民主环境。要改善社会舆论条件，形成以实事求是为荣、以弄虚作假为耻的正确的舆论导向。要构建这样一种政治机制，形成这样一种社会氛围，人人讲真话，办实事，坚持实事求是的人受褒奖，而弄虚作假的人没有市场，因不实事求是给党和国家造成重大损失的干部还要受到党纪国法的惩处。只有这样，才能提高坚持一切从实际出发的自觉性，确保我们党的实事求是的思想路线正确贯彻。

第六节　对国民收入三次分配问题的伦理思考

党的十七大报告指出："要坚持和完善按劳分配为主体、多种分配方式并存的分配制度，健全劳动、资本、技术、管理等生产要素按贡献参与分配的制度，初次分配和再分配都要处理好效率和公平的关系，再分配更加注重公平。"① 收入分配问题，直接关系到每个人的物质利益，所以它是社会关系中的核心问题。我国实行市场经济以后，人们的收入多元化，收入差距也开始拉大，因为分配领域的混乱和不公，引发了诸多社会问题。收入分配的公平与否，本身就是一个伦理学的范畴，以下我从伦理学角度谈谈对我国收入分配问题的认识。

一、改革开放以来我国的收入分配制度的变革

近30年来，我国收入分配制度的变化很大，但从伦理视角中公平和效率的关系而言，我认为大致可以分为三个阶段：

第一阶段从党的十一届三中全会至十四大，破除平均主义，鼓励一部分人先富起来。这一阶段主要通过调动劳动者的积极性迅速发展了生产力，很好地兼顾了效率与公平。

---

① 胡锦涛：《高举中国特色社会主义伟大旗帜 为夺取全面建设小康社会新胜利而奋斗》，北京，人民出版社，2007。

长期以来，我国在收入分配中并没有真正贯彻按劳分配原则，平均主义色彩很浓。平均主义分配既没有提高效率又体现不出公平，严重挫伤了广大劳动者的积极性和创造性。针对平均主义弊端，党的十一届三中全会明确提出要“克服平均主义”，这是改革开放初期党和国家重要文件中对有关收入分配问题的阐述，表明我国开始探索社会主义初级阶段的收入分配问题。1984 年 10 月党的十二届三中全会通过了《中共中央关于经济体制改革的决定》，深刻剖析了平均主义思想产生的根源及其危害，强调：“鼓励一部分人先富起来的政策，是符合社会主义发展规律的，是整个社会走向富裕的必由之路。”1987 年 10 月党的十三大提出：“我们的分配政策，既要有利于善于经营的企业和诚实劳动的个人先富起来，合理拉开收入差距；又要防止贫富悬殊，坚持共同富裕的方向。”它针对的主要是平均主义分配中的效率低下的弊端。

第二阶段从十四大至十六届四中会，坚持“效率优先”，确立生产要素参与收益分配。这一阶段我国的改革迈出了重大的一步，由计划经济转向市场经济，在市场经济中，突出强调效率，但收入差距拉大日益成为比较突出的社会问题。

1992 年 10 月，党的十四大提出“建立社会主义市场经济体制”的经济体制改革目标，它同时也带来了在社会主义市场经济条件下应该实行什么样的分配制度的问题。1993 年 11 月召开的党的十四届三中全会通过的《中共中央关于建立社会主义市场经济体制若干问题的决定》对此问题作出了回答：“个人收入分配要坚持以按劳分配为主体、多种分配方式并存的制度，体现效率优先、兼顾公平的原则。”从中看到，在效率与公平问题上，突破了以往“兼顾效率与公平”的提法，强调“效率优先”的原则。

1997 年 9 月，党的十五大在收入分配问题上回答了资本、技术等生产要素与收益分配的必要性与合法性问题，第一次明确提出要建立按劳分配与按生产要素分配相结合的分配制度。指出："依法保护合法收入，允许和鼓励一部分人通过诚实劳动和合法经营先富起来，允许和鼓励资本、技术等生产要素参与收益分配。" 2002 年 11 月，召开的党的十六大进一步完善了十五大关于各种生产要素参与收益分配的理论：要"确立劳动、资本、技术和管理等生产要素按贡献参与分配的原则，完善按劳分配为主体、多种分配方式并存的分配制度"。十六大还强调：坚持效率优先、兼顾公平，"初次分配注重效率，发挥市场的作用，鼓励一部分人通过诚实劳动、合法经营先富起来。再分配注重公平，加强政府对收入分配的调节职能，调节差距过大的收入"。

第三阶段从十六届四中会至今，更加注重公平，探索构建科学合理的收入分配体系。这一阶段，党中央提出了构建社会主义和谐社会，进一步提出了科学发展观，在强调效率的同时，着手解决分配公平问题。

针对收入差距拉大的社会问题，从党的十六届四中全会开始强调：在经济发展基础上，要"注重社会公平"，通过加大收入分配调节力度，使全体人民共享改革发展成果。特别是 2006 年 10 月党的十六届六中全会上，从构建社会主义和谐社会的高度对"完善收入分配制度，规范收入分配秩序"进行了系统阐述。2007 年 10 月召开的党的十七大将"合理有序的收入分配格局基本形成，中等收入者占多数，绝对贫困现象基本消除"作为全面建设小康社会的新要求，明确提出要"深化收入分配制度改革，增加城乡居民收入"的新思路，提出并全面阐发了逐步扭转收入分配差距扩大趋势的一系列政策措施，构建科学合理的收入分配体系，这也是今后进一步深化收入分配制度改革的方向。

二、国民收入的三次分配

人们的收入都是通过不同的分配方式得到的。传统的观点认为国民收入要有两次分配，即国民收入的初次分配和再分配。初次分配是指在生产活动中，企业作为分配主体，将国民生产总值在国家、企业、个人之间进行分配。再分配是指在初次分配结果的基础上政府对要素收入进行再次调节的过程。在国民收入初次分配领域即经济活动之内的分配领域，市场是分配的主体，按照效率和经济公平的原则进行分配，即主要按生产要素的贡献进行分配。在国民收入再分配即经济活动之外的分配领域，政府是收入分配的主体，按照政治上的公平原则进行分配，即国家运用税收、提供社会保障和社会福利、转移支付等调节手段调节收入与财富的分配，达到社会公平分配的目标。

在这两种分配之外有没有国民收入的其他分配方式呢？事实上还有，就是国民收入的伦理分配，我们也可以称之为国民收入的第三次分配。在这个领域，社会是分配的主体，以自愿为前提，按伦理公平原则进行分配，达到收入分配的伦理公平目标。由广大人民群众主动参与并按各自的伦理观念进行的伦理分配，引起社会上的“善的分配”和“恶的分配”两类情况：“善的分配”是指人们在一定的伦理观念指导下所参与的种种活动，自觉让渡自己的部分财产。它表现为社会团体和个人所进行的慈善事业、人道支援、无偿捐赠、义演义卖等多种形式，还包括各种分配形式的“基金会”、非盈利的社会保险，以及在产品极度匮乏条件下实行的“平均分配”，都具有不同程度的“善的分配”的性质。与此相对立的是“恶的分配”，是通过不道德的甚至反道德的手段进行的分配形式，如战争、抢劫、盗窃、诈骗、乞讨、卖淫、走私、贩毒、贿赂、贪污、赌博、垄断经营、强买强卖、制假贩黄、私收回扣、虚假广告、通货膨胀等。黑格尔认为恶有两重性，“恶的分配”在某些情况下是对“分配不公”的反击，起到其他分配方式无法调节的利益调节作用，但“恶的分配”更大的是破坏作用，它强化分配的不公平性，激发和扩大了分配过程中的各种矛盾。

三、我国收入分配现状及分配中存在的问题

1. 总体分配收入差距较大，贫富悬殊问题凸显

随着改革开放以来经济的高速增长，城乡居民恩格尔系数逐步下降，广大人民的生活得到切实改善，但贫富差距逐步拉大，基尼系数越过警戒线也是不争的事实。来自国家统计局的数据显示，1978 年我国基尼系数为 0.317，自 2000 年开始，我国的基尼系数已越过 0.4 的警戒线，并逐年上升，2007 年则升至 0.48，这意味着，我国社会的贫富差距已突破了合理的限度。2007 年，城镇居民中 10% 最高收入组（31967.34 元）是 10% 最低收入组（3568.73 元）的 9 倍；农村居民中 20% 最高收入组（9790.68 元）是 20% 最低收入组（1346.89 元）的 7.3 倍。这反映出我国城乡居民收入差距进一步拉大、东中西部地区居民收入差距过大、高低收入群体差距悬殊等问题。

2. 初次分配没有突出“劳动正义”

初次分配是国民收入分配的起点和基础，分配的公平与否主要取决于初次分配。中国收入差距扩大的原因是多方面的，而不重视初次分配的公正问题就是其中的重要原因。一般来说，衡量一国国民收入初次分配是否公平的主要指标是分配率，即劳动报酬总额占国内生产总值的比重，如果劳动者的报酬总额占 GDP 的比重越高，说明国民收入的初次分配越公平。在市场经济成熟的国家，这个分配率都很高，普遍在 54% ~65% 之间，美国的国民总收入的 70% 是劳动报酬。

而我国的情况是，初次分配资本所有者所得畸高，出现了财政收入的大幅增长劳动所得持续下降的局面。2007 年，我国 GDP 实现 25 万亿元，比上年增长了 18%，但职工工资总额只有 2.8 万亿元，只占 GDP 的 11%。职工工资总额占国内生产总值

的比重在逐年下降，1991 年为15.3%，1996 年为13%，2000 年下降到12%，2005 年下降到11%，[①] 同时行业之间、地区之间的收入差距也持续扩大。一段时期以来，在我国国民收入分配中，政府和企业所占比重持续提高，而居民收入所占比重明显偏低，劳动报酬在初次分配中的比重偏低。这是多年来固定资产投资增长过快、投资率持续偏高，消费增长缓慢、消费率偏低的重要原因。所以十七大报告提出要“逐步提高城乡居民收入在国民收入分配中的比重，提高劳动报酬在初次分配中的比重”。

3. 再分配力度不够

国民收入再分配立足于社会的整体利益，对初次分配的利益格局进行一些必要的调整，以缩小贫富差距，使社会成员共享社会发展的成果。国民收入再分配是实现社会公正的基本途径之一。在再分配中，国家在基本民生方面的公共投入状况是最为重要的内容。就基本民生方面的公共投入而言，社会保障和福利支出占国内生产总值比重、公共教育支出占国内生产总值比重和卫生保健的公共支出占国内生产总值比重是三项主要的指标。根据《中国统计年鉴》资料显示，2007 年，我国的社会保障和福利支出占国内生产总值比重只有3%，公共教育支出占国内生产总值比重只有2.9%，卫生保健的公共支出占国内生产总值比重仅为2.0%，可见我国目前在基本民生方面的公共投入比例很小，同一些发达国家相比差距还很大。

4. 伦理分配亟待加强

改革初期我国就提倡鼓励一部分人先富起来，先富带动后富，然而，一些“先富”漠视公众利益，回避社会责任，“为富不仁”。根据中华慈善总会的统计数据，截至2004 年底，中国慈善机构获得捐助总额约50 亿元，仅相当于中国2004 年 GDP 的

① 国家统计局：《中国统计年鉴（2008）》，北京，中国统计出版社，2008。

0.05%，而同期美国的这一数字为2.17%；我国志愿服务参与率按目前的4000万人计算，为3%，而美国为44%；从慈善机构的数量来看，美国目前有120万家慈善基金组织。我国只有200家左右。我国注册登记的国内企业超过1000万家，有过捐赠记录的不超过10万家，即99%的企业从未参加过捐赠。①

四、实现分配公平的几点思考

1. 收入分配公平的判断依据应当是“三个有利于”标准

社会经济领域没有绝对的公平，公平是一个相对的概念。缩小收入差距、构建科学合理的社会收入分配体系是一项艰巨而复杂的系统工程，一靠发展，二靠改革。收入分配中存在的问题，从根本上讲，还是要在发展中解决。在社会主义初级阶段，发展生产力是我们的根本任务。现阶段收入分配公平与否的判断依据还是要坚持邓小平同志提出的“三个有利于标准”，即：“是否有利于发展社会主义社会的生产力，是否有利于增强社会主义国家的综合国力，是否有利于提高人民的生活水平。”②如果我们实行的分配政策能够迅速发展生产力，那么这样的分配就是公平的，可以说效率就是公平，公平是为了效率。马克思主义认为：生产决定分配。社会再生产的生产、流通、分配和消费这四个环节中，如果分配环节扭曲，社会再生产的其他过程也会随之扭曲。因为收入分配差距扩大，会导致经济增长的成果不断向少数人手里集中，而社会大多数成员的收入水平无法随着经济发展而相应提高，甚至可能下降，这样就会导致生产规模与消费规模不对称，有可能发生经济危机，

① 白彦锋：《第三次分配与我国和谐社会的构建》，载《税务研究》，2008(1)。

② 邓小平：《在武昌、深圳、珠海、上海等地的谈话要点》，载《邓小平文选》，第三卷，372页，北京，人民出版社，1993。

这是市场经济国家的通病。

2. 初次分配应贯彻“按劳分配”原则

从正义的角度说，作为实行市场经济的社会主义国家，实现收入初次分配的公平，首先社会要尽可能保证“机会均等”和“公平竞争”，使人们有平等的机会接受教育、劳动就业。在我国，由于收入差距大，加上法规不健全，劳动者教育和就业的起点就不一样，公平竞争也很难做到；其次要建立合理的收入分配制度，坚持“按劳分配”原则。按劳分配的依据是每个劳动者的劳动数量和质量，或者是根据劳动者的劳动贡献，这样可以充分调动劳动者的积极性和创造性。在实践中，由于对收入分配认识上的偏差或客观条件的制约，还存在诸多不公平的分配现象。如在一些单位仍然不同程度地实行着平均分配，不同岗位劳动者的收入未能充分体现岗位特点和贡献大小；在国家机关、企事业单位普遍存在的合同工和正式职工之间收入分配中存在“同工不同酬”的现象，同样的劳动岗位和劳动贡献得到的是不同的收入；由于行业垄断，不同行业劳动者收入差别较大；国有企业中经营者甚至凭借手中的权力使分配过分地向自己倾斜，与普通职工和技术人员的收入差距悬殊。这些都导致了收入分配中事实上的不公平。

江泽民同志指出：“我们搞的是社会主义市场经济，‘社会主义’这几个字是不能没有的，这并非多余，并非画蛇添足，而恰恰相反，这是画龙点睛。”① 作为点睛之笔的“社会主义”应该主要体现在公有制和按劳分配上。而在我国市场经济中，从所有权来看，在国有企业中，劳动者作为国有资产的所有者是虚

① 江泽民：《社会主义市场经济体制是同社会主义基本制度结合在一起的(1994年12月9—14日)》，载《论社会主义市场经济》，203页，北京，中央文献出版社，2006。

位的因而是残缺的，他既不能通过“用手投票”约束使用者，也不能“用脚投票”转让所有权，因此资产的收益性对劳动者来讲是不具备或不完整的。在我国目前劳动力总量供给过剩、资本供给短缺的情况下，劳动力在要素市场中处于非常不利的地位，尤其是在低端劳动力市场中，以农村转移劳动力为主的非熟练、非技术劳动力的劳动报酬更是被压低到极限，并且缺乏基本的劳动保障，长期处于被资本剥夺的境地。

3. 再分配要关注解决比较突出的社会问题

随着我国市场经济的发展教育、住房、医疗、养老、就业等也开始市场化、产业化，市场经济的两极分化使这些问题成为突出的社会问题，低收入人群尤为突出。由于经济和社会发展水平的限制，目前我们还不能充分满足人民群众的各种需求。这种资源和需求之间的矛盾触发了一些新的社会问题：教育乱收费、医疗乱收费、商品房的价格居高不下等。以“按需分配”为基本原则的各种社会保障制度对于今天的社会生活是十分重要的。尽快地完善各种社会保障制度，加大社会保障力度，向广大人民群众提供实实在在的劳动就业、养老、医疗、生育、工伤等方面的社会保障，会大大增加社会生活的安全感和公平感，这也是和谐社会建设的必然要求。

4. 加大伦理建设力度

十七大制定了“提低、扩中、调高、打非”的调整收入分配格局的原则。“提低、扩中、调高”虽然属于初次分配和再分配领域，但如果实施一系列支农惠农政策促进农民持续增收，逐步提高扶贫标准、最低工资标准和最低生活保障标准，运用遗产税等税收手段调节高收入者的一部分收入，这本身对伦理分配有积极的作用。而“打非”，就是坚决取缔非法收入，这能有效限制伦理分配中“恶的分配”。通过严格执法，对偷税漏税、侵吞公有财产、权钱交易等各种非法收入依法取缔和惩处，规范垄断行业的收入消除垄断利润，能提升广大群众的公平感。

我国社会目前处于计划经济向市场经济、传统社会向现代社会的社会转型期。当前我国社会的道德缺失已经触发并加剧了很多社会问题，如像“三鹿奶粉”折射的食品安全问题、山西“黑砖窑”、“黑煤窑”反映出的劳动安全问题、上海“楼脆脆”代表的豆腐渣工程以及诚信却失、贪污腐败问题等等这样一些令国人颜面丢尽的丑闻。所以当务之急就是要加强我国伦理道德建设，形成适应转型时期的新的伦理道德架构。社会转型时期，强势群体的普遍道德感和责任观是解决众多社会问题的一剂良药，大众道德很大程度上会受到强势群体道德责任意识的影响。通过伦理道德建设，实施诸如发展社会慈善事业，组织各种对贫困地区和个人捐献、馈赠活动等，不仅能缓解因贫富差别带来的社会矛盾，而且能弘扬爱心和社会文明，体现社会主义优越性。

参考文献

1. 马克思恩格斯选集（第四卷），北京：人民出版社，1975

2. 列宁全集（第三卷），北京：人民出版社，1984

3. 毛泽东选集（第一、二、四卷），北京：人民出版社，1991

4. 毛泽东选集（第五卷），北京：人民出版社，1997

5. 邓小平文选（第一、二卷），北京：人民出版社，1994

6. 邓小平文选（第三卷），北京：人民出版社，1993

7. 胡锦涛．高举中国特色社会主义伟大旗帜 为夺取全面建设小康社会新胜利而奋斗．北京：人民出版社，2007

8. 张秀生，曾国安．社会主义经济理论．武汉：武汉大学出版社，2004

9. 金炳镐．民族地区和谐社会建设．北京：中央民族大学出版社，2007

10. 费孝通．江村经济——中国农民的生活．南京：江苏人民出版社，1986

11. ［美］西栗多·W. 舒尔茨．梁小民译．改造传统农业．北京：商务印书馆，1999

12. 姚洋．自由公正和制度变迁．郑州：河南人民出版社，2002

13. 梁漱溟．梁漱溟全集（乡村建设理论）．济南：山东人

民出版社，1990

14. 姜春云．中国农业实践概论．北京：中国农业出版社，2001

15. 王荣华，童世骏．多学科视野中的和谐社会．上海：学林出版社，2006

16. 熊彼特．经济发展理论．北京：商务印书馆，1997

17. 谭崇台．发展经济学．太原：山西经济出版社，2001

18. 楼培敏．中国城市化：农民、土地与城市发展．北京：中国经济出版社，2004

19. 曾业松．新农论．北京：新华出版社，2004

20. 张平军．统筹城乡经济社会发展．北京：中国经济出版社，2004

21. 张丽君，王玉芬．民族地区和谐社会建设与边境贸易发展研究．北京：中国经济出版社，2008

22. 厉以宁．区域发展新思路．北京：经济日报出版社，2000

23. 国家统计局．中国农村经济调研报告—2005. 北京：中国统计出版社，2005

24. 陈天林．中国社会建设中的意义和谐、政治和谐与利益和谐．北京：中共中央党校出版社，2006

25. 孔祥智．中国三农前景报告—2005. 北京：中国时代经济出版社，2005

26. 黄宗智．华北的小农经济与社会变迁．北京：中华书局，2000

27. 费孝通选集．天津：天津人民出版社，1988

28. 刘斌，张兆刚，霍功．中国三农问题报告—2005. 北京：中国发展出版社，2005

29. 本书编写组．建设社会主义新农村学习读本．北京：新

华出版社，2006

30. 王景新．村域经济转轨与发展．北京：中国经济出版社，2005

31. 周其仁．中国农业问题与市场上层组织和经济发展的关系．上海：上海人民出版社，1995

32. 瞿振元，李小云，王秀清．中国社会主义新农村建设研究．北京：社会科学文献出版社，2006

33. 韩劲．走出贫困循环．北京：中国经济出版社，2006

34. 甘肃省统计局．甘肃年鉴 2006. 北京：中国统计出版社，2007

35. 甘肃省统计局．甘肃年鉴 2007. 北京：中国统计出版社，2008

36. 张晓山．联结农户与市场——中国农民中介组织探究．北京：中国社会科学出版社，2002

37. 颜鹏飞．国外农业发展经验，中国三农现状及治理对策．中国三农问题——历史·现状·未来．北京：社会科学文献出版社，2005

38. 侯建新．二十世纪二三十年代中国农村经济调查与研究评述．国学网：中国经济史论坛，2005

39. 周振东．美国农业发展状况及其启示．乡镇经济，1999 (1)

40. 陈晓华．城市化进程中乡村建设的国外经验与中国走向．经济问题探索，2005 (12)

41. 黎光寿．乡村建设在印度：来自“喀拉人民科学运动”的报告．公益时报，2004 年 3 月 9 日

42. 曹俊杰，刘国华．发展现代农业：国际经验与中国模式．世界经济与政治论坛，2004 (4)

43. 温铁军．三农问题的世纪反思．经济研究参考，2001 (1)

44. 温铁军. 怎样建设社会主义新农村. 理论参考, 2006 (1)

45. 温铁军. 新农村建设: 挑战与反思. 理论探讨, 2006 (6)

46. 蔡昉. 论农业经营形式的选择. 经济研究, 1993 (1)

47. 牛若峰. 21 世纪中国农业变革与发展的方向. 农业经济问题, 2001 (4)

48. 李锋传. 日本建设新农村经验及对我国的启示. 中国国情国力, 2006 (4)

49. 何开萌. 关于三农问题及全面深化农村改革的一些看法和想法. 中国三农问题——历史·现状·未来. 北京: 社会科学文献出版社, 2005

50. 姚洋. 中国农地制度: 一个分析框架. 中国社会科学, 2002 (2)

51. 陈锡文. 推进社会主义新农村建设. 人民日报, 2005 年 11 月 4 日

52. 陈锡文. 当前的农村经济发展形势与任务. 重农时代: 新农村建设机遇. 上海: 上海远东出版社, 2006

53. 杜青林. 加快发展现代农业扎实推进社会主义新农村建设. 求是, 2006 (3)

54. 胡锦涛: 在学习〈江泽民文选〉报告会上的讲话. 北京: 人民出版社, 2006

55. 林毅夫. 新农村建设若干思考. 重农时代: 新农村建设机遇. 上海: 上海远东出版社, 2006

56. 张永丽. 整体推进扶贫开发方式研究——以甘肃为例. 甘肃社会科学, 2006 (2)

57. 金河哲, 金华, 朴宽哲. 论韩国“新农村运动”. 延边大学农学学报, 1998 (1)

58. 金峰峰. 运用公共财政政策突破农村贫困循环. 中国新

农村建设：理论、实践与政策．北京：中国经济出版社，2006

59．陆学艺．农村发展新阶段的新形势和新任务．中国农村经济，2000（6）

60．中华粮网．民族地区建设新农村的实践与思考，http：//www.cngrain.com，2006年4月14日

61．马晓河．建设社会主义新农村需要把握的几个重大问题．重农时代：新农村建设机遇．上海：上海远东出版社，2006

62．孙自锋．新农村运动缺乏现实基础——与林毅夫先生商榷．决策咨询，2001（8）

63．陈春英．富有特色的日本农村建设．城乡建设，2005（10）

64．王景新．乡村建设思想史研究脉络．北京：中国新农村建设：理论、实践与政策．中国经济出版社，2006

65．徐勇，徐增阳．我国农村和农民问题研究百年回顾．信息导刊，2003（22）

66．秦晖．我们需要怎样的“重农主义”．重农时代：新农村建设机遇．上海：上海远东出版社，2006

67．徐小青．对社会主义新农村建设的一些认识．科学决策月刊，2006（1）

68．张晓山．推进社会主义新农村建设．人民论坛，2005（10）

69．高新才．西部地区新农村建设的五大障碍及其突破．兰州大学学报（社会科学版），2006（2）

70．李昌平．当前影响新农村建设的五个问题．重农时代：新农村建设机遇．上海：上海远东出版社，2006

71．郭晓鸣，丁延武．社会主义新农村建设与扶贫模式创新．中国经贸导刊，2006（17）

72．王颖．新农村建设中人力资源开发思考．人口学刊，

2006（6）

73. 贺雪峰. 新农村建设要强调村社本位. 中国新农村建设：理论、实践与政策. 北京：中国经济出版社，2006

74. 李炳坤. 扎实稳步推进社会主义新农村建设. 中国农村经济，2005（11）

75. 吉林统计局. 国外新农村建设的成功经验及启示. 中国统计信息网，2006年7月31日

76. 张强. 推进乡村建设：实现城市现代化的途径. 北京观察，2005（4）

77. 林燕. 新农村建设与劳动力转移：制度的作用. 中国新农村建设：理论、实践与政策. 北京：中国经济出版社，2006

78. 陈磊，曲文俏. 解读日本的造村运动. 当代亚太，2006（6）

79. 范鹏. 西部地区新农村建设的路径选择——以甘肃为例. 开发研究，2006（1）

80. 郭书田. 构建和谐社会与乡镇政府改革. 重农时代：新农村建设机遇. 上海：上海远东出版社，2006

81. 张富良. 法国兴农政策及其启示. 学习时报，2006（152）

82. 马怀礼. 论农业市场化经营制度的创新. 中国三农问题——历史·现状·未来. 北京：社会科学文献出版社，2005

83. 马少相. 加快民族地区经济发展 促进和谐社会建设进程. 发展，2007（8）

84. 李曦辉：民族地区产业经济学. 北京：中央民族大学出版社. 2004

85. 王文学，李含琳等. 西部民族县全面提升经济社会发展水平的模式与对策——甘肃省阿克塞、肃南、肃北三个民族自治县的调查报告. 西北民族研究，2004（1）

86. 高新才，滕堂伟．西北民族地区经济发展差距及其产业经济分析．民族研究，2006（1）

87. Shanm. T：*The Awkward Class*：*Political Sociology of Peasantry in a Developing Society*. Russia 1910 – 1925. Ox – ford. 1972

88. 张艾力．东西部差距对民族关系的负面影响．呼伦贝尔学院学报，2004（6）

89. 马松尧．区域产业结构决策的定量分析——以甘肃省为例．开发研究，2004（5）

90. 贾华强，马志刚，方栓喜编著．构建社会主义和谐社会．北京：中国发展出版社，2005

91. 郭金彬，徐朝旭编．构建和谐社会与哲学理论创新．北京：社会科学文献出版社

92. 周建明，胡鞍钢，王绍光主编．和谐社会构建：欧洲的经验与中国的探索．北京：清华大学出版社

93. 江汛清，丁元竹等．构建诚信友爱的和谐社会．北京：中国经济出版社

94. 中共上海市委宣传部编．构建和谐社会：多维视角下的理论思索．上海：上海人民出版社

95. 张玉斌．构建和谐社会引论．兰州：甘肃人民出版社，2005

96. 谢舜主编．和谐社会：理论与经验．北京：社会科学文献出版社，2006

97. 中央文献研究室．十六大以来重要文献选编（上、下）．北京：中央文献出版社，2005

98. 甘肃民族地区经济社会发展规划．甘肃省发展计划委员会．甘肃省国民经济和社会发展“十一五”规划及专题研究论文集

99. 甘肃省民族事务委员会．民族经济资料汇编 2000 – 2005

100. 武文军，张玉斌主编．甘肃民族地区小康建设之路．

北京：民族出版社，2003

101. 马福元主编．甘肃省民族地区非公有制经济发展现状与对策研究．兰州：甘肃民族出版社，2003

102. 中央1号文件：中共中央、国务院关于促进农民增加收入若干政策的意见．人民日报，2004年2月8日

103. 王述英主编．现代产业经济理论与政策．太原：山西经济出版社，1999

104. 魏后凯主编．21世纪中西部工业发展战略．郑州：河南人民出版社，2000

105. 周述实主编．中国西部概览·甘肃．北京：民族出版社，2000

106. 经济合作与发展组织（OECD）．（中译本）．北京：机械工业出版社，1997

107. ［日］青木昌彦等编著．魏加宁等译．经济体制的比较制度分析．北京：中国发展出版社，1999

108. 余永定等主编．中国“入世”研究报告：进入WTO的中国产业．北京：社会科学文献出版社，2000

109. 妥进荣编著．东乡族经济社会发展研究．兰州：甘肃人民出版社，2000

110. 李悦主编．产业经济学．北京：中国人民大学出版社，1998

111. 田江海，张昌彩编．投资体制改革的突破．南京：江苏人民出版社，1998

112. 妥进荣编著．保安族经济社会发展研究．兰州：甘肃人民出版社，2000

113. 温家宝：政府工作报告．人民日报，2004年3月15日

114. 颜鹏飞．马克思主义经济学史．武汉：武汉大学出版社，1995。

后记

构建“和谐社会”是当前我国的热点问题和难点问题，而少数民族地区的“和谐社会”构建问题，无疑是这些问题中较难解决的。这个问题的解决，需要时间，也需要在发展中逐步解决，绝不是哪个人开一剂良方就能解决的问题。但我认为，问题的提出以及解决问题的种种设想的提出，这本身就是积极的。近年来，党和国家已经千方百计地为构建民族地区“和谐社会”创造条件，甘肃少数民族地区正在和将要经历深刻的变革。在科学发展观的统领下，民族地区经济社会发展已经进入新的阶段。甘肃民族地区能不能抓住机遇、能否迅速摆脱贫穷落后的局面，对甘肃民族地区当前和长远发展都将是至关重要的。鉴于这种情况，本人对甘肃民族地区和谐社会建设进行了初步研究，希望我的研究对甘肃民族地区构建和谐社会有所帮助，即便是有一点小小的触动，作为生长在甘肃民族地区的我也备感欣慰。

民族地区的和谐社会建设是一项复杂的系统工程。由于历史传统、自然条件等因素的影响，使得民族地区经济相对落后、教育明显滞后和民族宗教关系比较复杂。在民族地区如何建设和谐社会，千头万绪。本书的写作过程中，笔者发现研究这方面的问题时，面临诸多困难，一是对民族地区的实际缺乏深度了解，二是好多资料不全，有很多数据需要亲自整理，三是很难提出行之有效的别人未提到的对策措施。明显感到这样的研究理论的东西多、实际的东西少，表面的东西多、实质的东西少，只是单独从几个方面进行了研究，缺乏系统性。本书研究成果在理论指导和实际操作方面的的价值是有限的，笔者对此甚感惶恐，今后还要继续努力，做进一步的深入研究。

本书是在我近几年的几个省部级项目的基础上完成的，在这里要特别感谢西北民族大学马克思主义学院的甄喜善教授，他也是我这几年项目研究的主要参与人。在本书的写作过程中得到了很多人的帮助和支持，本书的构思、写作与修改得到了西北民族大学贾东海、滕品文、马福元、赵健君等教授的指导，也有幸得到了西北师范大学许信胜教授的教诲。在本书中，晏云鹏、王存教、廉武辉、马玉堂等老师用他们的专业知识给予我很多意见和建议，与他们的交流也让我颇获教益。多年来，我校科技处为我的研究提供了资金方面的支持，图书馆提供了许多有用的资料，为我的研究提供了许多便利条件。马毓新教授陪我去省民委找资料，我的同学薛君和他爱人帮我找了许多统计资料，我院的研究生韩小君和胡花萍帮我整理资料，临夏州的张永芳记者也多方替我搜集资料，还有许多同事、朋友及我的家人时时地关心、支持、鼓励我的研究，在此对大家表示衷心的感谢！特别感谢民族出版李志荣、康厚桥两位编辑的大力支持！

深知本人水平有限，出现错误在所难免，不妥之处希望同仁给予批评指正，以便提高自己，在今后工作中加以改进。

张积良

图书在版编目（CIP）数据

甘肃民族地区科学发展与和谐社会建设问题研究／张积良著.
—北京：民族出版社，2010.5

ISBN 978－7－105－10791－9

Ⅰ.①甘… Ⅱ.①张… Ⅲ.①民族地区—社会主义建设模式—研究—甘肃省 Ⅳ.①D674.2

中国版本图书馆 CIP 数据核字（2010）第 087196 号

甘肃民族地区科学发展与和谐社会建设问题研究

策划编辑：李志荣
责任编辑：康厚桥
封面设计：吾　要
出版发行：民族出版社
社　　址：北京市和平里北街 14 号　邮编：100013
电　　话：010－64271909（编辑室）
　　　　　010－64224782（发行部）
网　　址：http：//www.mzcbs.com
印　　刷：北京佳顺印务有限公司印刷
经　　销：各地新华书店
版　　次：2010 年 5 月第 1 版　2010 年 5 月北京第 1 次印刷
开　　本：880 毫米×1230 毫米　1/32
字　　数：240 千字
印　　张：9.25
定　　价：20.00 元
ISBN 978－7－105－10791－9／D・1870（汉 281）